„Ja, ich sage es bestimmt, unsere Nachkommen werden schöner und glücklicher sein als wir.
Denn ich glaube an den Fortschritt, ich glaube, die Menschheit ist zur Glückseligkeit bestimmt, und ich hege also eine größere Meinung von der Gottheit als jene frommen Leute, die da wähnen, er habe den Menschen nur zum Leiden erschaffen." Heinrich Heine

Fereshta Ludin & Sandra Abed

Enthüllung der Fereshta Ludin

Die mit dem Kopftuch

DEUTSCHER
LEVANTE
VERLAG

Hinweis:
Die Namen von Familienangehörigen, Freunden und Bekannten sowie von Lehrern und Dozenten wurden geändert.

Die Deutsche Bibliothek verzeichnet diese Publikation in der Deutschen Nationalbibliografie: http://dnb.de

1. Auflage
Copyright © Deutscher Levante Verlag 2015
Alle Rechte vorbehalten

Lektorat: Behrang Samsami
Layout und Satz: Satz- & Verlagsservice Ulrich Bogun
Umschlaggestaltung: Deutscher Levante Verlag GmbH
Druck und Bindung: CPI Clausen & Bosse GmbH

ISBN 978-3-943737-21-9

www.levante-verlag.de

Inhalt

Prolog 7
1. Wurzeln 16
2. Ein Königreich vergeht 30
3. Der Geschmack von Apfeleis 34
4. Fahrt ins Ungewisse 49
5. In Saudi-Arabien 55
6. Schicksalsschlag 60
7. Eine amerikanische Bereicherung 75
8. Meine Schuljahre 82
9. Ich und mein Kopftuch 94
10. Neue Wege 99
11. Aufbruchstimmung 104
12. Asyl 108
13. Langsam ankommen 116
14. Reifejahre 134
15. Herzensangelegenheit 143
16. Wirklich erwachsen? 158
17. Auf Bewährung 177
18. Heimweh 185
19. Keine Türkenschule 195
20. Miteinander reden 206
21. Achterbahn 210

22. Adrenalin 225
23. Die Sache mit Ben und Anna 234
24. Talfahrt 247
25. Ausgebremst 254
26. Mein Interesse vertreten 263
27. In anderen Umständen 266
28. Hello and Goodbye 278
29. Anders als geplant 288
30. Recht bekommen 305
31. Fallstricke 327
32. Letzte Runde 337
33. Selbstgespräche 342
34. Crash 348
35. Glück 354
36. Damals und heute 356
37. Epilog 365

Quellenangaben 367
Widmung 371
Biografische Zeittafel 372
Glossar 374

Prolog

In mir flatterte alles. Jetzt war es also so weit. Gemeinsam mit meinem Anwalt Dr. Melchinger betrat ich das Gebäude des Bundesverfassungsgerichts. Rechts und links im Gang standen Menschen und sahen mich neugierig an, doch ich schaute nicht in ihre Gesichter, sondern hielt den Blick gesenkt. Neben mir ging mein Anwalt. Er trug einen dunklen Anzug und hielt seine Aktentasche in der rechten Hand. Seine Schritte waren ruhig und fest.

Mein Herz dagegen schlug sehr schnell, ich hatte vorher nichts essen oder trinken können, und trotzdem drehte sich mein Magen.

Die letzten Wochen waren anstrengend gewesen. Viele Nächte hatte ich kaum schlafen können, mich grübelnd von einer Seite auf die andere geworfen. War die Entscheidung, vor dem Bundesverfassungsgericht zu klagen, die richtige gewesen? Wie standen die Chancen? Wie würde das Urteil wohl lauten?

In letzter Zeit waren wieder so viele Artikel über mich erschienen. „Die Kopftuchlehrerin", „Das Kreuz mit dem Kopftuch" und „Die Kopftuchlüge" stand auf den Titelseiten von Zeitschriften und Zeitungen.

Ich fragte mich, wie die Richter bei diesen Schlagzeilen neutral bleiben können.

Das ging an keinem einfach so vorbei.

Dr. Melchinger und ich liefen an einer weiteren Gruppe von Menschen vorbei. Augenblicklich verstummten die Gespräche, alle Blicke waren wieder auf mich gerichtet.

Von der Seite trat ein Mann auf mich zu: „Frau Ludin, darf ich kurz mit Ihnen sprechen?" Er zögerte, schaute mir aber forsch ins Gesicht. „Wir würden uns freuen, wenn Sie uns kurz mitteilen, wie Sie sich jetzt fühlen ..." Er hielt mir seine Karte entgegen. Ich sah den Schriftzug eines großen Nachrichtenmagazins.

Ich hielt in meiner Bewegung inne, spürte eine riesige Welle der Wut in mir aufsteigen.

So dreist sprachen sie mich an, nach all den bösen Artikeln, die sie über mich und meinen Fall veröffentlicht hatten. Sie hatten mir eine Nähe zu Fundamentalisten angedichtet und vorgeworfen, eine heimliche Agenda zu verfolgen.

Ich schaute den Journalisten an. Er wollte mit mir über meine Gefühle sprechen? Was dachte er wohl, wie ich mich gefühlt hatte, wenn ich solche Artikel über mich lesen musste? Und wo waren er und die gesamte Redaktion, als ich ihm eine Gegendarstellung geschickt und um eine Veröffentlichung gebeten hatte?

Nicht mal eine Antwort hatte ich erhalten.

„Nein, ich bin nicht bereit, mit Ihnen zu sprechen!", sagte ich ruhig und schaute ihm direkt in die Augen. Er nickte und trat drei Schritte zurück. Ich spürte, dass auch ihm die Situation unangenehm war.

Dr. Melchinger und ich gingen weiter und kamen beim Verhandlungssaal an. Als wir eintraten, begann das Blitzlichtgewitter. Etwa zwei Dutzend Fotografen schubsten und drängelten und riefen immer wieder: „Frau Ludin, hierher bitte!"

„Frau Ludin, mehr nach rechts!"

„Bitte lächeln!"

PROLOG

Mein Anwalt und ich bahnten uns den Weg zu unseren Plätzen. Ich setzte mich. Dr. Melchinger trat einen Schritt zur Seite.

Jetzt war ich den Fotografen allein ausgeliefert. Sie umringten mich, Rufe und Blitze von allen Seiten.

Einfach durchhalten, sagte ich mir immer wieder. Meine Glieder fühlten sich schwer an, mir war schlecht, doch ich zwang mich, die Mundwinkel zu einem leichten Lächeln zu verziehen.

„Meine Damen und Herren von der Presse, bitte verlassen Sie jetzt den Saal!" Eine Ordnerin versuchte, sich Gehör zu verschaffen.

Endlich! Ich seufzte. Gleich würde das Urteil verkündet werden. Würde jetzt endlich Recht gesprochen? Würde ich nun mein Recht erhalten und als Lehrerin in einer staatlichen Schule unterrichten können?

Es sah nicht gut aus, und doch wollte ich die Hoffnung nicht aufgeben.

Ich glaubte an Gerechtigkeit.

Dieses Urteil würde über mein weiteres Schicksal entscheiden – und nicht nur über meines, sondern auch über das von vielen anderen Frauen.

Dann wurde die Flügeltür geöffnet und die acht Richter des höchsten deutschen Gerichts traten ein. Ihre roten Roben strahlten. Augenblicklich kehrte Ruhe im Saal ein.

Mein Herz pochte. Jetzt würden sie das Urteil verlesen.

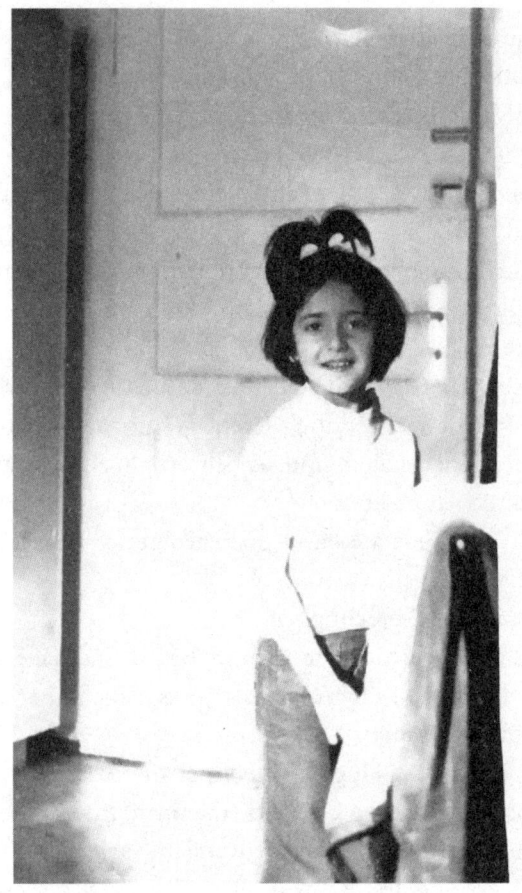

Fereshta Ludin 1978 zu Besuch im Münchener Studentenwohnheim ihres Bruders Muhammad. (Fotos: privat)

Eine Torte in Dschidda: Fereshta Ludin feiert ihren 7. Geburtstag in Saudi-Arabien.

Der Ingenieur, Minister und Botschafter Muhammad Bashir Ludin, 1975 in Afghanistan.

Fereshta Ludins Großeltern mütterlicherseits, Sardar Abdul Rahim Khan und Nurjahan Abassi, mit dem Stiefbruder der Großmutter, Abdul Rahman Abassi, Afghanistan 1920.

In der Mädchenschule trug man Uniform: Fereshha Ludin 1980 in Dschidda.

Familienfoto von links nach rechts: Tamim, Bahar, Mutter Maria Shamim mit der kleinen Fereshta auf dem Schoß, Farid und Muhammad.

Wurzeln

Meine Eltern waren niemals reich, aber wenn ich als kleines Kind mit ihnen durch die Straßen Kabuls ging, dann neigten die Männer ehrfürchtig den Kopf, wenn sie meinen Vater per Handschlag begrüßten. Vor meiner Mutter neigten sie den Kopf noch ein wenig länger und legten ihre Hand dabei auf die Brust.

Die meisten Menschen kannten uns, aber wenn sich meine Eltern doch einmal vorstellten, so nickte ihr Gegenüber anerkennend, sobald er unseren Familiennamen hörte.

Meine Eltern liebten Afghanistan.

Heute denken die meisten Menschen, die den Namen Afghanistan hören, an Krieg, die Taliban, Burkas und Unterdrückung.

Doch meine Eltern kannten ihr Land.

Meine Mutter Maria Shamim gehörte in den Fünfzigerjahren zu den ersten Frauen Afghanistans, die studierten. Sie war zwanzig Jahre alt und war an der Hochschule in Kabul im Fachbereich der Geisteswissenschaften eingeschrieben. Sie studierte Persische und Allgemeine Literatur, Geschichte, Psychologie und Geografie.

Danach wurde sie Lehrerin an einer renommierten Mädchenschule. Solange sie in ihrer Heimat lebte, war sie passionierte Lehrerin und voll berufstätig.

27 Jahre lang hat sie ihre Schülerinnen von der ersten bis zur zwölften Klasse in Fächern wie Dari, Geschichte und Geografie unterrichtet.

Sie erhielt zwei Medaillen vom Kultusministerium und wurde wegen ihrer herausragenden Fähigkeiten über zwanzig Jahre jährlich zur besten Lehrerin ihrer Schule und mehrmals sogar zur besten Lehrerin von ganz Kabul gewählt.

Sie liebte ihren Beruf und unterrichtete nicht nur mit dem Kopf, sondern vor allem mit dem Herzen.

Ich erinnere mich, wie ich im Kindergarten spielte, der an den großen Hof der Schule meiner Mutter angrenzte. Ich saß ganz oben auf der Rutsche, als ich sie aus dem Schulgebäude kommen sah. Augenblicke später war sie von ihren Schülerinnen umringt. Ich war stolz, dass sogar die großen Mädchen meine Mutter so sehr liebten.

Doch im gleichen Augenblick spürte ich eine große Sehnsucht in mir aufsteigen. Auch ich wollte jetzt bei meiner Mutter sein. Ich rannte in ihre Richtung, doch zwischen uns war ein hoher Drahtzaun. Ich drückte mein Gesicht dagegen und rief laut „Mama dschan! Mama dschan!", doch sie hörte mich nicht. Schließlich aber schaute sie in meine Richtung, lächelte ihr vertrautes Lächeln und winkte mir zu. In diesem Moment klingelte die Pausenglocke. Ich ließ enttäuscht beide Arme fallen und presste die Lippen aufeinander. Ich wusste, jetzt musste ich noch einige Stunden warten, bis sie mich abholte.

Mein Vater Muhammad Bashir Ludin war Ingenieur, Minister und später Botschafter. Und sicherlich wäre alles anders gekommen, wäre er nicht nach Princeton gegangen.

Wegen seines guten Abiturs erhielt er ein Auslandsstipendium für die USA. Er durfte Bauingenieurwesen an der George Washington University studieren. In den Ferien arbeitete er in einem Ingenieurbüro und sparte für das Masterstudium. Er wollte sich auf Staudämme und Kanäle spezialisieren. Mit seiner Aufnahme in Princeton wurde für meinen Vater ein Traum wahr. Jetzt konnte er an einer der renommiertesten Universitäten der Welt studieren. Er wollte lernen, verstehen und mit diesem neuen Wissen sein Land voranbringen.

Denn Afghanistan hatte Mitte des 20. Jahrhunderts eine Bevölkerung von weniger als zehn Millionen Menschen und war stark agrarisch geprägt. Aber erst einmal musste mein Vater seine Heimat mit den warmen Erdtönen, den sattgrünen Tälern und den schier unendlichen Gebirgszügen hinter sich lassen.

In Amerika erwarteten ihn die mächtigen Backsteinhallen der Universität. Neben den Vorlesungen und Tutorien erlebte er speziell in New York aber noch eine ganz andere, neue Welt. Er wurde ein großer Musikfan und hörte in den Clubs der Stadt Elvis Presley, Nat King Cole und Frank Sinatra.

Und auch der Boxsport hatte es meinem Vater angetan. Er war gut gebaut und bestritt so einige Kämpfe. Besonders die jungen Damen schwärmten für ihn.

Acht lange Jahre studierte mein Vater fern seiner Heimat. Er konnte in dieser Zeit nicht einmal seine Eltern besuchen, viel zu teuer wäre das Flugticket gewesen.

Als er schließlich zurückkehrte, wurde dies – wie bei allen staatlichen Stipendiaten – in der Presse angekündigt. Meine Mutter las die kurze Nachricht in der Zeitung. Als der Name meines Vaters genannt wurde, machte ihr Herz einen kleinen Sprung.

Verwundert über sich selbst, legte sie die Zeitung zur Seite.

Mit ihren 28 Jahren war sie eine gestandene Frau – berufstätig und finanziell unabhängig. Seit ihrem 14. Lebensjahr veröffentlichte sie Artikel über Frauen und Frauenrechte sowie Gedichte in der Zeitung. Sie wurde auch von Journalisten zu Bildungsfragen interviewt. Seit Jahren stand sie als Lehrerin fest im Leben und jetzt flatterte ihr Herz wie das eines verliebten Schulmädchens.

Einige Tage später kam ein junger Mann zur Familie meiner Mutter. Er erkundigte sich, ob die Wohnung im Anbau, die sie regelmäßig vermieteten, frei sei.

Er bekam die Wohnung, und es stellte sich heraus, dass er der junge Ingenieur aus Princeton war.

Meine Mutter beobachtete ihn schüchtern und heimlich. Manchmal sah sie ihn mit Freunden die Straße hinunterlaufen oder schaute aus dem Fenster, wenn er abends nach Hause kam.

Er wiederum folgte meiner Mutter einmal, als sie einkaufen ging. Sie trug einen dunkelroten Tschadari. An der Farbe erkannte er sie.

Damals war es nicht üblich, dass sich junge Frauen und Männer miteinander unterhielten. Oft heiratete man, ohne den anderen vorher gesehen zu haben. Die Eltern wählten einen geeigneten Partner aus. Sie achteten auf ein ähnliches Bildungsniveau, gute Umgangsformen und die passende Persönlichkeit. Sehr wichtig war auch die Familien- und Stammeszugehörigkeit. Je näher man einer angesehenen Familie stand, desto besser waren die Chancen zur Heirat.

Eines Tages erhielten meine Großeltern Besuch von der Familie meines Vaters. Seine Mutter und Schwestern unterhielten sich mit meiner Mutter. Wenig später wiederholten sie den Besuch unangemeldet, um sich ein besseres Bild vom Alltag der Familie zu machen, und hielten stellvertretend für meinen Vater um ihre Hand an.

Meine Mutter weinte. Den gesamten Tag liefen ihr Tränen über das Gesicht. So lange hatte sie eine Heirat hinausgeschoben. Die Nachbarn rätselten schon seit Jahren, warum so eine hübsche und gebildete Frau noch nicht vergeben sei. Jetzt schien sie den Richtigen gefunden zu haben und wünschte sich nichts sehnlicher, als ihn zu heiraten – und doch schämte sie sich, dies vor ihrer Familie zuzugeben.

Und dann die große Ungewissheit. Sie hatte ihrem zukünftigen Ehemann noch nie von Angesicht zu Angesicht gegenübergestanden, geschweige denn mit ihm gesprochen. Und jetzt würde sie ihn heiraten.

Mir erscheint diese Sitte, seinen Partner vor der Hochzeit kaum zu sehen, heute unvorstellbar. Doch für meine Eltern war es der natürliche Gang der Dinge.

Mein Vater gestand meiner Mutter später, dass er eine gebildete Frau hatte heiraten wollen.

Er bewunderte sie dafür, dass sie mitten im Leben stand, berufstätig war und Artikel und Gedichte veröffentlichte. Er war gern stolz auf sie.

Und er erzählte uns Kindern, dass er sich eine echte Partnerin gewünscht hatte, eine Frau, mit der er sich austauschen und beraten konnte.

Meine Mutter war nach der Hochzeit von seiner Einstellung sehr überrascht. Solche Männer kenne sie nur aus Romanen, erzählte sie einmal lachend einer Freundin.

Für meinen Vater war es auch etwas Normales, bei der Hausarbeit anzupacken, schließlich hatte er sich in den letzten Jahren in Amerika selbst versorgt.

Das ging meiner Mutter dann aber doch zu weit: Der Anblick eines Mannes in der Küche war ihr zu ungewohnt und so scheuchte sie ihn gleich zu Beginn ihrer Ehe regelmäßig aus ihrem Revier.

Jahre später, wenn sie nach einem langen Tag in der Schule und nach der Versorgung von Kindern und Haushalt erschöpft auf eine Liege sank, seufzte sie manchmal tief und stieß für uns Kinder kaum hörbar aus: „Ach, hätte ich ihn doch nie aus der Küche geschickt!"

Meinem Vater wurde nach seiner Rückkehr eine persönliche Audienz beim König gewährt. König Muhammad Zahir regierte Afghanistan bereits seit 1933 und hatte die Aufgabe, alle Ethnien des Landes – Paschtunen, Tadschiken, Hazaren, Usbeken und Turkmenen – zu vertreten.

Er pflegte jeden der Auslandsstipendiaten für fünfzehn Minuten zu empfangen, um in Erfahrung zu bringen, wie es den jungen Männern im Ausland ergangen war und wie ihre Pläne für die Zukunft aussahen.

Mein Vater berichtete und der Schah hörte ihm aufmerksam zu und stellte Fragen. Innigst ins Gespräch vertieft, spazierten sie gemeinsam über den Hof des prächtigen Palastes und durch den königlichen Garten.

Schließlich sprach mein Vater ein Staudammprojekt westlich von Kabul an. Damit sollte die Wasserversorgung der Stadt sichergestellt werden.

Doch das Projekt war nicht einfach umzusetzen. Mehrere Ingenieure hatten sich bereits daran versucht und aufgrund der schwierigen geologischen Gegebenheiten wieder aufgegeben.

Mein Vater erläuterte dem Schah, welche Lösung ihm vorschwebte, und erwähnte nebenbei, dass er bereits umfangreiche Zeichnungen angefertigt habe.

Nach etwa eineinhalb Stunden schlenderten die beiden wieder zurück auf den Palasthof.

Der Schah ließ den zuständigen Minister rufen und beauftragte ihn, meinen Vater mit allen nötigen Mitteln auszustatten, damit er den Staudamm bauen könne.

Unter seiner Leitung wurde der Staudamm bei Qargha innerhalb von zwei Jahren fertiggestellt.

Der Staudamm hat alle Kriege überstanden und ist bis heute intakt. Etwa ein Viertel ihres täglichen Trinkwassers bezieht Afghanistans Hauptstadt aus dem Stausee hinter dem gewaltigen Damm und auch heute noch strömen viele Kabuler am Wochenende an den azurblauen See. Die Gegend ist eines der wichtigsten Naherholungsgebiete für die 3,5-Millionen-Stadt. Junge Pärchen fahren Tretboot, Familien grillen und picknicken am Seeufer.

Sehr bald vertraute der König meinem Vater die Oberaufsicht über den Bau und die Instandhaltung aller Dämme und Staudämme Afghanistans an.

Und kurze Zeit später wartete noch eine weitere Herausforderung auf ihn: Mit 37 Jahren wurde mein Vater der jüngste Minister Afghanistans.

Als Innenminister wollte er sein Land modernisieren und eine gut funktionierende Infrastruktur aufbauen: Dazu gehörten Straßen und Schienen, ein Bildungs- und Gesundheitssystem – und nicht zuletzt Industrie. Afghanistan sollte in all diesen Bereichen aufholen. Und gleichzeitig wollte mein Vater den kulturellen Reichtum, die höflichen Umgangsformen und die stabilen Familienstrukturen seines Landes erhalten.

Dafür arbeitete er hart, meist bis spät in die Nacht, und vertrat auch unbequeme Positionen.

Damals wusste er noch nicht, was für Konsequenzen dies für ihn und unsere Familie haben würde.

Mein Vater ging gern auf Menschen zu und hatte die Fähigkeit, mit jedem in seiner Sprache zu sprechen: Am Abend konnte er beim Empfang im Königspalast aus dem Stand eine eloquente Rede halten und am nächsten Morgen unterhielt er sich mit dem Metzger oder dem Gemüsehändler an der Ecke.

Auch uns Kindern hat mein Vater von Anfang an beigebracht, mit jedermann einen freundlichen Umgang zu pflegen und gut zu Armen und Bedürftigen zu sein. Wir haben früh verstanden, dass wir nur dann ein Anrecht auf Einfluss und Vermögen erlangen könnten, wenn wir gerecht wären und damit auch anderen helfen würden.

Meine Eltern bekamen insgesamt fünf Kinder. Als erstes wurde mein Bruder Muhammad geboren, zwei Jahre später meine Schwester Bahar, ein Jahr darauf mein Bruder Farid und wieder ein Jahr später mein Bruder Tamim. Wahrscheinlich hatten meine Eltern gar nicht mit noch einem Kind gerechnet, doch mit sieben Jahren Abstand kam ich im Herbst 1972 auf die Welt. Meine Mutter war mittlerweile 43 Jahre alt.

Nach jeder Geburt pausierte sie für eine kurze Zeit und stieg bald wieder in ihren Beruf ein. Manchmal hatte sie ein schlechtes Gewissen und fragte sich, ob sie auch genug Zeit für uns habe. Doch sie schaffte es, alles gut zu organisieren. Tagsüber, wenn meine Mutter in der Schule war, versorgten uns Kindermädchen, die gegen Kost und Logis mit im Haus wohnten, oder wir waren bei Verwandten.

Unsere Eltern strebten nicht nach Reichtum und wichtige Entscheidungen trafen sie selten aus finanziellen Beweggründen. Ihnen war es zwar wichtig, die Familie versorgen zu können und uns Kindern eine gute Ausbildung zu ermöglichen.

Für den Alltag wünschten sie sich aber vor allem, dass auch wir die kleinen Dinge wertschätzten und dankbar waren.

Wir liebten unser Familienleben. Auch wenn mir das meiste über meine frühen Kindheitstage von meiner Mutter oder meinen Geschwistern erzählt wurde, habe ich doch einige lebhafte Erinnerungen, und ich spüre noch heute die Wärme und höre das Lachen, welches durch unser Haus hallte.

Zum Essen versammelten wir uns täglich um den großen Tisch, häufig waren auch Verwandte oder Freunde dabei. Jeder erzählte von seinen Sorgen und was er in der Schule erlebt hatte. Oft verstand man in dem lauten Stimmengewirr kaum einen Satz.

Nach dem Essen gab es die von uns Kindern heiß geliebte Teestunde. Meine Mutter besorgte meist auf dem Nachhauseweg eine Kleinigkeit zu naschen. Gespannt standen wir dann vor ihr und starrten auf ihre schlanken Hände, die das schmale Päckchen auswickelten. Wir platzten fast vor Ungeduld und konnten nicht schnell genug sehen, ob sich Bonbons, Kaugummi, salzige oder süße Kekse darin befanden.

Ich setzte mich immer neben meine Mutter. In solchen Momenten hatte ich das Gefühl, dass auch sie etwas zur Ruhe kam und entspannte. Oft schlang ich meine Arme um sie und schloss beide Augen.

Während meine Geschwister und ich die Süßigkeiten aßen und es still war, erzählte sie uns, was ihre Schülerinnen vormittags wieder angestellt hatten und was für lustige Dinge in der Schule passiert waren.

Obwohl mein Vater beruflich viel unterwegs war, unterstützte er meine Mutter auf seine Weise. So trug er Sorge, dass sie immer genügend Hilfe im Haushalt und mit den Kindern hatte, und ermutigte sie, ihrer Berufstätigkeit weiter nachzugehen.

Zu Beginn ihrer Ehe arbeitete sie sicherlich auch aus finanziellen Gründen. Später war es ihr vor allem wichtig, selbstständig und unabhängig zu sein. Meine Mutter war auch diejenige in unserer Familie, die das Geld verwaltete. Mein Vater gab ihr stets sein gesamtes Gehalt und wusste, dass es bei ihr in besten Händen war.

Ebenso hielt er keine wichtige Rede, ohne dass meine Mutter sie gegengelesen hätte. Ihr feines Sprachgefühl und ihre ausgeprägte Menschenkenntnis waren ihm wichtig. Ihr konnte er vertrauen.

Meine Eltern zogen gleich nach ihrer Hochzeit in ein kleines Häuschen in Karte-Maamourin, einem Vorort von Kabul. Dieser lag nur fünfzehn Autominuten vom Qargha-Staudamm entfernt und wurde mit dessen frischem, klarem Wasser versorgt.

Das Haus hatte einen großzügigen Garten. Mein Vater gestaltete ihn selbst und legte kleine Hügel mit sprudelnden Wasserfällen an. Auch pflanzte er Aprikosen-, Pflaumen- und Granatapfelbäume, die im Frühjahr weiß, zartrosa und orangerot blühten und uns im Sommer Schatten spendeten.

Wann immer meine Eltern Zeit fanden, arbeiteten sie im Garten. Gegen Abend legte mein Vater dann einen Teppich und große Baumwollkissen auf den Rasen. Wir setzten uns alle hin und aßen Brot aus der nahegelegenen Bäckerei. Es war noch immer warm, wenn wir es in Stücke brachen. Dazu tranken wir süßen Schwarztee. Meistens lief auch das Radio. Wenn eines der bekannten Lieder von Ahmad Zahir oder Mahwash, den damaligen Musikstars, gespielt wurde, drehte ich das Radio lauter und legte mich ganz dicht neben das Gerät. So konnte ich meinen Kopf gegen den Lautsprecher lehnen. Ich liebte Musik.

Sobald es dunkel wurde, funkelte und blitzte eine schier unendliche Anzahl von Sternen über uns.

Gemeinsam hörten wir Geschichten aus Tausendundeiner Nacht im Radio. Danach gingen wir Kinder ins Bett. Durch das offene Fenster hörten wir meine Eltern ganz leise sprechen; und ihre ruhigen Stimmen wiegten uns in den Schlaf.

Tagsüber aber war der Garten unser Revier. Über Stunden spielte ich allein oder mit meinem nächstälteren Bruder Tamim. Wir hatten einen Papagei in einem großen Vogelkäfig, der hoch über unseren Köpfen hing, und für eine kurze Zeit besaßen wir sogar einen Hund mit langem, weißem Fell, mit dem wir spielten und tobten.

Als Jüngste bekam ich von meiner Familie viel Liebe, Aufmerksamkeit und Zuwendung. Es fand sich immer jemand, der mich durch die Gegend trug, mit mir tanzte oder spielte.

Am Ende eines langen Tages setzte sich meine Mutter manchmal zu uns.

Wenn sie noch Lust hatte, spielten wir „Zu Besuch bei …". Mal war ich die Gastgeberin, mal meine Mutter. In unseren Rollenspielen wurden dem Gast köstliche afghanische Spezialitäten aufgetischt und ich übte mich in höflichem Umgang und lernte spielerisch die Etikette.

Im Winter saßen wir alle um den Ofen herum und meine Mutter wickelte uns in flauschige Decken. Ich durfte auf ihren Schoß. Und sobald Ruhe eingekehrt war, fing sie an, afghanische Anekdoten und Volksmärchen zu erzählen, die von Generation zu Generation weitergegeben werden. Wir lauschten ihr angeregt. Und mir streichelte sie immer wieder über den Kopf.

Ihre Wärme spüre ich noch heute.

Wir fünf Kinder schliefen meistens in einem Zimmer, da keiner von uns allein sein wollte.

Ich schlich mich dann aber gern ins Bett meiner Eltern nebenan und bestand darauf, dass meine Mutter meine Hand hielt, bis ich eingeschlafen war.

Meine älteren Geschwister besuchten eine staatliche Schule. Dort wurden alle Kinder, gleich welcher Herkunft, gemeinsam unterrichtet.

Auch wenn wir aus der gehobenen Mittelschicht stammten, hatten wir vor allem in der Schule engen Kontakt zu Kindern, die teilweise aus sehr ärmlichen Verhältnissen kamen oder eine ganz andere Stammeszugehörigkeit hatten.

Meine Eltern vertraten die Meinung, dass das eine gute Vorbereitung auf das Leben sei.

Ich durfte jeden Morgen mit meiner Mutter losgehen. Ich genoss es, an ihrer Hand zu laufen. Ihre Anwesenheit, ihre schnellen, entschlossenen Schritte gaben mir Sicherheit.

Ihre Schule besaß einen eigenen Kindergarten für die Kinder der Lehrerinnen. Er hatte hohe, farbenfrohe Räume. Die Eingangshalle war sehr großzügig gestaltet und bot eine hervorragende Akustik. Deshalb kamen die Mädchen des Schulorchesters regelmäßig hierher, um zu proben.

Ich ging sehr gern dorthin und in ihren Pausen schaute meine Mutter kurz nach mir.

Manchmal durfte ich auch mit in den Unterricht. Ich erinnere mich an die neugierigen und liebevollen Blicke der großen Mädchen, während meine Mutter vorne stand und zur Klasse sprach.

Meine Eltern liebten Afghanistan.

Sie liebten die gefühlvolle, feine Sprache Dari, die indogermanisch ist und somit den gleichen Ursprung besitzt wie Deutsch.

Es ist eine sehr reiche Sprache, voller Gefühl und Stil und von ausgesprochener Höflichkeit.

Auch im täglichen Miteinander ist der Umgang von Feingefühl und Umsicht geprägt. Kein Gast darf das Haus hungrig oder durstig verlassen. Man steht auf, wenn Ältere das Zimmer betreten und bietet ihnen einen bequemen Platz an. Als Kind fand ich die Gastfreundschaft oft übertrieben und hatte das Gefühl, dass die Gäste mehr Rechte besäßen als wir selbst. Manchmal beschwerte ich mich darüber bei meinen Eltern, freute mich aber gleichzeitig auch auf die Besucher und genoss es, wenn sie mich mit Spielen, Scherzen und Neckereien unterhielten.

Afghanistan liegt in der Mitte der früheren Seidenstraße. Hier zogen die langen Handelskarawanen auf ihrem Weg vom Mittelmeer nach China durch. Immer wieder ließen sich Einzelne nieder und vermischten sich mit den Menschen, die bereits sesshaft waren.

Man sieht es noch heute an den Gesichtern der Afghanen: Sie haben verschiedene Farben und hellblaue bis tiefbraune Augen. Ihre Züge sind asiatisch, arabisch und europäisch. Ein Mix der Kulturen und Stämme und doch etwas ganz Eigenes.

Meine Mutter hatte in ihrem Studium Rumi, Saadi und Omar Khayyam gelesen – auch Hafis, der unter anderem Goethe zu seinem *West-östlichen Divan* inspiriert hat.

Die Werke dieser großen Dichter und die vielen Volkssagen und Märchen spiegelten die Jahrtausende alte Hochkultur der Region wider.

Afghanistan – ein Land, so strategisch gelegen und so reich an Bodenschätzen, dass es immer wieder erobert wurde. Viel Unrecht ist seiner Bevölkerung angetan worden.

Und trotzdem ist es ein Land voll lachender Gesichter und Herzlichkeit.

Doch meine Eltern liebten Afghanistan nicht blind.

Sie waren sehr wohl in der Lage, Missstände zu erkennen.

Und manchmal haben sie auch bewusst mit afghanischen Traditionen gebrochen: Die Berufstätigkeit meiner Mutter passte sicherlich nicht zum Rollenverständnis ihrer Zeit. Auch wurden in unserer Familie Mädchen und Jungen gleich behandelt. Beide sollten eine gute Schulbildung erhalten, und mein Vater hat besonders meiner älteren Schwester Bahar immer geholfen, sich gegen ihre drei Brüder durchzusetzen.

Wir liebten unser Leben in Afghanistan. Aber dann erwartete unsere Familie der erste große Einschnitt.

Ein Königreich vergeht

Am Morgen des 17. Juli 1973 lag etwas in der Luft. Ich selbst war zu diesem Zeitpunkt zwar noch nicht einmal ein Jahr alt, doch meine Familie erinnert sich genau an diesen bedeutenden Tag: Mein Vater war schon morgens unruhig, lief durchs Haus und schaltete das Radio ein: Es war nichts zu hören.

Etwas später gab es immerhin wieder Empfang und Militärmusik knisterte und knatterte durch unser Wohnzimmer.

Kurz darauf erhielten wir die unfassbare Nachricht: Es hatte einen Führungswechsel gegeben. Daoud Khan, der frühere Premierminister und langjährige Gegenspieler des Königs, hatte die Staatsführung übernommen.

Ein Putsch! Mein Vater sprang auf und schaute meine Mutter ungläubig an.

König Zahir befand sich zu dieser Zeit wegen einer medizinischen Behandlung in Italien. Nun hatte sein Cousin Daoud Khan die Gelegenheit genutzt.

Er beendete offiziell die Monarchie und rief die Republik aus, mit sich selbst als Präsidenten.

Meine Eltern waren fassungslos. Kurze Zeit später hörten sie es auch im Radio: Republik Afghanistan – Daoud Khan Präsident – glorreiche Zukunft des Landes …

Pausenlos liefen die gleichen Sätze vom Band.

Doch mein Vater sah das anders: Die Lage war instabil und gefährlich. Wenn Daoud Khan gegen seinen eigenen Cousin geputscht hatte, musste man mit allem rechnen. Es konnte jederzeit zu heftigen Auseinandersetzungen kommen.

Und mit Sicherheit stellte mein Vater als junger und erfolgreicher Politiker eine Gefahr für Daoud Khan dar. Auch wenn er nie Ambitionen auf die höchste Position im Staat gezeigt hatte.

Aber auch nachdem klar geworden war, dass der Putsch unblutig bleiben würde und der König im August 1973 offiziell abdankte, blieb mein Vater kritisch.

Er war mit der Machtergreifung nicht einverstanden und erkannte die neue Regierung nicht an.

Verschiedene Minister und Politiker redeten auf ihn ein: „Daoud Khan wird das Land nach außen öffnen, den Lebensstandard der Bevölkerung anheben und die Infrastruktur ausbauen. Die Monarchie war sowieso ungerecht und überholt! Komm, gemeinsam werden wir unser Land aufbauen!"

Doch mein Vater blieb unerbittlich.

„Wem gegenüber habt ihr euren Eid geschworen?!", redete er ihnen immer wieder ins Gewissen.

Auch meinem Vater war bewusst, dass Zahir Schah nur wenigen Neuerungen zugestimmt und wichtige Reformen verpasst hatte. Dies hatte mein Vater selbst als Innenminister bis zum Jahr 1971 hautnah miterlebt.

Trotzdem war es dem Monarchen gelungen, eine Integrationsfigur im Vielvölkerstaat Afghanistan zu sein. Außen- und innenpolitisch hatte er ausgleichend gewirkt, die verschiedenen Gruppen und Interessen so gut es ging in Einklang gebracht.

Sicherlich war eine seiner größten Leistungen, dass es während seiner gesamten Regierungszeit – stolze vierzig Jahre lang – in Afghanistan Frieden gegeben hatte.

Mein Vater hat nach seiner Tätigkeit als Innenminister das Amt des Generalsekretärs des Roten Halbmonds übernommen. Diese Arbeit erfüllte ihn, weil er direkt Hilfe leisten konnte und Menschen in Not beistand.

Doch 1975 stieß er auf einen Skandal: Hochrangige Mitglieder der Regierung hatten über Jahre hohe Summen für die Waisenhilfe veruntreut.

Akribisch sammelte er alle Unterlagen und Beweisdokumente, um sie der Staatsanwaltschaft zu übergeben.

Dann erhielt er einen Anruf vom Präsidenten Daoud Khan, der ihn bat, die Akte umgehend zu schließen. Mein Vater weigerte sich. Die Minister und Regierungsbeamten müssten zur Verantwortung gezogen werden, dachte mein Vater. Wie sollte sich Afghanistan mit solchen Menschen an der Spitze entwickeln? Wie konnten sie die Verantwortung für ein ganzes Land tragen, wenn sie sich auf Kosten der Schwächsten bereicherten?

Kurze Zeitspäter erhielt mein Vater seine Entlassungsurkunde beim Roten Halbmond – unterzeichnet vom Präsidenten persönlich.

Ihm wurde zu verstehen gegeben, dass eine offizielle Anklage gefährlich für Leib und Leben werden könnte.

Die Stimmung im Land wurde schlechter.

Die Menschen protestierten, denn immer häufiger zeigten sich die Defizite der Regierung: Die Infrastruktur wurde nicht weiter ausgebaut, die versprochenen Reformen stockten.

Die Kommunisten zerrten auf der einen und die extrem Religiösen auf der anderen Seite an der Macht – jeweils unterstützt durch die Großmächte UdSSR und USA.

Es war die Zeit des Kalten Kriegs und Afghanistan kam eine große Bedeutung aufgrund seiner geostrategischen Lage als Pufferstaat zu.

Da im Land der öffentliche Druck immer stärker wurde, doch endlich fähigere Leute in die Regierung zu holen, wurde mein Vater mehrmals offiziell gebeten, sein Amt als Innenminister wieder aufzunehmen.

Er wusste, dass eine Arbeit unter diesen Umständen zum Scheitern verurteilt war. In dieser Regierung sah er für sich keine Zukunft.

Im Nebensatz erwähnte er noch, dass er höchstens eine Botschafterposition annehmen würde.

Der Geschmack von Apfeleis

Es war ein schöner warmer Tag im Mai 1977, als wir auf dem Frankfurter Flughafen landeten und in schwarzen Limousinen nach Bonn chauffiert wurden. Wir bewunderten das tiefe Grün der Natur und besonders meine Schwester Bahar konnte sich an den mit Mohnblumen überladenen Hängen nicht sattsehen.

Meine Brüder genossen den Rausch der Autobahn. So schnell waren sie noch nie gefahren.

Meine Eltern hatten sich die Entscheidung, dass mein Vater als Botschafter nach Deutschland gehen würde, nicht leicht gemacht.

Doch die Lage in Kabul war immer chaotischer geworden. Daoud Khan kämpfte um sein Land: Er rüstete die Armee auf, damit Afghanistan den Anschluss nicht verlor. Doch die Reformversprechen, die er dem Volk gegeben hatte, konnte er nicht einlösen, zu viel Kraft steckte er in die Frage, ob es ein „Paschtunistan" auf Gebieten von Afghanistan und Pakistan geben sollte. Diese Diskussion verschlechterte die politischen und wirtschaftlichen Beziehungen zum Nachbarland Pakistan und gefiel auch den Großmächten nicht. Damit die Menschen überhaupt eine Verbesserung in der Infrastruktur erfahren konnten, ließ man die Sowjets mit ihrer „Entwicklungshilfe" gewähren: Sie bauten Flughäfen, Straßen, Krankenhäuser und Gasleitungen. Leider kontrollierten sie diese auch. Der Einfluss der Sowjetunion stieg ebenfalls in ideologischer Hinsicht. Es gab immer mehr prokommunistische Demonstrationen in den Straßen der großen Städte Afghanistans.

Dort forderten die Menschen lautstark „Gleichheit", „Gerechtigkeit" und „sichere Löhne". Alles Dinge, denen die meisten Afghanen zustimmten.

Und doch gab es viele, die das Gefühl hatten, es ginge der Sowjetunion nicht wirklich darum, Afghanistan aufzubauen, sondern darum, unser Land nur zu einer Figur im Spiel der Großmächte zu machen.

Die USA beobachteten die Entwicklung genau, wollten sie doch der UdSSR, ihrem großen Gegenspieler, das rohstoffreiche Land nicht einfach überlassen.

Nun waren wir von einem Tag auf den anderen Teil der Bonner Diplomatengesellschaft.

Aber auch hier, in der Bundesrepublik, war die Situation im Jahr 1977 angespannt, wenn auch auf andere Weise als in Afghanistan. Mitglieder der Roten Armee Fraktion, der RAF, töteten Generalbundesanwalt Siegfried Buback, den Vorstandssprecher der Dresdner Bank, Jürgen Ponto, und Arbeitgeberpräsident Hanns Martin Schleyer. Im Herbst 1977 wurde das Flugzeug „Landshut" nach Mogadischu entführt, mit dem RAF-Mitglieder wie Andreas Baader und Gudrun Ensslin aus dem Gefängnis freigepresst werden sollten.

Als Kind, das vier Jahre alt war, bekam ich von diesen Geschehnissen allerdings nicht viel mit. Denn andere Eindrücke waren mir damals wichtiger.

Sehr interessiert beobachtete ich meine neue Umgebung. Alles war so grün und sauber, die Hecken absolut gerade geschnitten. Und gleichzeitig erschien mir Deutschland sehr leer. Man sah keine Kinder vor den Häusern spielen. Die Straßen waren nahezu leergefegt, Menschen zeigten sich kaum und schienen nur vor die Tür zu treten, wenn sie etwas zu erledigen hatten oder im Garten arbeiteten. Auch bemerkte ich, dass die Leute hier einen eher anstarrten, als dass sie grüßten.

Wir bekamen von der Botschaft drei Autos und mehrere Fahrer, einen afghanischen Koch und mehrere Haushälterinnen zur Verfügung gestellt. Außerdem hatten wir hier einen noch größeren Garten als in unserem Haus in Kabul und auch einen Swimmingpool.

Bereits einige Tage nach unserer Ankunft organisierte mein Vater eine Lehrerin, die täglich für ein paar Stunden ins Haus kam und uns Deutsch beibrachte.

Der Unterricht war besonders wichtig für meine Brüder Tamim und Farid. Sie sollten die siebte und achte Klasse eines deutschen Gymnasiums besuchen.

Meine beiden älteren Geschwister Muhammad und Bahar standen bereits kurz vor dem Schulabschluss. Deshalb entschieden meine Eltern, dass sie die amerikanische Schule besuchen sollten.

Die beiden waren aufgeregt, denn die amerikanische Schule war *der* Treffpunkt für Diplomatenkinder. Dort wehte ein anderer Wind als an ihrer beschaulichen Oberschule in Kabul, wo ein sehr persönlicher Umgang herrschte. Sie machten sich Sorgen, als provinziell zu gelten.

Doch Muhammad und Bahar waren positiv überrascht und wurden an der Schule sehr freundlich aufgenommen. Sie fühlten sich gleich wohl und gut betreut.

Obwohl beide schon ein wenig Englisch konnten, meinte der Schulleiter, dass sie erst ein Jahr intensiv Englisch lernen müssten und dann in die reguläre Klasse übergehen könnten.

Mein Vater bat darum, dass die beiden eine Chance erhalten und direkt in die elfte beziehungsweise zwölfte Klasse kommen sollten. Der Direktor gab sein Einverständnis zu einer Probezeit.

Nun hatten Muhammad und Bahar ein enormes Pensum vor sich. Sie mussten gleichzeitig den aktuellen Stoff und eine neue Sprache auf Abiturniveau lernen, um Fächer wie US-amerikanische Geschichte bestehen zu können. Jeden Nachmittag saßen sie tief über ihre Wörterbücher gebeugt und erschlossen sich die Texte Wort für Wort.

Alle meine Geschwister standen unter großem Druck. Sie mussten sich an ein neues Land, das Botschafterleben mit seiner Etikette und natürlich an Deutsch und Englisch als neue Sprachen gewöhnen. Und das in kürzester Zeit!

Meine Eltern erwarteten, dass jeder sein Bestes gab. Gleich bei unserer Ankunft hatte mein Vater die Familie versammelt und gesagt: „Ich bin hier nicht der einzige Botschafter. Wir alle sind Botschafter unseres Landes. Und ich möchte, dass jeder von uns mit diesem Bewusstsein seinen Tag beginnt und beendet."

Ich hatte es leichter, ich durfte in den Kindergarten gehen und einfach spielen.

Manchmal, wenn mich der Fahrer von dort abholte oder mich hinbringen wollte, lief ich ihm laut lachend und mit der Unbeschwertheit einer Vierjährigen davon. Ich genoss es, wenn er mich ums Haus jagte, um mich wieder einzufangen.

In der Kita in Bonn gab es viel mehr Spielsachen, als ich es aus meinem Kindergarten in Kabul kannte. Am liebsten spielte ich Memory. Auf den quadratischen Karten waren Tierbilder, die ich mir immer wieder intensiv anschaute. Ich mochte Tiere.

Relativ schnell begann ich auch mit den anderen Kindern zu spielen, obwohl wir uns kaum verständigen konnten. Aber mithilfe von Gestik und Mimik klappte es ganz gut. Und bald schon konnte ich grüßen und kurze Sätze wie „Ich bin Fereshta", „Willst du mit mir spielen?" oder „Komm mit!" sagen.

Gern spielten wir auch mit dem Einkaufsladen. Sobald ich die Zahlen, „Bitte!", „Danke!" und „Was kostet das?" sagen konnte, ging es los.

Deutsch lernte ich schnell. Bald schon konnte ich für meine Mutter übersetzen, wenn wir einkaufen gingen. In der Nähe unseres Hauses gab es einen Supermarkt und dort durfte ich mir manchmal ein Eis holen. Am liebsten mochte ich Apfeleis. Die vielen Sorten und Geschmäcker waren neu für mich und ich verband sie mit Deutschland.

Das Büro meines Vaters lag im ersten Stockwerk, darüber in der zweiten und dritten Etage befand sich unsere Wohnung. Für uns Kinder war es ein wunderbares Gefühl, dass er immer da war. Meine Geschwister merkten auch, dass er jetzt – fernab der politischen Unruhen in Afghanistan – viel entspannter und besser gelaunt war.

Oft saßen wir alle zusammen im Wohnzimmer auf der Couch und sahen uns *Heidi* im Fernsehen an. Das kleine Mädchen in den Bergen hatte es mir angetan. Ich mochte ihre mitfühlende Art und ihre Naturverbundenheit. Gleichzeitig sagte sie offen, was sie dachte, und widersetzte sich gängigen Normen und Verhaltensregeln.

An den Wochenenden machten wir regelmäßig Ausflüge, genossen Schifffahrten auf dem Rhein und erkundeten Bonn und die Umgebung.

Fern der Heimat, ohne die Großfamilie, Nachbarn und Freunde rückten wir alle ein Stück enger zusammen. Wir mussten mit so vielen neuen Eindrücken und dem fremden Umfeld klarkommen, eine neue Sprache lernen und uns beweisen. Doch zu Hause war es warm und vertraut. Hier waren meine Eltern, meine Geschwister und afghanisches Essen. Geborgenheit eben.

In dieser Zeit führten wir auch den Familienrat ein. Dort wurden alle Angelegenheiten besprochen und Entscheidungen gemeinsam gefällt. Auch ich als Jüngste durfte meine Meinung äußern.

Das war recht untypisch für eine afghanische Familie. Denn dort haben Kinder meist nichts zu sagen, ihre Stimme findet kaum Gehör. Alle Entscheidungen werden von den „Älteren" der Familie gefällt. Dass auch ich einbezogen wurde, gab mir das Gefühl, geachtet zu werden.

Meine Mutter meinte später oft spaßhaft, dass es bei dieser Gesprächskultur in unserer Familie kein Wunder sei, dass keines ihrer Kinder seine Meinung für sich behalten könne und seinen Standpunkt gern vertrete.

Mein Vater war zwar Botschafter, doch für mich als Vierjährige – besonders als Jüngste – war er einfach mein „Baba dschan". Er nahm mich oft auf den Arm und drückte mich fest. Und noch heute sehe ich ihn vor mir, wie er mich abends ins Bett brachte und mir die Geschichte vom Löwen und der Maus erzählte.

Laut fauchte mein Vater als gefangener Löwe. Und die kleine Maus bot ihm in leisen Piepstönen ihre Hilfe an. Ich fieberte der Stelle entgegen, bei der der Löwe arrogant und selbstgefällig die Maus verhöhnte, wie sie ihm denn wohl helfen wolle. Und dann der Triumph der kleinen, schlauen Maus, als sie den Löwen durch stetiges Knabbern aus dem Netz befreite.

Ich weiß nicht mehr, ob mein Vater mir die Moral erklärte oder ob ich selbst verstand, dass es im Leben nicht so sehr auf körperliche Stärke, sondern mehr auf Geschick, Können, Beharrlichkeit und vor allem auf die charakterliche Qualität eines Menschen ankommt.

Und auch in anderer Hinsicht waren diese Momente mit meinem Vater besonders. Trug er sonst immer ein weißes Hemd und dunkle Anzüge, saß er jetzt in beiger oder himmelblauer afghanischer Kleidung bequem auf meinem Kinderbett. Ich lehnte meinen Kopf an seine breite Brust, spürte seine Wärme und wurde von ihm fest in beiden Armen gehalten.

So sicher habe ich mich nie wieder in meinem Leben gefühlt.

Kurz nach unserer Ankunft in Deutschland stand eine Reise zum Königspalast in Stockholm an. Es war im Spätsommer 1977.

Mein Vater war nicht nur Botschafter Afghanistans in Deutschland, sondern auch in Schweden, der Schweiz und den Niederlanden. Es war üblich, dass ein Botschafter mehrere Länder abdeckte, wenn dies zu bewältigen war.

Jetzt war er zu seinem Antrittsempfang in Schweden eingeladen.

Ich durfte als einziges Kind meine Eltern begleiten, da ich noch nicht zur Schule ging. Wir wurden mit dem Botschaftswagen bis zur Fähre gebracht und bezogen dort eine komfortable Suite. Ich lief lachend und übermütig über die schier unendlichen Decks und fand trotzdem immer wieder den Weg zurück zu meinen Eltern.

Ich genoss jede Sekunde mit ihnen. So viel Zeit, Aufmerksamkeit und Fürsorge bekam ich sonst nie. Es war herrlich, für ein paar Tage Einzelkind zu sein.

Auch das Essen gefiel mir: grüne Nudeln mit heller Soße. So etwas hatte ich noch nie gegessen, aber es schmeckte vorzüglich und ich aß einen ganzen Teller leer.

Am Abend war ich erschöpft und konnte trotzdem nicht einschlafen. Die vielen Eindrücke schwirrten mir durch den Kopf. Meine Mutter musste sich neben mich setzen und meine Hand halten. Während ich einschlief, beobachtete meine Mutter das Abendrot, wie es sich im funkelnden Wasser spiegelte.

Am nächsten Tag folgte der Empfang bei König Carl XVI. Gustaf. Mein Vater führte eine längere Unterhaltung mit ihm und war nach dem Treffen glücklich über seinen guten Start als Botschafter. So würde er hoffentlich seinem Land dienen können – wenn auch aus der Ferne.

Königin Silvia konnte nicht anwesend sein, um die Botschafterfrauen zu empfangen, da kurze Zeit vorher Kronprinzessin Victoria zur Welt gekommen war und die Königin sich von der Entbindung erholte.

Für mich hatte diese Reise einen unbeschreiblichen Zauber. Alles schien zu funkeln und zu blitzen.

Für meine Eltern war es ebenfalls eine neue Welt. Sie hatten gerade damit begonnen, einen neuen Kontinent kennenzulernen. Dies sei nur der Auftakt, dachten sie.

Wie anders Dinge manchmal kommen …

Einige Monate nach unserer Rückkehr erhielt mein Vater die Nachricht, dass in Kabul ein Putsch der Kommunisten bereits in Vorbereitung sei.

Daoud Khan hatte es nicht geschafft, das Land zu führen und voranzubringen; auch außenpolitisch kriselte es. Verschiedene Konflikte mit Pakistan belasteten die Beziehungen zwischen Afghanistan und seinem südlichen Nachbarland. Der Einfluss der Sowjetunion nahm weiter zu und somit auch der der Kommunistischen Partei in Afghanistan. Daoud Khan schien das Ruder aus der Hand zu gleiten.

Eine kommunistische Führung – das konnte nicht gut gehen. Davon war mein Vater mehr als überzeugt.

Gebannt verfolgte er die politischen Entwicklungen in Afghanistan. Auch wenn die Geschehnisse 5000 Kilometer entfernt passierten, war mein Vater direkt betroffen. Schließlich ging es um das Land, das er hier mitten in Europa vertrat.

Fast alle Akteure in Afghanistan kannte er persönlich, hatte sie schon oft getroffen und mit ihnen gesprochen. Er kannte ihre Charaktere, ihre Ziele und Motive.

Mein Vater wollte seinen Beitrag leisten, dass sein Land gedieh.

Doch wie sollte er das vom idyllischen Bonn aus? Ihm waren die Hände gebunden.

Ein kommunistisches Afghanistan kam für meinen Vater einem Untergang gleich.

Er hielt die Kommunisten für gottlos und für Verräter ohne Moral. Sie würden ihr Land verkaufen und seine Unabhängigkeit verschenken, nur um ihre Ideologie durchzusetzen.

Außerdem sei dieses System ein aufgesetztes, es passe nicht zu Afghanistan, seinen Menschen, seiner Geschichte und seiner Kultur. Mein Vater war von einer inneren Unruhe getrieben. Er wollte etwas unternehmen und machte sich insgeheim Vorwürfe, dass er sein Land nicht hätte verlassen dürfen.

Wir sahen ihn jetzt häufiger rauchen als früher.

Immer wieder beruhigten afghanische Besucher, Politiker und andere Diplomaten meinen Vater. Hinter vorgehaltener Hand oder manchmal auch offen und direkt sagten sie ihm, dass er doch froh sein könne, jetzt nicht mitten im Geschehen zu sein. Unblutig würde ein Putsch diesmal nicht vonstattengehen.

Meine Eltern waren zu Hause, als es laut und fordernd an der Tür klingelte. Sie öffneten, vor ihnen standen der Koch und einer der Fahrer, heftig nach Luft ringend. „Schalten Sie den Fernseher an!", riefen sie wie aus einem Mund.

Dann sahen wir die Bilder: Panzer vor dem Präsidentenpalast und Militär in den Straßen Kabuls.

Wir erfuhren, dass die sowjetischen Einheiten die Hauptstadt vom Kabuler Flughafen aus erobert hatten – in nicht einmal 24 Stunden.

Daoud Khan und seine Familie wurden im Präsidentenpalast erschossen und in einem Massengrab verscharrt. Die Monarchie von Ahmed Schah Durrani und seinen Nachfahren war nach gut 230 Jahren innerhalb eines einzigen Tages beendet.

Für den Rest des Tages starrte mein Vater auf den Bildschirm. Auch wir Kinder setzten uns dazu und verfolgten die Bilder schweigend. Mittlerweile war ein weiterer Botschaftsmitarbeiter bei uns eingetroffen. Auch er war wie versteinert. Wir hörten und sahen, wie die kommunistische Republik ausgerufen wurde.

Die Menschen, die dort ins Mikrofon riefen, dass sie jetzt an der Macht seien, die die Arme hochrissen und die Gewehre gen Himmel streckten, machten sogar meinen Geschwistern im Jugendalter Angst. Wie sollten sie unser Land regieren, in Uniformen und Unterhemden?

Sie schienen noch nie eine Rede gehalten zu haben und sollten Afghanistans Interessen auf dem internationalen Parkett vertreten?

Der Koch fand als Erster die Worte wieder: „Die sollen erst mal richtig Dari lernen!", stieß er aus.

Der Fahrer sagte wie zu sich selbst: „Die gleichen Leute, denen Daoud Khan die Tür geöffnet hat, haben ihn jetzt von hinten erdolcht!"

Dieser 27. April 1978 hat unser Leben für immer verändert.

Mein Vater war wie versteinert. Der Putsch traf ihn heftiger, als irgendjemand vermutet hatte. Mal war er nachdenklich und in sich gekehrt, dann wieder in heftige Diskussionen mit meiner Mutter oder Besuchern verwickelt. Auch rauchte er noch häufiger als sonst.

Einige Tage später bekam er beim Frühstück einen heftigen Hustenanfall.

Er musste sofort ins Krankenhaus, wo die Ärzte bei ihm ein schweres Herzproblem diagnostizierten.

Selbst starke Medikamente konnten seinen Zustand nur zeitweise stabilisieren – er wurde nie wieder richtig gesund.

Er hatte auch keine Ruhe, sich auszukurieren oder sich auch nur eine kleine Verschnaufpause zu gönnen. Wichtige Entscheidungen waren zu fällen.

Für meinen Vater hatte von vornherein festgestanden: Eine kommunistische Republik wollte er nicht repräsentieren. Er konnte nicht weiter auf Empfänge gehen, Delegationen betreuen, lächeln und smalltalken, wenn sein Inneres leer, wenn das, wofür er stand, gestorben war.

Als er Post aus Kabul erhielt und aufgefordert wurde, die Bundesregierung zu bitten, die neue afghanische Regierung politisch anzuerkennen, entgegnete er in einem Dreizeiler, dass er das nicht tun würde, da er selbst die neue Regierung nicht anerkannte.

Doch welche Zukunft gab es für ihn? Er hatte eine Familie mit fünf Kindern zu ernähren. Die Wohnung, die Schule, der gewohnte Lebensstil – alles hing an seinem Posten als Botschafter.

Er wollte zurück nach Afghanistan. Dort war seine Heimat. Er wollte vor Ort sein, sich ein Bild machen und retten, was vielleicht noch zu retten war.

Doch meine Mutter bekniete ihn, dass das viel zu gefährlich sei. Sie müssten doch an die Kinder denken. Vier Teenager und ein Kind von fünf Jahren.

Auch andere Stimmen um uns herum warnten uns: „In Afghanistan seid ihr nicht mehr sicher … Ihr würdet von der Landebahn am Flughafen direkt ins Gefängnis gebracht werden, und das im günstigsten Fall … Du bist eine Gefahr für die neue Regierung, und das weiß sie … Sie werden kein Risiko eingehen …"

Schließlich erreichte uns ein Brief meiner Tante: „Was auch passiert, kommt nicht nach Afghanistan."

Erst viel später erfuhren wir, dass unsere gesamte Familie auf der Schwarzen Liste der Kommunisten stand. In Afghanistan verschwanden immer mehr Menschen und tauchten nie wieder auf. Das drohte auch uns. Teile unserer Familie tauchten unter oder flohen ins Ausland. Ebenso wurden unsere Konten gesperrt, unser Haus und alles Vermögen konfisziert.

Für uns war eine Rückkehr – auch später – unmöglich.

Meine Mutter schlug vor, dass mein Vater versuchen solle, einen Job als Ingenieur zu finden.

Ein alter Kontakt zu einem Freund aus Princeton stimmte uns hoffnungsfroh.

Und tatsächlich erhielt er umgehend ein Jobangebot von einer großen Firma in San Francisco.

Mein Vater stellte sofort einen Visa-Antrag. Jetzt begann das Warten.

In der Botschaft übergab mein Vater dem Konsul nach und nach alle Geschäfte, auch sein Gehalt würde nur noch einen weiteren Monat gezahlt werden.

Meine Eltern versuchten, sich vor uns nichts anmerken zu lassen. Unser Alltag ging weiter: Schule, Kindergarten, Hausaufgaben. Doch meine älteren Geschwister spürten die Anspannung, die wie ein schwarzes Netz über unserer Familie lag.

In den Abendstunden hörten wir die gepresste Stimme meiner Mutter und die manchmal lauten Worte meines Vaters, wenn sie allein miteinander sprachen.

Unser Land … Unsere Familie … Was sollte aus all dem werden?

Der Weg in die Heimat war abgeschnitten.

Meine Eltern fühlten sich wie ein Schiff auf dem stürmischen Meer. Allein und den Gewalten der Natur ausgesetzt. Nicht wissend, was die nächsten Momente mit sich bringen würden.

Einige afghanische Botschafter hatten politisches Asyl in ihren Aufenthaltsländern beantragt und erhielten dann sogar finanzielle Unterstützung. Doch für meinen Vater war solch eine Möglichkeit ausgeschlossen, das verbot ihm sein Stolz.

Für was auch immer sich meine Eltern entschieden – es würde eine Reise ins Ungewisse werden.

In dieser Zeit fasste mein Vater den Entschluss, dass er sobald wie möglich die Hadsch, die Pilgerfahrt nach Mekka, unternehmen wollte. Er hatte schon oft darüber nachgedacht, denn jeder Muslim soll diese einmal in seinem Leben vollziehen, sofern er die Möglichkeit dazu hat.

Ende der Siebzigerjahre war die Hadsch allerdings kein Kurztrip mit dem Flugzeug, sondern noch eine richtige Weltreise. Von Europa aus sei diese viel leichter, als wenn wir erst einmal in den USA wären, meinten meine Eltern.

Außerdem hielten die Herzprobleme meines Vaters an.

Er hatte den tiefen, inneren Wunsch, diese religiöse Handlung zu vollziehen.

Menschen, die ihn nicht gut kannten und nach dem Äußeren beurteilten, hielten ihn sicherlich nicht für sehr religiös. Er sprach nie darüber, was im Koran steht, und zitierte selten die Lebensweise des Propheten. Doch nutzte er jede Gelegenheit, uns beizubringen, was richtig und was falsch, was gut und was schlecht sei.

Er besaß eine tiefe Spiritualität.

Meine Eltern beratschlagten sich bis tief in die Nacht. Sie wogen das Für und Wider ab und versuchten alle Aspekte zu bedenken. Ich kann mir bis heute kaum vorstellen, wie viel Sehnsucht, Hoffnung und Leid in ihren Herzen war.

Schließlich stand ihr Entschluss fest: Mein Vater würde sein Amt offiziell niederlegen. Die Familie würde als Erstes zur Hadsch fahren, da sich die Bearbeitung des Visa-Antrags für die USA in Deutschland übermäßig hinzog. Die Firma in Amerika hatte meinem Vater deswegen geraten, in ein anderes Land zu gehen und dann einen neuen Antrag zu stellen. Man erhoffte sich so eine schnellere Bearbeitung.

Jetzt wollten meine Eltern die Zeit, bis alle Visa-Angelegenheiten geklärt waren, für die Pilgerfahrt nutzen.

Mein ältester Bruder Muhammad hatte zu diesem Zeitpunkt gerade seinen Schulabschluss in Bonn gemacht und wollte an der amerikanischen Universität in München Medizin studieren. Da er schon eine Zusage bekommen hatte, bat er meinen Vater, in Deutschland bleiben zu dürfen. Meine Eltern stimmten schweren Herzens zu.

Jetzt würde die Familie zum ersten Mal getrennt sein.

Fahrt ins Ungewisse

Ich denke im Nachhinein, dass es einen Teil in meinem Vater gab, der einfach ein Abenteuer erleben wollte. Er kaufte einen VW-Bus und wir fuhren mit sechs Koffern auf dem Dachgepäckträger los. Die ersten Monate verbrachten wir in München und Umgebung. Mein Vater wollte sicherstellen, dass Muhammad einen guten Start ins Studium hatte.

Bald hatte Muhammad ein Zimmer im Studentenwohnheim und auch einen Ferienjob.

Es ging meinem Vater nicht so sehr um den Verdienst, er war vielmehr der Überzeugung, dass Arbeit den Charakter forme und eine der besten Vorbereitungen für das Studium und das Leben sei.

Oft hatte er uns die Geschichte von einem Freund und Studienkollegen aus Princeton erzählt. Dessen Vater, ein amerikanischer Botschafter, lebte das Credo, dass man nie auf seine familiäre Herkunft, sondern nur auf seine persönlichen Leistungen stolz sein solle. Also ließ er seinen Sohn in den Schulferien als Schuhputzer arbeiten.

Da traf es Muhammad vergleichsweise gut. Er würde den Sommer über als Hilfsgärtner im städtischen Park verbringen.

Es war das erste Mal, dass Muhammad schwere körperliche Arbeit verrichten musste. Er erzählte uns, wie anstrengend dies für ihn war. Und dass er in der Mittagspause erschöpft im Gras lag und versuchte, wieder Kraft für den Nachmittag zu schöpfen.

Es war die schönste und intensivste Zeit, die wir als Familie miteinander verbrachten: Wir unternahmen Ausflüge nach Bad Tölz und in die Berge, wanderten durch dunkelgrüne Wiesen und picknickten an tiefblauen Seen. Wir sangen im Bus und die Sonne funkelte durch die Baumwipfel.

Meine älteren Geschwister genossen die unbeschwerten Sommertage mit meinem Vater sehr. Er war entspannt, liebevoll und geduldig. Über kleine Fehler oder Unachtsamkeiten von uns Kindern sah er großzügig hinweg.

Auch schien eine Wärme und Milde in seinem Herzen aufgestiegen zu sein, die vor allem meine Brüder vorher so nicht erlebt hatten.

Mit mir als Jüngster konnte er diese Seite besonders ausleben. Wenn wir eine Pause machten, spielte er mit mir – zur Belustigung aller – Mutter und Kind mit vertauschten Rollen. Ich durfte ihn füttern und zum Schlafen bringen. Er zog mich auf und machte Späße mit mir.

Wenn es regnete, saßen wir alle im VW-Bus und mein Vater sang „Love me tender" von Elvis Presley oder Lieder von Frank Sinatra, Dean Martin und Nat King Cole.

Es war der Sommer unseres Lebens.

Und vielleicht war dieser Sommer auch für meinen Vater eine ganz besondere Zeit. Vielleicht verstand er zum ersten Mal, dass es seine Familie war, die Menschen um ihn herum, auf die es wirklich ankam.

Die Wochen flogen vorüber. Der einzige Wermutstropfen war, dass mein Vater wieder Herzprobleme hatte. Er versuchte, sich nichts anmerken zu lassen, und nahm seine Medikamente regelmäßig, allerdings meist eher meiner Mutter zuliebe.

Im Spätsommer begann Muhammads Studium. Mein Vater erledigte mit ihm schnell alle Formalitäten.

Muhammad sollte an dieser Uni zwei Jahre „Pre-Med" belegen, so hießen die naturwissenschaftlichen Vorbereitungskurse für das eigentliche Medizinstudium, das er anschließend an einer Universität in den USA absolvieren sollte.

Die ersten Unitage verliefen für Muhammad erfolgreich. Er fühlte sich gut aufgehoben und würde allein zurechtkommen.

Wir deckten uns noch einmal reichlich mit Proviant ein und fuhren los …

Österreich und Jugoslawien. Das waren die ersten Stationen auf unserer Route. Mein Bruder Farid saß auf dem Beifahrersitz, meist mit einem Stapel Straßenkarten auf dem Schoß, und war verantwortlich für die Route. Für einen 15-Jährigen keine Kleinigkeit, aber in der Regel konnte sich mein Vater auf ihn verlassen.

Auf der Rückbank saßen Tamim und ich und vertrieben uns die Zeit mit Scherzen und Witzen. Natürlich stritten wir uns zum Ärger meiner Mutter mehrmals täglich. Aber dann kamen auch wieder verträgliche Zeiten, und wir beide taten so, als sängen wir Opern – ich die hohe und Tamim die tiefe Stimme.

Den nächsten Streit fing meine Mutter dann meist durch Rätsel oder Ratespiele ab und weiter ging die lange Fahrt.

Berge, mächtige Flüsse, unterschiedlichste Landstriche, Dörfer, Städte; alles zog an uns vorbei und wir staunten. Wir bemerkten auch die Unterschiede im damaligen Ostblock.

Alles wirkte trist und grau. Die Menschen waren scharf auf unsere Dollars und in manchen Orten trugen neunzig Prozent der Bevölkerung Kleidung aus dem gleichen dunkelblauen Wollstoffimitat.

All diese Länder zu sehen und zu erleben, war ein unvergessliches Erlebnis für jeden von uns. Vielleicht auch ein bisher unerfüllter Traum für meinen Vater.

Mal schliefen wir im Hotel, mal in unserem Bus.

Mit unseren Dienstpässen waren die Durchreise und die Grenzkontrollen in der Regel kein Problem. Meist wurde auch unser Gepäck nicht kontrolliert.

Doch die Anstrengungen und Unannehmlichkeiten der Reise gingen an meinem Vater als einzigem Fahrer nicht spurlos vorbei. Sein Herz machte ihm zu schaffen. Immer häufiger litt er unter Atemnot und Herzschmerzen. Dann hielten wir an und meine große Schwester Bahar massierte ihm die Brust. Das linderte seine Schmerzen etwas und nach einer Pause konnten wir weiterfahren.

Auch ich mit meinen sechs Jahren empfand häufig Enge und Bedrückung. Ich sah meinen Vater leiden und spürte die übermächtigen Sorgen meiner Mutter.

Und ich ahnte die Ungewissheit, der wir alle ausgeliefert waren, wie ein riesiges schwarzes Loch, das irgendwo auf unserem Weg auf uns wartete.

Was würde mit meinem Vater passieren? Wie sollte diese Reise enden? Und was kam danach?

Jedes Mal, wenn mein Vater, der schon seit vielen Jahren ein sehr starker Raucher war, sich eine Zigarette ansteckte, spürte ich eine entsetzliche Ohnmacht in mir aufsteigen.

Ich konnte nicht verstehen, warum er nicht einfach aufhörte, wenn es ihn doch so krank machte. Konnte er es denn nicht für uns tun? Er liebte uns doch!

Wie sollte ich mit diesem Widerspruch leben? Ich schluckte meine Wut um des lieben Friedens willen hinunter.

Dann kamen wir an die griechische Grenze. Wir atmeten durch, ein weiteres Etappenziel war erreicht!

Unsere Dienstpässe wurden kontrolliert – man wollte uns nicht einreisen lassen. Mein Vater erklärte, dass es sich nur um eine Durchreise handelte. Doch die Grenzbeamten ließen sich nicht erweichen. Wir steckten fest.

Mein Vater und Farid schauten sich die Karten an und wir berieten uns. Schließlich entschieden wir, über Bulgarien weiter in die Türkei zu reisen. Dieser Umweg kostete uns einige Zeit. Zeit, die wir nicht hatten …

Das nächste Problem erwartete uns in Syrien: Im Hotel wurden uns zwei Koffer gestohlen. Wir waren entsetzt. Das hatten wir nicht erwartet. Auf dem ganzen Weg war uns so etwas nicht passiert.

Meine Mutter war untröstlich. In einem der Koffer hatte sie all ihre Fotos und Familienstücke verstaut. Der gesammelte Schatz ihrer Kindheit, Jugend und Heimat war ihr genommen, von einem Moment auf den anderen.

Für Tage waren ihre Augen leer.

Wir meldeten den Diebstahl bei der Polizei. Dort gab man sich aber offensichtlich nicht viel Mühe, den Tatbestand aufzuklären, und wir wurden vertröstet.

Sollten wir noch den nächsten Tag abwarten? Vielleicht tauchten die Koffer noch auf?

Doch die jährliche Zeit der Pilgerfahrt rückte immer näher. Wir hatten durch die vielen Pausen und den Umweg sowieso schon zu viel Zeit verloren.

Meine Eltern beschlossen, die Reise gleich fortzusetzen.

Wir kamen relativ zügig voran. Doch nach der Ankunft in Saudi-Arabien erfuhren wir, dass wir die Hadsch verpasst hatten!

Über 5000 Kilometer und fast drei Wochen auf Fahrt, all die Strapazen, die gesundheitlichen Sorgen um meinen Vater – und trotzdem konnten wir die nächste Pilgerfahrt erst in einem Jahr machen.

Mit gedrosseltem Tempo fuhren wir weiter bis nach Mekka, um die heiligen Stätten zu besuchen.

Mein Vater sagte damals, dass erst, als er in der Heiligen Moschee in Mekka die Kaaba leuchten sah, sein Herz Ruhe empfand und er sich getröstet fühlte. Und er hatte die tiefe Gewissheit, dass all die Anstrengungen nicht umsonst gewesen waren.

In Saudi-Arabien

Wir hatten keine Unterkunft und auch nicht mehr viel Geld. Und so verbrachten wir die ersten Nächte in unserem VW-Bus am Strand von Dschidda.

Der Unterschied zwischen Deutschland und Saudi-Arabien zeigte sich am drastischsten in der Natur: Deutschland war für mich grün, feucht und aus kleinen Einheiten aus Feldern, Häuschen und Gartenzäunen zusammengesetzt.

In Saudi-Arabien dagegen empfing uns das offene, karge Ocker der Wüste, gepaart mit dem unendlichen Türkisblau des Roten Meeres.

Obwohl wir im November ankamen, war es sehr heiß. Die Sonne knallte vom Himmel und wir sehnten uns nach der schützenden Kühle einer Wohnung.

Mein Vater stellte nun erneut einen Visa-Antrag für die USA. Obwohl das amerikanische Unternehmen auch von seiner Seite den Antrag unterstützte und man hoffte, dass dieses Mal die Bearbeitung der Visa schneller vonstattengehen würde, beschloss mein Vater, sich übergangsweise nach einem Job vor Ort umzusehen.

Das Öl hatte Saudi-Arabien in den Siebzigerjahren zu einem enormen Wirtschaftswachstum verholfen. Überall entstanden Bohrtürme, Autobahnen, Brücken und Hochhäuser. Ganze Industriezweige wurden aus dem Boden gestampft.

Bestimmt würde es hier auch Bedarf an einem Ingenieur mit einem Abschluss aus Princeton geben.

Doch die Suche erwies sich als schwieriger als erwartet, denn mein Vater konnte kein Arabisch.

Nach einigen vergeblichen Versuchen schlug meine Mutter spontan vor, dass wir einfach die nächste Person, die wir auf der Straße treffen würden, um Hilfe bitten sollten.

Mein Vater folgte ihrem Rat – teils aus Verzweiflung, teils um ihr den Gefallen zu tun.

Die erste Person, die wir trafen, sprach glücklicherweise auch ein wenig Englisch. Mein Vater erklärte ihm seine Situation, und der Mann sagte, er solle zur saudi-arabischen Fluggesellschaft Saudia gehen. Dort solle er nach Herrn Soundso fragen, an dessen pakistanischem Sekretär vorbeikommen – denn der würde sowieso nur Pakistaner durchlassen – und sich nach einer Arbeitsstelle erkundigen. Dann gab er uns noch seine Karte und meinte, wir sollten diese dem Chef zeigen, da er ihn persönlich kannte.

Am nächsten Morgen öffnete mein Vater sein Portemonnaie. Es waren noch genau zwölf Rial darin. Mehr besaßen wir nicht. Mit dem Geld kaufte mein Vater etwas zum Frühstück für uns. Dann zog er einen Anzug und ein frisches Hemd an und fuhr zusammen mit meinem Bruder Farid zur saudi-arabischen Fluggesellschaft.

Mein Vater folgte den Anweisungen des Mannes genau, kam an dem Sekretär vorbei und erhielt sofort das Angebot, als leitender Ingenieur anzufangen.

Er sollte ein gutes Gehalt und auch eine Unterkunft erhalten. Allerdings handelte es sich nur um ein kleines Zimmer für eine Person. Der pakistanische Angestellte, der die Unterlagen bearbeitete, sah meinen Vater an, zögerte und sagte schließlich, dass sie noch eine geräumige, vollmöblierte Wohnung in einem Compound hätten. Diese Wohnanlage sei geschützt, nur für Mitarbeiter der Saudia, und er würde sie ihm gern anbieten.

Dann überreichte er meinem Vater noch einen schlichten Umschlag. Dies sei ein Begrüßungsgeschenk, erwähnte er wie nebenbei.

Als mein Vater und Farid wieder in unserem VW-Bus saßen, mussten sie erst einmal tief durchatmen. Das war geradezu unglaublich. Sie öffneten den Umschlag: Darin lag ein Scheck über 11.000 Rial. Das entsprach etwa einem Vierteljahresgehalt.

Mein Vater lächelte und schaute Farid fest in die Augen: „Wenn man mit Gott ehrlich ist, wird er einen nie im Stich lassen. Merk dir das, mein Sohn!"

Wir bezogen unsere Wohnung, Bahar und ich bekamen ein gemeinsames Zimmer, ebenso meine beiden Brüder. In unserem Compound, der extra für internationale Fachkräfte gebaut worden war, gab es Swimmingpools und Tennisplätze, und meine Eltern hatten endlich wieder einen Garten.

Endlich war er da: mein großer Tag. Heute würde ich in die Schule kommen. Meiner Mutter zuliebe trank ich morgens ein Glas Milch und versuchte, ein kleines Stück Brot herunterzubekommen. Aber ich war einfach viel zu aufgeregt, um wirklich zu frühstücken.

Schon seit Tagen hatte ich meine Eltern gelöchert, wie meine neue Schule wohl aussehen würde. Auch machte ich mir Sorgen, weil ich kein Arabisch sprach: „Was soll ich denn sagen? Ich verstehe ja gar nicht, was die Lehrerin zur Klasse sagt!"

Meine Mutter streichelte mir den Kopf: „Mach dir keine Sorgen, Fereshta dschan. Du hast schon so viele Dinge gelernt, da wirst du auch Arabisch ganz leicht lernen. Und mit den Buchstaben helfe ich dir."

Auf dem Weg zur Schule zog ich meine Mutter heftig am Ärmel: „Komm schnell, Mama!" Es bedeutete mir so viel, endlich auch ein Schulkind zu sein, meine Geschwister waren es schließlich alle schon seit Jahren. Nun war auch ich groß!

Während wir mit schnellen Schritten weiterliefen, zeigte meine Mutter auf ein Gebäude, das von einer Mauer umgeben war: „Schau Fereshta, das ist deine Schule. Es ist eine reine Mädchenschule. Du wirst dort viele neue Freundinnen finden."

Ich schaute an der hohen, wuchtigen Mauer empor. Dahinter konnte ich das langgezogene Gebäude sehen. „Aber warum gibt es so eine hohe Mauer?"

Meine Mutter konnte nicht mehr antworten, denn nun traten wir bereits durch das Schultor. Es war gerade Pausenzeit. Die Mädchen liefen laut und wild über den Pausenhof. Es tat gut, so viele fröhliche, lachende Gesichter zu sehen.

Allerdings schauten mich alle neugierig an. Einige Mädchen hielten sogar im Spiel inne und musterten mich.

Ich senkte meinen Kopf. Ich hatte gedacht, dass ich hier nicht so auffalle wie in Bonn. Dort hatte es viele blonde Kinder gegeben und ich war fast die Einzige mit dunkelbraunen Haaren. Aber auch hier guckten uns alle an.

Meine Mutter ging schnellen Schritts weiter ins Schulgebäude.

Als wir vor der Sekretärin standen, musterte sie erst meine Mutter und dann mich von oben bis unten. Wahrscheinlich empfand sie die Kleidung meiner Mutter, besonders das kleine Chiffontuch um den Kopf und das knielange Kleid, als ungewöhnlich.

Schließlich überreichte sie uns aber die Schulbücher und gab meiner Mutter zu verstehen, dass sie die mit mir durcharbeiten sollte.

Etwas enttäuscht war ich von meinem ersten Schultag schon, doch meine Mutter begann gleich am Nachmittag, mit mir die ersten Buchstaben zu lernen.

Glücklicherweise konnte sie diese lesen und schreiben. Ab jetzt übten wir jeden Tag zusammen.

Am nächsten Morgen durfte ich dann auch in meine Klasse. Die Mädchen waren freundlich und nahmen mich nett auf. Aber oft war ich trotzdem traurig, weil ich meine Gefühle nicht äußern konnte. Auch fand ich einige Lehrerinnen zu streng. Gern hätte ich auf Arabisch gefragt, warum sie manche Kinder schlugen, wenn diese lärmten. Zu Hause wurde ich nie geschlagen, auch wenn ich manchmal laut war. Diese Seite des Schullebens machte mir Angst.

An den Nachmittagen übte ich weiter mit meiner Mutter und konnte nach wenigen Wochen lesen und schreiben. Meine Eltern hatten mir auch eine kleine Schiefertafel geschenkt und schon bald wurde ich die Lehrerin. Wann immer jemand in mein Zimmer kam, stand ich – manchmal sogar mit einem drohenden Lineal in der Hand – vor meinen Puppen und „unterrichtete" sie.

Da ich von meinen Vormittagen in der Schule nicht viel erzählte, kam meine Mutter einmal mitten in der Pause vorbei. Sie beobachtete mich, wie ich mit einigen Kindern spielte.

Wir lachten, rannten über den Schulhof und verständigten uns mit Händen und Füßen.

Alles schien sich etwas zu beruhigen. Bahar kam auf eine Privatschule für Mädchen, meine zwei Brüder auf internationale Schulen. Doch mein Vater litt weiterhin unter Herzbeschwerden.

Schicksalsschlag

Es war das Frühjahr 1979. Wir waren fünf Monate in Saudi-Arabien, und mein Vater hatte gerade seinen 49. Geburtstag gefeiert, als er plötzlich im Flur neben Bahar zusammenbrach.

Sie schrie auf, Panik erfasste ihren gesamten Körper.

Was sollte sie tun? Sie konnte nicht Auto fahren und wusste auch nicht, wo das nächste Krankenhaus war.

Schnell lief sie zu den Nachbarn hinüber.

Innerhalb von Minuten war unser Wohnzimmer voller Menschen. Mehrere Männer trugen meinen Vater zum Auto und fuhren ihn zum Krankenhaus.

Die Frauen blieben bei uns, sprachen aufmunternde Worte und hielten uns im Arm.

Trotz aller Mühe konnte im Krankenhaus nur noch sein Tod festgestellt werden. Er hatte einen Herzinfarkt erlitten.

Mein Vater war gestorben – mit nur 49 Jahren.

Wie durch eine unendlich dicke Wand gelangte die Nachricht zu uns.

Wir konnten sie nicht verstehen. Das durfte nicht wahr sein.

Wie konnte so plötzlich die Welt nicht mehr die gleiche sein?

Als ich am nächsten Morgen aufstand, spürte ich eine merkwürdige Leere in mir. Die Wohnung war totenstill. Ich ging den langen Flur entlang, alle Türen waren verschlossen. Ich rief laut nach meinem Vater. Als niemand antwortete, rief ich ebenso laut nach meiner Mutter. Es gab keine Antwort.

Schließlich kam ich in die Küche, auch hier war niemand. Die Tür zum Garten war angelehnt, ich ging hindurch und sah meine Mutter: Sie saß mit dem Rücken zu mir in der hintersten Ecke des Gartens auf einem Klappstuhl – als wolle sie sich vor mir und der Welt verstecken, als wolle sie nicht mehr da sein.

Langsam ging ich auf sie zu. Ich sah ihre gen Himmel geöffneten Hände, sah, wie sich ihre Lippen bewegten, sie tonlos sprach.

Ich legte meine Hand auf ihre Schulter und fragte nach meinem Vater. Sie drehte sich unendlich langsam zu mir, zog mich an sich, nahm meine Hand in ihre und sagte mit ruhiger, fast toter Stimme: „Baba dschan, dein Vater, ist im Himmel. Dort ist er gut aufgehoben."

Ich starrte sie an, presste dann mein Gesicht an ihres. Beide weinten wir und unsere Tränen flossen zusammen.

Niemand von uns schien diese Nachricht aus dem Krankenhaus wirklich zu verstehen.

Die Familien um uns herum sprachen uns Mut zu: „Allah wird euch nicht im Stich lassen!"

„Das ist eine schwere Prüfung, habt Geduld, und Allah wird euch beistehen!"

„Der Schmerz wird nachlassen. Auch wenn es für euch noch unvorstellbar ist, aber es wird besser!"

Die Worte waren liebevoll und fürsorglich, doch sie drangen kaum zu uns durch. Wir fühlten uns taub und gelähmt.

Auch ein Stück von uns war gestorben.

Der Chef meines Vaters kam vom Krankenhaus direkt zu uns. Er sprach uns sein Beileid aus und bot Hilfe in jeder Hinsicht an.

Meine Mutter dankte ihm und versprach, sich zu melden, sobald sie wieder denken könne.

Um uns herum waren lauter helfende Hände. Wie von selbst wurde die Trauerfeier organisiert.

Der Leichnam wurde ins sechzig Kilometer entfernte Mekka gebracht und direkt neben der Kaaba aufgebahrt. In der Heiligen Moschee verrichteten Tausende von Menschen das Totengebet für meinen Vater und baten Gott, sich seiner zu erbarmen.

Wie hätte er das ahnen können, als er das letzte Mal hier stand – traurig, da er die Pilgerfahrt verpasst hatte.

Anschließend wurde er auf dem Friedhof „Janat al Mualla" begraben, wo auch Khadija, die erste Frau des Propheten, und viele seiner Freunde und Weggefährten ruhen.

Wildfremde Menschen waren für uns da und taten, was sie konnten, um uns in diesen schweren Stunden beizustehen. Sie scheuten keine Mühen, ergriffen die Initiative und übernahmen Verantwortung. Wir verspürten eine tiefe Dankbarkeit und hatten das Gefühl, dass Gott uns damit ein persönliches Geschenk machte.

Ich konnte mit meinen sechs Jahren nicht verstehen, was damals tatsächlich in meiner Mutter vorging. Ich wusste nicht, dass sie ihren Partner fürs Leben, ihren Seelenverwandten und besten Freund verloren hatte. Ich wusste nicht, welch riesige Verantwortung nun auf ihren schmalen Schultern lastete.

Aber ich sah sie weinen, mehrmals täglich und fast immer ganz hinten in unserem Garten. Sie wollte uns nicht zeigen, wie schwer diese Tage für sie waren. Und dort, zwischen den Beeten, die mein Vater angelegt hatte, fühlte sie sich ihm wohl auch am nächsten.

Ich verstand nicht, was es für unsere Familie bedeutete, dass mein Vater nicht mehr da war, aber ich merkte, dass es nun niemanden mehr gab, der mir eine Gutenachtgeschichte erzählte, der mich fest in seine Arme schloss, mit tiefer Stimme meinen Namen rief und mir mit seinen kräftigen Händen über den Kopf streichelte.

Wer würde mir all das jetzt geben?

Meine Mutter, Bahar, Farid und Tamim brauchten ihre Kraft für sich selbst, nur so konnten sie diese schweren Tage durchstehen. Umso mehr freute ich mich über die Nachbarskinder, die an der Tür klingelten und mich zum Spielen abholten.

Nachdem die erste Welle der Trauer vorüber war, betrachtete meine Mutter ihre Situation: Sie stand mit fünf Kindern zwischen 6 und 17 Jahren da. Ohne nennenswerte Ersparnisse. Ohne familiäre Unterstützung. Allein in der Fremde. Wie sollte es weitergehen? Wovon sollten wir leben?

Sicher, meine Mutter hatte 27 Jahre gearbeitet, war eine gestandene Frau, doch sie war jetzt alleinerziehend mit fünf Kindern, konnte weder Arabisch noch Englisch und hatte somit keinerlei Chancen auf einen Job. Als Frau in Saudi-Arabien sowieso nicht.

Auch hatte sie all ihre Zeugnisse in Afghanistan gelassen. Sie waren sicher verstaut in Ordnern in unserem Haus in Kabul. Wer hätte damit gerechnet, dass wir sie nie wieder abholen konnten?

Meine Mutter schickte meinem ältesten Bruder Muhammad einen Brief nach München. Darin bat sie ihn, nach seinen Prüfungen nach Saudi-Arabien zu fliegen. Sie erwähnte meinen Vater mit keinem Wort.

Gleich nach Ende seines Sommersemesters an der Universität kam mein Bruder nach Dschidda. Farid und Tamim holten ihn gemeinsam mit einem Freund der Familie vom Flughafen ab. Muhammad erkundigte sich sofort nach meinem Vater. Er hatte fest damit gerechnet, dass er auch zum Flughafen kommen würde. Meine Brüder sagten, dass er nicht hier sei, weil er eine wichtige Reise hätte unternehmen müssen. Der Freund der Familie wechselte dann schnell das Thema.

Muhammad fragte nicht weiter nach. Er war von den Prüfungen und der langen Reise erschöpft.

Zu Hause versuchten wir ebenfalls, alles ganz normal ablaufen zu lassen. Meine Mutter hatte afghanische Spezialitäten gekocht und hieß meinen Bruder herzlich willkommen. Uns allen hatte sie eingetrichtert, uns ja nichts anmerken zu lassen. Muhammad sollte sich erst ausruhen und stärken.

Wir versuchten, das Gespräch während des Essens mit kleinen Geschichten und Anekdoten am Laufen zu halten. Nur unsere Freude, Muhammad endlich wieder zu sehen, hielt Bahar und mich davon ab, in Tränen auszubrechen.

Am nächsten Vormittag, nachdem Muhammad ausgeschlafen und gefrühstückt hatte, versammelten wir uns im Wohnzimmer. Meine Mutter saß neben ihm, und als es eine längere Pause im Gespräch gab, umarmte sie ihn plötzlich fest, fing an zu weinen und sagte mit erstickter Stimme: „Mein Sohn, dein Vater ist gestorben …"

Muhammad schaute sie entgeistert an, dann wich der Zweifel aus seinen Augen, er machte sich ruckartig aus ihrer

Umarmung frei, stand auf und weinte, lange und heftig. Es schien, als würde er nie wieder aufhören.

Er schlug auf den Tisch, presste seinen Kopf gegen die Wohnzimmerwand, suchte irgendeinen Weg, um die Schmerzen zu bewältigen.

Er erzählte uns später, dass er sich in diesem Moment unendlich beraubt gefühlt habe. Obwohl er fast 18 Jahre alt war, hatte er das Gefühl, unseren Vater erst seit dem letzten Sommer wirklich gekannt zu haben.

Während dieser gemeinsamen Zeit in München, hatte er die Aufmerksamkeit, die Liebe und Anerkennung von seinem Vater erhalten, die er sich immer gewünscht hatte. Er hatte ihm gezeigt, wie stolz er auf seinen Sohn war, der den Schulabschluss trotz einer neuen Sprache geschafft hatte, der jetzt studierte und dem er zutraute, allein in Deutschland zu bleiben.

Auch in seinem letzten Brief an Muhammad waren seine Worte anerkennend, sanft und liebevoll gewesen. Und er hatte Muhammad geschrieben, wie sehr er ihn vermisste und wie stolz er auf ihn war ...

Warum wurde ihm dieser Schatz gleich wieder entrissen?

Was hätte er für ein paar weitere Momente mit unserem Vater gegeben ...

Sehr plötzlich sprang Muhammad dann auf und eilte in sein Zimmer. Er blieb lange darin.

Wir hörten sein Schluchzen, dazwischen quälende Stille.

Wir alle weinten mit, fast den gesamten Tag.

Nach mehreren Stunden trat Muhammad aus seinem Zimmer. Sein Gesichtsausdruck wirkte entschlossen, fast hart. Er sah aus, als wäre er in diesen Stunden vollkommen erwachsen geworden.

Er teilte uns mit, dass er sein Studium nicht zu Ende bringen würde, sondern mit uns in Dschidda bleiben wolle, um für uns zu sorgen.

Ich denke nicht, dass er das Für und Wider abgewogen hat, er hat nicht lange überlegt. Er hat einfach uns Geschwister gesehen und die geschwollenen Augen meiner Mutter und wusste, was er tun würde.

Und so übernahm er mit siebzehn Jahren – einen Monat vor seinem 18. Geburtstag – die Verantwortung für fünf Menschen. Inschallah!

Mir war erst mit Muhammads Entscheidung, bei uns zu bleiben und für uns zu sorgen, wirklich klar geworden, dass mein Vater nicht wiederkommen würde.

In diesen schwierigen Stunden tat es uns allen gut, einander zu haben. Wir Kinder bemerkten, dass unser Vater zwar fehlte, aber keiner von uns allein stand. Wir hielten zusammen. Die Liebe, die unsere Eltern in unseren Herzen gesät hatten, ging genau jetzt, in diesen besonders schwierigen Zeiten, auf.

Das Leben musste weitergehen. Und so trafen wir uns im Wohnzimmer zu unserem Familienrat.

Nach Afghanistan konnten wir immer noch nicht zurück. Der Weg in die Heimat war abgeschnitten. Wir würden uns Alternativen überlegen müssen.

Meine Mutter erzählte, dass nach der Beerdigung und der Trauerfeier einige Vorgesetzte meines Vaters zu ihr gekommen seien, um ihr Hilfe anzubieten. Sie fragten, was sie tun könnten, um ihr in dieser schwierigen Situation etwas Erleichterung zu verschaffen.

Sie boten ihr sogar an, ihr zu helfen, die saudische Staatsbürgerschaft zu erlangen, denn unser Aufenthaltsstatus war an die Berufstätigkeit meines Vaters gekoppelt.

Meine Mutter hatte das Angebot abgelehnt, auch wenn es vieles vereinfacht hätte.

Sie erinnerte sich an unsere Abreise aus Afghanistan. Wir ließen alles in unserem Haus zurück ... Die Bücher waren noch in den Regalen, das Geschirr in den Schränken, viele Zeugnisse und Unterlagen in den Ordnern, all unsere Möbel waren zurückgeblieben. Schließlich war es ja nur ein Abschied auf Zeit, so dachten wir. Ein Wachmann würde auf unser Haus aufpassen, bis wir wiederkämen.

Eigentlich wäre es damals schon höchste Zeit gewesen, zum Flughafen zu fahren. Doch mein Vater hatte keinerlei Eile gezeigt. Lautes Autohupen vor der Tür; unsere Verwandten erinnerten uns, dass wir nun wirklich fahren mussten. Mein Vater ging in aller Ruhe noch einmal den Inhalt seiner Aktentasche durch, holte einen Gegenstand aus der Schublade und legte einen anderen zurück ins Regal.

Es schien, als wollte er gar nicht weggehen, als hielten ihn unsichtbare Seile zurück, als wären seine Wurzeln zu tief, als dass man ihn einfach verpflanzen könnte.

Fast hätten wir unseren Flug nach Deutschland verpasst – und wahrscheinlich hätte es meinem Vater nichts ausgemacht.

Nein, er hätte nicht gewollt, dass wir die afghanische Staatsangehörigkeit aufgaben. Das wusste meine Mutter. Sie trug ihn in ihrem Herzen und wollte nichts tun, was seinem Wunsch widersprach.

Also hatte sie die Vorgesetzten einfach gebeten, ihr dabei zu helfen, eine Arbeitsstelle für Muhammad zu finden.

Nun sollte er sich am nächsten Tag beim direkten Vorgesetzten meines Vaters melden.

Muhammad betrat das großzügig geschnittene Büro der Fluggesellschaft zu seinem ersten Vorstellungsgespräch.

Der Abteilungsleiter, ein Saudi, saß hinter seinem wuchtigen Schreibtisch und fragte ihn, was er denn könne.

Muhammad überlegte für einen Moment: Er war im ersten Jahr seines Pre-Med-Studiums und hatte eine zweimonatige Berufserfahrung als Hilfsgärtner. Damit würde er bei einer internationalen Fluggesellschaft nicht weit kommen …

Also schaute er dem Chef in die Augen und sagte: „Ich bin ein helles Köpfchen. Geben sie mir einen Job und sie werden zufrieden mit mir sein."

Der Saudi lächelte – warm und berührt: „Ich habe deinen Vater gekannt, und wenn du nur einen Bruchteil seiner Größe besitzt, wirst du eine Bereicherung für diese Firma sein."

Sie besiegelten das Arbeitsverhältnis mit einem Handschlag.

Am nächsten Morgen erfuhr Muhammad, dass er einen Job in der Verwaltung bekommen würde. Er sollte die Arbeit der Sekretäre überwachen und die englischsprachige Korrespondenz überprüfen, bevor sie rausging.

Muhammads direkter Vorgesetzter war ein knochiger, knurriger Typ. Er war in der Lage, seine Mitarbeiter mit einem Blick zum Mäuschen werden zu lassen.

Auch Muhammad begrüßte er sehr „herzlich": „Ich gebe dir EINE Chance. Und du musst beweisen, dass du diesen Vertrauensvorschuss wert bist!

Das sind meine Regeln: Wenn ich komme und du bist nicht hier, dann hast du versagt. Wenn ich gehe und du bist schon weg, dann hast du wieder versagt."

Die nächsten Monate waren sehr schwer – für jeden von uns.
Und jeder von uns ging mit seiner Trauer anders um.

Meine Mutter saß oft einfach da – bewegungslos und tief in Gedanken versunken. Ihre Augen waren meist rot geschwollen und alles an ihr schien schwer zu sein.

Normalerweise hatte sie sich zu Hause immer sehr zurechtgemacht. Sie war geschminkt, parfümiert und geschmackvoll gekleidet. Es war ihr immer wichtig, sich für meinen Vater schön zu machen.

Doch mit seinem Tod schien ihr jede Lust darauf vergangen zu sein.

Manchmal brachte ich ihr einen Lippenstift und drängte sie in meinem Wunsch nach Normalität dazu, ihn aufzutragen. Wenn mein Vater schon weg war, dann wollte ich wenigstens meine Mutter so haben, wie ich sie kannte – frisch und glücklich.

Doch sie schüttelte nur matt den Kopf und sagte tonlos: „Nein."

Ich war nach dem Tod meines Vaters sehr still und in mich gekehrt. Manchmal habe ich geweint, aber heimlich, damit meine Mutter nicht noch trauriger wurde.

Ganz konnte ich mit meinen sechs Jahren den Tod meines Vaters nicht begreifen. Warum saß er nicht mehr mit uns am Tisch? Warum arbeitete er nicht mehr in unserem Garten? Das Stückchen Land hinter unserem Haus, das mein Vater innerhalb weniger Monate wie mit Zauberhand verwandelt hatte: Aus bloßem Wüstensand war ein blühender Paradiesgarten geworden.

Wenn mein Vater nicht mehr hier war, wo war er dann?

Sehr behutsam versuchte meine Mutter, mir meine Fragen zu beantworten.

Sie sagte, er sei an einem schönen, ruhigen Ort. Dort sei es hell und er sei von Engeln umgeben.

Sie erzählte mir auch, dass er so ein guter Mensch gewesen sei, dass Gott ihm sicherlich das Paradies schenken würde.

Und Gott musste ihn sehr lieben, wenn er ihn schon jetzt zu sich nahm.

Das beruhigte mich etwas und ich freute mich für meinen Vater. Gleichzeitig spürte ich drängende, schwer zu ertragende Fragen: Wie konnte mir Gott meinen Vater nehmen? Wenn er doch so lieb, so barmherzig war, warum ließ er Menschen sterben? Warum musste mein Vater gehen und nicht jemand anderes?

Und wenn er tatsächlich an solch einem schönen Ort war, dann wollte ich mit ihm dort sein!

Im Nachhinein kann ich sagen, dass es der Tod meines Vaters war, der mich in so jungem Alter zu den essentiellen Fragen unseres Lebens brachte: Wer bin ich? Woher komme ich? Warum wurde ich erschaffen? Was soll ich auf dieser Erde tun? Und was passiert mit mir, wenn auch ich sterbe?

Ich begann, eine Beziehung zu Gott aufzubauen. Ich bat ihn um Hilfe, wollte mit ihm sprechen, ihn spüren.

Der beste Weg zu Gott, schien mir das Gebet zu sein, also wollte ich es lernen. Meine Mutter brachte mir die Gebetswaschung bei. „Danach fühlst du dich frisch und sauber", sagte sie.

Ich beobachtete auch meine Mutter im Gebet. Sie trug dabei immer ein großes, weißes Tuch. Wenn sie ein kurzes Kleid anhatte, trug sie, wie viele afghanische Frauen, dazu noch eine weite, weiße Hose, die an den Füßen einen Spitzenrand hatte.

Auch solch ein Tuch zu tragen und das Gebet zu verrichten, gab mir ein besonderes Gefühl. Ich kam mir erwachsen und fromm vor.

Als ich die ersten Male allein das rituelle Gebet und die Bittgebete sprach, empfand ich ein neues Gefühl von Zweisamkeit. Gott und ich allein. Nichts und niemand war zwischen uns. Nur wir beide. Die Worte flossen nur so aus meinem Herzen.

Ich merkte, dass die Nähe Gottes auch gleichzeitig die Nähe zu meinem Vater bedeutete. Vielleicht war es sogar die Liebe zu meinem Vater, die mich Gott näherbrachte und seine Abwesenheit erleichterte. Immer wieder hatte ich das Gefühl, dass mein Vater zwar wegblieb und ich seine Stimme nicht mehr hören konnte, aber da gab es noch Gott. Der mich hörte und der mich ihn spüren ließ.

Je mehr ich betete, desto näher fühlte ich mich Gott. Gott ist erhaben, wurde mir gesagt, Gott ist barmherzig. Gott nimmt manchmal, aber er gibt noch viel öfter.

Seine Barmherzigkeit übersteigt alles.

Als ich mit dem rituellen Gebet begann, konnte ich es noch nicht in all seinen Teilen, und anfangs betete ich auch nicht fünfmal täglich, sondern nur, wenn ich das Verlangen danach spürte. Und das Gebet gab mir sehr viel: Ich empfand enorme Sicherheit, tiefe Ruhe und ein warmes Gefühl in meinem Inneren.

Obwohl wir in der Schule Religionsunterricht hatten und darin auch die Verrichtung des Gebets lernten, war es für ein Kind in meinem Alter sehr unüblich, allein zu beten.

Doch ich hielt gern daran fest und sprach auch persönlich mit Gott, wenn ich bedrückt oder traurig war oder besonders glücklich und mich für etwas bedanken wollte.

Ebenso liebte ich es zu sehen, wie mit dem Gebetsruf das Leben in den Straßen und Märkten für einen Moment zum Stillstand kam. Händler deckten ihre Ware mit leichten Baumwolllaken ab und ließen ihre Geschäfte unverschlossen zurück. Niemand würde etwas entwenden oder Dinge an sich nehmen, die ihm nicht gehörten.

Zusammen mit Passanten, Angestellten und Bauarbeitern strömten die Händler in die Moscheen. Für ein paar Minuten waren alle gleich. Für ein paar Minuten waren alle von Ruhe und Harmonie umgeben.

Sobald die Moscheen gefüllt waren, reihten sich die Menschen auf der Straße, den Bürgersteigen und zwischen den Geschäften auf. Als Kind staunte ich immer wieder, wie viele Hundert Menschen einfach alles stehen ließen, um ihre Dankbarkeit dem einen einzigen Gott zu zeigen. Ich empfand Bewunderung für diese Stärke und den Zusammenhalt. Auch ich wollte Teil dieser großen Familie sein.

Das wiederkehrende Ritual fügte sich so harmonisch in den Zyklus des Tages ein, dass mich dies immer wieder aufs Neue berührte.

Wahrscheinlich hatte es mein Bruder Muhammad in diesen Monaten am schwersten. Er musste an allen Fronten kämpfen:

Sobald sein Chef den kleinsten Tippfehler erspähte, gab es doppelt Ärger: für den zuständigen Sekretär und für Muhammad, weil er den Fehler übersehen hatte. Und natürlich musste das gesamte Dokument neu geschrieben werden. Es war ein frustrierender Arbeitsalltag.

Zu Hause übergab Muhammad sein Gehalt meiner Mutter. Es war deutlich geringer als das meines Vaters, doch sie versuchte, gut zu haushalten und uns damit durchzubringen.

Muhammad war jetzt nicht nur der Ernährer, sondern wurde auch immer mehr zur Vaterfigur. Er war es jetzt, der mich täglich zur Schule fuhr und mich wieder abholte. Im Auto gab es die Gelegenheit, mit ihm allein zu sein und ihn ganz für mich zu haben. So sprach ich mit ihm über viele

Dinge, die mich bewegten. Vor allem waren das Themen aus der Schule oder was in der Welt, besonders in Afghanistan, passierte. Auch wollte ich von ihm wissen, ob wir je wieder in unsere Heimat zurückkehren würden, wie Politik funktionierte und warum es so viel Ungerechtigkeit auf der Welt gab. Schnell merkte ich, dass wir beispielsweise im Geschichtsunterricht alles einfach auswendig lernen mussten und wenig über das Gelernte sprachen. Mit Muhammad konnte ich während unserer gemeinsamen Autofahrten darüber diskutieren.

Ich lernte von ihm, dass Dinge immer in ihrem Kontext, etwa der jeweiligen Zeit oder dem Umfeld, zu betrachten sind. Einfache Erklärungen funktionierten nur selten. Man brauchte Wissen und Erfahrung, um eine Situation richtig einzuschätzen.

Unsere Gespräche hallten oft noch Stunden später in mir nach, und ich begann, die Erkenntnisse, die ich aus ihnen gezogen hatte, auch auf andere Bereiche zu übertragen.

Einige Jahre später, als ich etwa neun oder zehn Jahre alt war, fragte ich Muhammad, ob ich ihn „Baba dschan" nennen könnte.

Entrüstet, aber zugleich auch ein wenig geschmeichelt wehrte er ab. Das ginge nicht, denn er könne meinen Vater niemals ersetzen.

Etwa zur gleichen Zeit wurde Muhammad einmal sehr krank. Er hatte hohes Fieber, war schwach und der Arzt musste kommen.

In mir stieg eine unbeschreibliche Panik auf. Ich wollte meinen „Vater" nicht ein zweites Mal verlieren.

Die erste Wunde war noch so frisch und wenig verheilt, dass ich selbst in der vierten Klasse noch jedes Mal anfing zu weinen, wenn die Lehrerin mich – für ihre Unterlagen – nach dem Namen meines Vaters fragte.

Im Alltag war es nun so, dass Muhammad und meine Mutter alle Entscheidungen trafen. Bei wichtigen Fragen führten wir unseren Familienrat fort.

Das war sehr wichtig, schließlich war meine Schwester Bahar nur ein Jahr jünger als Muhammad. Farid und Tamim steckten mitten in der Pubertät. Es war eine Herausforderung, allen gerecht zu werden.

Auch wenn meine Geschwister Muhammads Autorität regelmäßig infrage stellten, schaffte er es mit seiner offenen und toleranten Art, dass sich jeder von ihm verstanden und angenommen fühlte. Er erarbeitete sich Tag für Tag unsere Achtung und unseren Respekt.

Eine amerikanische Bereicherung

Einige Monate nachdem Muhammad zu uns nach Saudi-Arabien gezogen war, rückte er mit einem großen Geheimnis heraus. Es muss ihm schwer auf der Brust gelegen haben. Aber wahrscheinlich hatte er den richtigen Moment abwarten wollen.

Wir saßen alle beieinander. Muhammad atmete tief ein und blieb sachlich: Er habe an der Uni in München eine junge Frau kennengelernt. Sie hieß Carol, war Amerikanerin und Katholikin. Muhammad und sie wollten bald heiraten.

Meine Mutter war der Ohnmacht nahe und rang nach Luft.

Nachdem sie ihre Sprache wiedergefunden hatte, rief sie immer wieder schrill und panisch: „Aber du bist doch noch ein Kind! Wie willst du heiraten?"

Wahrscheinlich dachte er sich: Wenn ich arbeiten und für sechs Personen sorgen kann, dann werde ich auch heiraten können.

Doch er blieb ruhig.

„Wie willst du jemanden heiraten, den du kaum kennst?! Jemanden, der eine vollkommen andere Kultur und Religion hat?! Jemanden, der am anderen Ende der Welt lebt?", rief meine Mutter weiter. Und wahrscheinlich hätte sie auch noch gern gesagt: „Außerdem brauchen WIR dich jetzt!"

Muhammad schwieg immer noch und meine Mutter fing an zu weinen. Er nahm sie in den Arm, schaute ihr fest in die Augen und sprach langsam, Wort für Wort: „Mutter, niemand wird mich euch wegnehmen. Ich bin für euch da! Aber ich habe die Frau gefunden, mit der ich den Rest meines Lebens verbringen möchte. Sie ist ein wunderbarer Mensch und ich kann ihr vertrauen – voll und ganz."

Bald flatterten Carols Briefe ins Haus. Schon nach kurzer Zeit wuchsen sie zu einem kleinen Stapel.

Auch Muhammad nutzte jede freie Minute, um ihr zu schreiben.

Jeden Tag einen Brief – genau wie sie.

Carol war ihm in dieser Zeit eine enorme Stütze. Er konnte ihr von seinem Alltag berichten und sich auf diese Weise vieles einfach von der Seele schreiben. Und wahrscheinlich machte sie ihm immer wieder Mut.

Dadurch konnte Muhammad auch bei der Arbeit selbstsicherer auftreten. Dort herrschte unverändert ein raues Klima und sein Vorgesetzter regierte diktatorisch über seine Abteilung.

Doch Muhammad traute sich, immer öfter mit ihm zu diskutieren, statt nur pflichtbewusst seine Vorgaben abzunicken.

Und zu seiner Überraschung ließ der Druck allmählich nach. Muhammad spürte zum ersten Mal, dass sein Chef ihn respektierte – für seine Arbeit und für sein Rückgrat.

Schließlich bot er Muhammad sogar einen zweiten Job an, am Nachmittag in seiner eigenen Firma.

Muhammad nahm glücklich an, denn das Geld reichte vorne und hinten nicht.

Und nach und nach erzählte er uns mehr von Carol.

Ihr Vater war die letzten Jahre in Deutschland auf einem Armeestützpunkt stationiert gewesen. Doch jetzt war die gesamte Familie nach Denver, Colorado, zurückgekehrt.

Muhammad hatte sie in seinem Physikkurs kennengelernt. Sie war ihm aufgefallen, weil sie in der Klausur die volle Punktzahl erreicht hatte, erzählte er uns später stolz.

Bei einem Ausflug in München zum Deutschen Museum waren sie dann das erste Mal ins Gespräch gekommen. Muhammad betonte, dass sie sich nur über Sachthemen und auch viel über den Islam unterhalten hätten. Carol habe ihm sehr viele Fragen gestellt.

Einige Monate später flog Muhammad mit einem Verlobungsring im Gepäck nach London. Dort, sozusagen in der Mitte, wollten Carol und er sich treffen.

Nach der langen Trennung mussten die wenigen Tage ihnen wie Minuten erschienen sein. Schließlich hatten sie ihr künftiges Leben zu planen!

Die beiden waren sich sicher, dass sie alle Hürden nehmen würden, wenn sie es nur gemeinsam taten.

Als dann Muhammad ein Visum für die Vereinigten Staaten erhielt, flog er nach Denver, denn die beiden wollten endlich heiraten.

Ich habe mich oft gefragt, was Carols Eltern damals empfanden. Haben sie sich Sorgen gemacht? Waren sie für oder gegen diese Ehe?

Mir scheint, dass damals das Verhältnis zu Muslimen noch unbelastet war. Man wusste nicht viel über den Islam, empfand ihn vielleicht als exotisch oder als etwas Neues. Die negativen Bilder und Vorurteile hatten sich noch nicht in die Köpfe gebrannt.

Als ich Carols Familie später kennenlernte, habe ich sie als sehr aufgeschlossen erlebt. Sie gingen entspannt mit Unterschieden und verschiedenen Lebensweisen um. Auch machte ihnen gelebte Religiosität keine Angst, sondern war ihnen so vertraut wie Football oder Barbecue.

Carols Eltern sahen damals wahrscheinlich einfach den Menschen, der vor ihnen stand. Sie hatten Muhammad in München kurz kennengelernt und einen guten ersten Eindruck von ihm gewonnen.

Sie sahen, dass er es ernst meinte. Kein junger Mann würde sonst so viel Zeit fürs Briefeschreiben verwenden.

Sie hatten von Carol erfahren, dass Muhammad höflich und gewissenhaft sei. In der Uni hatten die Mädchen ihn immer „The Gentleman" genannt, weil er so zuvorkommend und niemals anbiedernd war.

Sie hatten das Gefühl, ihre Tochter sei bei ihm in guten Händen.

Also wurde kurzfristig ein Empfang im Haus ihrer Eltern in Denver organisiert. Carols Familie war da, und auch ein paar Freunde waren anwesend. Es war eine einfache Hochzeit und doch hätte das Brautpaar nicht glücklicher sein können.

Es war für alle ein komisches Gefühl, als Carol in Dschidda ankam.

Vielleicht war es für mich als junges Mädchen am einfachsten: Ich freute mich.

Ein neuer Mensch würde in unser Leben treten. Ich war neugierig und gespannt auf sie. Wie sie wohl aussah? Wie sie wohl so war? Auch sprach sie nur Englisch und ein bisschen Deutsch. Aber mein Deutsch hatte ich schon fast wieder vergessen. Ich erinnerte mich nur noch an die Zahlen von Eins bis Zehn und Wörter wie Ja, Nein, Guten Tag und Auf Wiedersehen.

Meine Familie empfing Carol herzlich. Sie war Muhammads Frau und sollte sich bei uns wohlfühlen.

Trotzdem muss das alles für Carol schwierig gewesen sein: ein vollkommen neues Land mit einer ganz anderen Kultur; zwei neue Sprachen, Arabisch im öffentlichen Leben und Dari bei uns zu Hause; ein Ehemann, der fast nie zu Hause war; und kaum Privatsphäre, weil man von drei Teenagern und einem kleinen, anhänglichen Mädchen umzingelt war.

Carol und Muhammad versuchten, sich kleine Freiräume zu schaffen. Am Wochenende gingen sie häufig aus und verbrachten so viel Zeit wie möglich allein.

Und Carol fand sich sehr schnell in unsere Familie ein. Sie war eine verständnisvolle und besonnene junge Frau mit einer ordentlichen Portion Menschenverstand.

Wir waren glücklich mit Muhammads Wahl. Und Carol hat unser Leben sehr bereichert. Von meiner Schwägerin habe ich Englisch gelernt. Was mich später dazu bewogen hat, Englisch als erstes Unterrichtsfach zu wählen. Sie hat ein Stück der amerikanischen Kultur und Lebensweise in unseren saudisch-afghanischen Alltag gebracht. An bestimmten Tagen gab es French Fries und Hamburger oder zum Frühstück Pancakes, zu Thanksgiving hat sie einen großen Truthahn zubereitet. Dies waren für mich damals Festtage.

Carol war ebenfalls eine gute Beobachterin und hat in unserem Alltag immer wieder Dinge thematisiert, die ihr ins Auge fielen. Sie fühlte sehr mit meiner Mutter mit, die ihren Lebenspartner verloren hatte und trotzdem weiterhin stark sein musste. Carol versuchte uns Kindern klarzumachen, dass unsere Mutter mit der vielen Hausarbeit zu sehr belastet war. Auf einer der Familienkonferenzen besprachen wir gemeinsam, wie wir sie unterstützen könnten. Wir erstellten einen Wochenplan, in dem jeder feste Aufgaben im Haushalt erhielt. Carols sensible und feinfühlige Art hat mich von Beginn an angezogen. Nach der Schule rannte ich immer erst zu ihr, um von meinen Erlebnissen zu berichten. Sie hörte sich geduldig alles an und fragte interessiert nach.

Carol lernte in unserem Familienalltag verschiedene Facetten des gelebten Islams kennen. Etwa, dass nicht alle Muslime den Glauben gleich praktizieren, einige mehr als andere beten, fasten oder spenden. Auch ist die Art, wie Muslime ihren Glauben auslegen und leben, kulturell geprägt. Welche Aspekte des Glaubens betone ich? Welche lege ich eng oder großzügig aus? Viele Bereiche des Lebens können frei gestaltet werden und sind in den Quellen nicht festgelegt, dann aber gibt es auch viele Fälle, bei denen Tradition und Islam im Widerspruch stehen.

Carol hatte regelmäßig Kontakt zu Afghanen, Arabern und Pakistanern und erlebte die kulturellen Unterschiede hautnah. Auch ihre amerikanischen Freundinnen in Saudi-Arabien trugen einen Gesichtsschleier und hatten einen Chauffeur. Das hatte sie bei Muslimen in Amerika nicht erlebt.

Carol beobachtete ihre Umgebung sehr genau und stellte viele Fragen. Aus den Diskussionen, die sich meist anschlossen, lernte auch ich, dass es viel mehr Grauschattierungen gab, als ich bisher gedacht hatte.

Durch sie habe ich mit zunehmendem Alter begonnen zu hinterfragen, welche Bereiche unseres Familienlebens wirklich islamisch und welche eher traditionell afghanisch waren. Unserer Mutter immer respektvoll zu begegnen und freundlich mit ihr zu sprechen, auch wenn wir vielleicht insgeheim genervt waren, ergab sich aus dem islamischen Gebot. Ihr aber wortlos zu gehorchen, besonders wenn Besuch da war, und ihre Einschätzung nicht infrage zu stellen, selbst wenn sie unrecht hatte, war für mich afghanische Tradition. Mit unserer aufgeschlossenen, liebevollen Mutter hatten wir ja Glück, aber andere Kinder und Jugendliche fühlten sich von ihren Eltern eingeengt und bevormundet, da die Eltern bestimmten, was sie studierten oder wen sie heirateten.

Auch das Leben in Saudi-Arabien mit seiner strikten Geschlechtertrennung, dem begrenzten Wirkungskreis für Frauen und dem Klassendünkel der Saudis gegenüber Nicht-Saudis war häufig unser Gesprächsthema.

Ich kann auch heute noch nicht verstehen, dass es Muslime gibt, die beten und fasten, aber dann ihre Frauen schlecht behandeln, rassistisch oder menschenverachtend denken oder in geschäftlichen Dingen betrügen.

Meist sind das auch die Muslime, die sich für besonders rechtschaffen halten und sich über andere erheben – dabei verstoßen sie gegen grundlegende Prinzipien des Islams.

Für mich war der Islam immer eine Religion der Barmherzigkeit.

Es gibt so viele Situationen, in denen der Prophet Muhammad darüber gesprochen hat, so sagte er einmal: „Gott ist gütig und er liebt die Güte in allen Angelegenheiten."

Besonders im Alltag soll der Muslim an seine Mitmenschen denken und sich für ein angenehmes und friedliches Miteinander engagieren.

„Die Besten von euch sind diejenigen, die sich am besten benehmen", sagte der Prophet den Gläubigen. Und besonders die gute Behandlung der Frauen hat er immer wieder als wichtiges Element einer funktionierenden Gesellschaft angesprochen: „Die Besten von euch sind diejenigen, die am besten zu ihrer Frau sind."

Meine Schuljahre

Das erste Jahr an der Schule in Saudi-Arabien war hart. Zwar freute ich mich über die Gemeinschaft mit den anderen Mädchen. Ich liebte das Spiel und besonders die gemeinsamen Pausen, doch da ich noch kein Arabisch und kein Englisch sprach, konnte ich mich nicht ausdrücken. So müssen sich stumme Menschen fühlen, dachte ich damals. Ich konnte Dinge mit meinen Händen andeuten und meinem Gesicht einen bestimmten Ausdruck verleihen. Aber ich wusste nie, ob ich wirklich verstanden wurde. Und weil ich mich nicht gut mitteilen konnte, fand ich auch kaum Beachtung. Wenn ich manchmal versuchte, im Unterricht einen Satz zu formulieren, der natürlich komisch klang und noch voller Fehler war, dann lachte die gesamte Klasse laut.

Zu Hause bei meiner Mutter weinte ich heftig, legte meinen Kopf in ihren Schoß und klagte ihr mein Leid. Sie streichelte mir dann sanft über den Kopf und sagte: „Es wird besser, Fereshta, hab noch ein bisschen Geduld. Hat Gott uns nicht schon im Koran gesagt: ‚Wahrlich mit der Schwere geht Erleichterung einher'?"

Als ich nach etwa einem Jahr gut Arabisch sprechen und lesen gelernt hatte, nahm das Gefühl, fremd zu sein, ab, aber es verließ mich nie vollkommen.

Nach dem Tod meines Vaters musste ich aus finanziellen Gründen die Privatschule verlassen.

Wir schauten uns nach einer geeigneten staatlichen Schule in unserer Gegend um und fragten nach, ob es freie Plätze gebe, denn jede Schule nahm nur einen gewissen Anteil nicht-saudischer Kinder auf.

Als wir uns bei meiner späteren Schule vorstellten, wollte die Leiterin gar nicht mein Zeugnis mit den sehr guten Noten sehen, sondern blaffte mir nur ins Gesicht: „Bist du eine Saudi?"

Trotzdem machte mir die Schule unendlich viel Spaß. Dort hatte ich meine Freundinnen. Es war der Platz in meinem Leben, wo etwas los war.

Zu Hause wurde ich zwar von allen sehr geliebt, aber hatte niemanden zum Spielen. Schließlich war mein Bruder Tamim sieben Jahre älter als ich. Ich musste auch immer Muhammad fragen, ob er mich fahren könnte, da es nicht üblich war, als Mädchen oder Frau eine längere Strecke allein auf der Straße zurückzulegen.

Manchmal traf ich mich mit einem Nachbarsmädchen und wir spielten zusammen, verkleideten und schminkten uns.

Aber meistens war ich zu Hause, schaute mir japanische Zeichentrickserien oder gemeinsam mit meiner Mutter eine ägyptische oder amerikanische Vorabendserie an.

Also stellte die Schule eine freudig erwartete Abwechslung dar und ich liebte sogar die Schuluniform. Noch mit zehn Jahren spielten wir in den rosa Matrosenkleidchen Ballspiele und Seilspringen.

Auf dem gesamten Schulgelände trugen wir kein Kopftuch. Da wir nur Lehrerinnen hatten, war dies nicht nötig.

Die Mädchen waren mehrheitlich Saudis, aber es gab auch viele andere, vornehmlich Mädchen aus Ägypten, Jordanien und Syrien.

Besonders mit meiner Freundin Rima sprach ich viel über Politik. Wir waren mittlerweile alt genug und machten uns

Gedanken über den Iran-Irak-Krieg, Khomeini, alles was in den Nachrichten kam oder wir irgendwo aufschnappten.

Im September 1980 hatte der Irak den Iran angegriffen. Der irakische Machthaber Saddam Hussein behauptete, die iranischen Araber befreien zu müssen, und hoffte, die instabile Lage im Nachbarland zu nutzen: Denn Anfang 1979 hatte der iranische Schah nach Massenprotesten das Land verlassen und jetzt regierte der betagte Ayatollah Khomeini.

Der Krieg dauerte acht Jahre und verursachte enorme menschliche und wirtschaftliche Verluste für beide Länder. Fast täglich sahen Rima und ich die Bilder im Fernsehen und fragten uns, ob man dieses Leid nicht verhindern könne und warum die Menschen so leiden mussten. Ich wollte die Dinge verstehen, diskutieren und nichts einfach als gegeben hinnehmen.

Noch stärker als dieser Konflikt beschäftigte mich der Krieg in Afghanistan.

Die Sowjets waren im Dezember 1979, anderthalb Jahre nach dem kommunistischen Putsch, in unser Land einmarschiert und hatten es teilweise besetzt.

Ein scheinbar endloser Kampf begann, bei dem rücksichtslos und erbittert um jeden Meter Land gekämpft wurde.

Unser Haus, das unbeschwerte Lachen meiner frühen Kindheit, unsere Verwandtschaft, unsere Heimat – alles schien unter dem Geröll des Krieges begraben.

Die Afghanen wehrten sich gegen die Besatzung, gegen Unrecht und Gewalt, mit denen wirtschaftliche und geopolitische Interessen durchgesetzt werden sollten.

Sie wollten frei und unabhängig sein und die ethischen und politischen Probleme Afghanistans selbst lösen. Sie wollten ihr Land nicht verlieren.

Immer häufiger war von den „Mudschahidin" oder „Freiheitskämpfern" die Rede. Es waren Gruppen von jungen

Männern, die sich der sowjetischen Armee entgegenstellten. Viele Afghanen im Exil waren sich einig, dass das Land nur mit deren Hilfe aus den Händen der Kommunisten befreit werden könne. Die Mudschahidin galten als mutig und stark, denn sie fochten mit einer Weltmacht, obwohl sie militärisch deutlich unterlegen waren.

Auch viele Afghanen in Dschidda erzählten lebhaft von den Heldentaten dieser unerschrockenen Kämpfer. Sie würden dies für ihr Land und für ihr Volk tun und es schaffen, Afghanistan den sowjetischen Besetzern wieder zu entreißen.

Was wir damals nicht wussten, war die Tatsache, dass die Mudschahidin systematisch von den USA unterstützt wurden. Die USA sandten Waffen und Ausbilder. So konnten sie ihrem Feind, den Sowjets, etwas entgegensetzen, ohne selbst einen Krieg führen zu müssen.

Die USA ebneten auch den Weg, um die jungen Kämpfer zusätzlich von anderer Seite zu instrumentalisieren: Saudi-Arabien schickte Hilfsgüter, Prediger und religiöse Führer. Diese vertraten allerdings keinen ausgewogenen Islam, sondern verbreiteten den Wahhabismus, eine enge und dogmatische Ausrichtung des Islams, und riefen zum Kampf gegen die Ungläubigen auf.

Die Befreiung Afghanistans wurde somit zum religiösen Kampf erklärt.

Man schien diese Entwicklung zu tolerieren. Wenn es denn am Ende Afghanistan half.

Die Unterstützung der reichen Saudis konnte das Land gut gebrauchen und diese zornigen Prediger motivierten die Freiheitskämpfer zusätzlich und würden bestimmt nicht lange bleiben. So dachten viele.

Bereits mit neun oder zehn Jahren fragte ich mich, inwiefern Gott Krieg und Gewalt guthieß. Ich fand den Gedanken positiv, dass man sich wehrte und nicht unterdrücken ließ.

Man musste für sein eigenes Land kämpfen.

Aber gleichzeitig geschah so viel Widersprüchliches. Wieso quälten einige Afghanen gefangen genommene Russen? Das war für mich nicht mit dem Islam vereinbar. Auch wenn die Russen das Gleiche taten.

Und warum galten die Mudschahidin mit ihren Waffen und den vom Krieg verhärteten Gesichtern als die neuen Helden in großen Teilen der islamischen Welt?

Wenn ich an islamische Vorbilder dachte, waren sie mitfühlend, barmherzig und friedensstiftend.

Was war diesen Kämpfern wirklich wichtig? Wurden sie tatsächlich durch die Religion motiviert? Oder wollten sie einfach ihre Heimat verteidigen, für ihr eigenes und das Leben ihrer Familien kämpfen? Und spielte das Thema Religion vielleicht nur diese wichtige Rolle, weil die Russen keine Muslime waren und darüber hinaus ein areligiöses, sogar antireligiöses System vertraten?

Wie konnte man Gerechtigkeit herstellen, wenn Afghanistan der Spielball der Großmächte war? Wen interessierten die Menschen, ihr Leid und ihre Bedürfnisse wirklich?

In den nächsten Jahren bildete der Krieg mit all seinen Grausamkeiten, seiner Zerstörungswucht und seiner Ambiguität ein ständiges Gesprächsthema.

In meinem jungen Alter waren dies sicherlich ungewöhnliche Themen, aber sie beschäftigten mich durch und durch. Die Zeit mit Muhammad reichte mir nicht mehr. Mein Bedürfnis, die Zusammenhänge zu verstehen, war so stark, so drängend.

Mich interessierte auch die Meinung meiner Lehrerinnen dazu, doch sie vor der ganzen Klasse zu fragen, traute ich mich nicht. Ich spürte, dass das nicht ratsam war.

Also sprach ich meine Biologielehrerin Abla Sahar in der Hofpause an, als wir kurz allein waren. Ich hatte sie immer als sehr aufgeschlossen erlebt und wir hatten uns schon mehrmals über Afghanistan unterhalten.

„Warum gibt es überhaupt Kriege?"

Sie schluckte und sah mich lange an.

Als sie nicht antwortete, fuhr ich fort: „Warum wirft man Bomben auf Kinder? Und warum verteilt man Minen im ganzen Land? Und warum sind viele der Minen als Spielzeuge getarnt?"

Abla Sahar schwieg noch immer und schob mich nun in Richtung Schulgebäude. Es hatte bereits geklingelt.

Einige Tage später saß ich nach dem Unterricht allein auf dem Schulhof und wartete auf Muhammad, der mich gewöhnlich nach seiner Arbeit abholte.

Abla Sahar kam auf mich zu und setzte sich zu mir: „Du hast mir neulich viele Fragen gestellt. Wollen wir uns darüber unterhalten, was in Afghanistan passiert?"

„Warum besetzt man eigentlich ein Land, das einem gar nicht gehört?", floss es sofort aus mir heraus.

„Afghanistan ist ein schönes Land, das viele Völker gern haben möchten."

Ich nickte, auch wenn ihre Antwort meine Frage nicht vollständig beantwortete. Dann fuhr sie fort: „Fereshta, nicht alle, die im Namen des Islams kämpfen, sind gute Muslime."

„Was bedeutet das?"

„Nun, man darf nie unschuldige Menschen töten, besonders keine Frauen und Kinder. Nicht einmal Bäume oder Pflanzen sollen zu Schaden kommen, hat der Prophet Muhammad gesagt."

„Dürften wir uns nicht einmal wehren, wenn uns jemand angreift?"

„Der Verteidigungskrieg ist im Islam erlaubt, zum Beispiel wenn einem sein Land oder sein Hab und Gut genommen oder wenn jemand aufgrund seines Glaubens verfolgt wird.

Aber Gott möchte, dass wir friedliche Wege einschlagen und Kompromisse finden, die beide Seiten zufriedenstellen."

„Und warum suchen die Russen keine Kompromisse mit den Afghanen?"

Abla Sahar seufzte: „Das ist nicht einfach zu beantworten, Fereshta."

Nach mehreren Gesprächen mit Abla Sahar und Muhammad hatte ich immer noch viele unbeantwortete Fragen, und es blieb das Gefühl in mir zurück, dass Krieg bedrohlich, ungerecht und zerstörerisch ist.

Da der Vater meiner Freundin Rima ein saudischer General war, sprachen wir auch viel über Saudi-Arabien und die Minderheiten dort, die freie Meinungsäußerung und ob der König und seine Familie rechtmäßig im Amt waren. Wir lebten in Saudi-Arabien schließlich in einer absoluten Monarchie, in der es auch keine Trennung zwischen Staat und Religion gab.

Immer wieder sagte sie mir mit gesenkter Stimme, ich solle nicht so offen darüber reden, sonst würde man mich noch festnehmen.

Entgeistert schaute ich sie an: „Warum sagst du so was? Sonst spreche ich doch auch über alles!"

„Wo?"

„Na, zu Hause!"

„Du bist aber gerade nicht zu Hause! Und das ist auch nicht Afghanistan, sondern Saudi-Arabien!"

Ich hasste den Gedanken, nicht einmal mit meiner engsten Freundin offene Gespräche führen zu können.

Gleichzeitig spürte ich eine knisternde Spannung. Wir waren so jung und besprachen Dinge, die einen ins Gefängnis bringen konnten. Das war wahrscheinlich das Aufregendste, was ich in meinem Leben bisher getan hatte.

Und da nicht wirklich etwas passierte, was uns einschüchterte, diskutierten wir weiter.

Zu unseren Lehrerinnen hatten wir in der Regel ein gutes, wenn auch distanziertes Verhältnis. Sie kamen mehrheitlich aus anderen arabischen Ländern, waren meist schick gekleidet und traten selbstbewusst auf. Gleichzeitig gaben sie sich oft streng, zuweilen sogar autoritär. Ich denke, sie wollten sich damit den nötigen Respekt bei den Schülerinnen verschaffen, aber unsere Herzen erreichten sie so nicht.

Die Religionslehrerinnen waren die einzigen, die mich wirklich beeindruckten. Sie überzeugten als Mensch und nicht nur durch ihr Fachwissen. Sie hatten einen sehr persönlichen, fast liebevollen Umgang mit uns und versuchten, uns Wissen für das Leben mitzugeben.

Ich habe bis jetzt die warmen, hübschen und stets lächelnden Gesichter zweier Religionslehrerinnen vor mir. Sie lehrten uns, den Koran zu lesen und mehrere Kapitel daraus auswendig zu lernen. Wir diskutierten viele Aussprüche aus dem Leben des Propheten und lernten darüber hinaus, wie man richtig betete oder fastete.

Auch wenn die vorherrschende islamische Richtung in Saudi-Arabien der Wahhabismus war, vermittelten uns die Religionslehrerinnen, die aus verschiedenen Ländern kamen, häufig auch andere, etwas weiter gefasste Interpretationen und Meinungen.

In einigen Punkten widersprachen die Dinge, die wir im Religionsunterricht lernten oder die ich in Saudi-Arabien sah, meinem Verständnis vom Islam – heute noch mehr als damals. Es gab sehr viele Regeln, und wenn man nicht aufpasste, tat man gleich etwas „Unislamisches".

Als besonders schlimm wurden Neuerungen angesehen. Sie galten in den Augen der wahhabitischen Lehre als Überschreitung der festgelegten Normen. Auch waren viele Kleinigkeiten und Freuden des Alltags verboten, zum Beispiel Musik.

Zu Hause aber hörten wir regelmäßig Musik, tanzten auch manchmal dazu. So hatten wir es in Afghanistan gemacht, es bedeutete Freude und Lebenslust.

Ich verstand nicht, was daran falsch sein sollte.

Schon als Kind dachte ich mir: „Wenn ich Gott dabei nicht vergesse, wo ist dann das Problem? Solange ich nicht übertreibe, sondern das richtige Maß halte ..."

Diese Denkweise prägt mich bis heute.

Ich habe Gott immer als barmherzig und verzeihend kennengelernt. Er will einem das Leben nicht unnötig schwermachen, sondern Er setzt Regeln und Grenzen, um dem Menschen zu helfen, ein ausgewogenes und glückliches Leben zu führen.

Auch gefiel es mir nicht, dass es manchmal eher auf den äußeren Schein als auf die innere Überzeugung anzukommen schien. Obwohl wir teilweise noch nicht in der Pubertät waren, mussten wir ab der fünften Klasse auf dem Schulweg die Abaya, einen dünnen Mantel, und einen Gesichtsschleier tragen. Sonst hätten wir mit schulischen Sanktionen zu rechnen gehabt. Das war die Politik im Lande, das war die Politik unserer Schule.

Ich diskutierte darüber mit einer meiner Lehrerinnen. Sie selbst verschleierte sich in der Öffentlichkeit vollständig und versuchte, mir anhand der Quellen zu erklären, warum wir das Gesicht verdecken sollten: „Weißt du, Fereshta, der Prophet erhielt von Gott eine Offenbarung, in der seinen Frauen geboten wurde, mit Männern nur durch einen Schleier zu sprechen. Dies sei besser für sie und stelle einen Schutz für sie dar."

„Aber wir sind doch keine Frauen des Propheten!", entgegnete ich.

„Ja, du hast recht, aber sie sind unsere Vorbilder und daher folgen wir ihrem Beispiel."

„Und warum müssen wir Mädchen es tragen? Wir sind doch noch Kinder."

„Das ist besser so! Dann könnt ihr euch leichter daran gewöhnen."

„Aber meine Mutter findet es gar nicht gut, wenn Frauen das tragen müssen! Warum kann ich nicht selbst entscheiden, was ich tragen will?"

Meine Lehrerin schaute mich erstaunt an und sagte dann langsam: „Das sind hier die Regeln, Fereshta!"

So blieb der Gesichtsschleier für uns Pflicht, wir hatten keine Möglichkeit zu wählen.

Schon damals empfand ich dies als einen Eingriff in meine persönliche Freiheit.

Obwohl wir in der Schule ein umfangreiches und anspruchsvolles Programm zu absolvieren hatten, fiel uns die Arbeit relativ leicht und wir machten gut mit.

Einmal war die Klasse aber sehr laut. Nachdem der Geräuschpegel auch nach einer Ermahnung nicht sank, mussten wir einzeln vortreten und wurden mit einem Lineal auf die Finger geschlagen.

Der Schmerz drang durch meinen gesamten Körper, und gleichzeitig bebte es in mir, weil ich diese Ungerechtigkeit nicht ertragen konnte.

Wieso sollten wir alle bestraft werden, wenn nur einige gequatscht hatten? Gleichzeitig überkam mich eine unendliche Scham. Was musste ich verbrochen haben, um so gedemütigt zu werden?

Kein Wort verlor ich vor meiner Mutter über diesen Vorfall. Ich versuchte die Geschehnisse zu verdauen und einzuordnen, doch ich konnte nicht gut mit Unrecht umgehen.

Damals wusste ich noch nicht, dass ich noch oft mit diesem Gefühl konfrontiert werden würde.

Die Highlights des Schuljahres waren für uns Mädchen immer die Feste. Da putzten wir uns mächtig heraus und führten vor den Müttern und Lehrerinnen Tänze und Gesänge auf – allerdings nur von Trommeln begleitet.

Schon Wochen vorher freuten wir uns. Ich ganz besonders, denn ich sang und tanzte für mein Leben gern. Oft durfte ich diese Feste auch moderieren. Das war eine besondere Aufgabe, die ich trotz Lampenfieber sehr genoss.

In der fünften Klasse wurde ich von der Lehrerschaft zur „Schülerin des Jahres" gekürt.

Die Schulleiterin setzte mir eine silberne Krone mit Federn auf, und meine Mutter war so stolz auf mich, dass sie mir einen rosa Mädchentraum aus Rüschen und Plüsch kaufte.

Das war die größte Auszeichnung, die ich bis dahin erhalten hatte. Für ein paar Tage schien ich zu schweben.

Ich weiß nicht, ob es etwas damit zu tun hat, dass meine Mutter Lehrerin war, aber sie freute sich immer riesig, wenn ich besonders gut abgeschnitten hatte.

Vielleicht waren auch einfach dies die Momente voller Licht in ihrem manchmal recht grauen Alltag.

Rückblickend denke ich, dass ich durch mein Leben in Saudi-Arabien früh gelernt habe, mich kritisch mit dem Gesellschaftssystem auseinanderzusetzen, Fragen zu stellen und Dinge einzuordnen.

Das tat ich aber vor allem zu Hause im Kreis meiner Familie. So diskutierten wir oft, was denn nun islamisch war. Wir waren überzeugt, dass jede Form von Diskriminierung etwa aufgrund der Herkunft oder Religion absolut konträr zu den islamischen Lehren steht.

Trotzdem mussten wir uns mit den Gegebenheiten arrangieren.

Ich verstand, dass es nicht „den Islam" gab, sondern verschiedene Arten, ihn zu praktizieren, und eben auch viele „unislamische" Praktiken mitten unter den frommsten Muslimen.

So wurde etwa der Umgang zwischen Männern und Frauen sehr unterschiedlich gehandhabt. In meiner Familie war es immer üblich gewesen, dass man Besuch bekam, sich miteinander unterhielt und Männer und Frauen sich auf angemessene Art und Weise über Politik, religiöse oder gesellschaftliche Entwicklungen austauschten.

Im öffentlichen Leben Saudi-Arabiens herrschte dagegen totale Geschlechtertrennung. Auch wenn ich meine saudi-arabischen Freundinnen zu Hause besuchte, gingen ihre Brüder meist sofort in einen anderen Raum.

In afghanischen Familien dagegen war es normal, dass sich Gleichaltrige unterhielten oder zusammen spielten.

Ich nahm diese gesellschaftlichen Unterschiede bereits mit acht Jahren wahr, auch weil ich schon sehr früh an „Erwachsenengesprächen" teilnehmen durfte. Ich sog die Dinge wie ein Schwamm auf und ließ sie in mir weiterarbeiten. Das war meine Hauptbeschäftigung neben dem Lernen für die Schule.

Ich und mein Kopftuch

Es gibt Menschen, die denken, dass Frauen wie ich quasi mit Kopftuch geboren oder spätestens mit zehn Jahren gezwungen werden, es zu tragen.

Man hat Szenen aus Büchern oder Kinofilmen vor Augen, in denen das Mädchen mit Kopftuch aus dem Haus geht und es kaum erwarten kann, sich dies an der nächsten Ecke wieder herunterzureißen – natürlich ohne zu ahnen, dass eine Häuserecke weiter ihr Bruder mit einem Baseballschläger in der Hand steht, um sie zu kontrollieren und dafür zu sorgen, dass „das Ding" wieder raufkommt.

Es ist traurig, aber ein gewisser Druck wird immer dahinter vermutet – freiwillig würde man ja „so etwas" nie tragen.

Ich dagegen bin fast ohne Kopftuch aufgewachsen.

In meiner Kindheit trugen weder meine Mutter noch meine Schwester oder meine Tanten eines. Nur eine kleine Zahl weiblicher Verwandter tat es.

In unserem Umfeld in Afghanistan orientierte frau sich eher an westlicher Mode, trug knielange Röcke, schminkte sich und hatte aufwendige Steckfrisuren.

Mit Religion befasste man sich vielleicht im hohen Alter, ansonsten war man zu beschäftigt, um sich mit religiösen Werten und Normen und deren Sinn auseinanderzusetzen.

In Afghanistan hatte binnen weniger Jahre ein enormer Wandel stattgefunden: Als meine Mutter in die vierte Klasse kam, begann sie, außer Haus einen Tschadari zu tragen. Das hatte für sie keine religiösen Gründe, sondern war einfach die gesellschaftliche Norm. Das machte frau zu dieser Zeit eben so.

Im Haus, auch wenn männliche Gäste kamen, trug sie ein locker um den Kopf geschlagenes Tuch, das manchmal herunterrutschte und auf ihre Schultern fiel. Das war nicht weiter wichtig, es hatte keine große Bedeutung für sie.

1961 wurde dann unter König Muhammad Zahir ein Beschluss erlassen, dass Frauen ihre Kleidung von nun an frei wählen könnten. Der Tschadari war nicht mehr Pflicht.

Meine Mutter war damals bereits verheiratet und hatte auch schon meinen Bruder Muhammad geboren. Sie überlegte gemeinsam mit ihren zwei Schwestern, wie sie sich von nun an kleiden wollten.

Schließlich gingen sie zum Schneider und ließen sich eine neue Garderobe nach „europäischem Stil" anfertigen. Von einem Tag auf den anderen änderten sie ihr äußeres Erscheinungsbild vollkommen. Nach und nach taten dies alle Frauen, die sich für modern, schick und weltgewandt hielten.

Im Stadtbild Kabuls der Sechzigerjahre sah man nur noch wenige Frauen mit Tschadari, einige trugen einen Mantel und ein Kopftuch – oft nur ein kleines aus Chiffon. Doch die meisten hatten keine Kopfbedeckung mehr.

Meine Mutter hat mir einmal erzählt, dass viele Frauen die Tschadaris verabscheuten, weil sie sie lange Zeit tragen mussten. Sie konnten nicht selbst über ihre Kleidung entscheiden und ihren eigenen Stil finden.

Mein Vater hat meine Mutter nie dazu überreden wollen, ein Kopftuch zu tragen. Er war es eher, der ihr ärmellose Kleider, taillierte Blusen oder edle, knielange Röcke kaufte.

Er hatte einen guten Geschmack und wählte treffsicher die schicksten Modelle aus. Diese Kleider trug sie oft zu Empfängen und Feiern – vor allem in ihrer Zeit als Minister- und Botschafterfrau.

Mein Vater liebte meine Mutter sehr und fand großen Gefallen daran, sie geschmackvoll gekleidet, aufwendig frisiert und geschminkt zu sehen. Er sagte ihr häufig, wie hübsch er sie fand.

In Saudi-Arabien setzte sich meine Mutter dann zum ersten Mal bewusst mit dem Thema Hidschab auseinander.

Hier trugen die meisten Frauen eine schwarze Abaya und dazu ein Kopftuch. Viele bedeckten auch ihr Gesicht mit einem Niqab, einem Schleier.

Meine Mutter begann nach dem Tod meines Vaters wieder ein Kopftuch zu tragen. Meist wählte sie leichte, helle Stoffe, die sich gut tragen ließen.

Anfangs gehörte das zu ihrer Rolle als Witwe, doch dann fing sie an, sich auch immer mehr darin wohlzufühlen. In Saudi-Arabien war es ohnehin leichter, wenn man ein Kopftuch trug, so ersparte man sich viele unangenehme Blicke. Aber auch später, in ihrer Zeit in Deutschland, fühlte sie sich immer sehr wohl mit ihrem Kopftuch und wollte es nicht mehr missen.

Obwohl ich bei unserer Ankunft in Saudi-Arabien noch nicht einmal fünf Jahre alt war, fiel mir sofort die strikte farbliche Trennung der Geschlechter auf: Männer trugen Weiß und Frauen Schwarz.

Die Kleidung selbst ähnelt sich: lange, luftige Gewänder und eine Kopfbedeckung. Meine Eltern erklärten mir, dass dies eben eine lokale Tradition sei, ebenso wie der Gesichtsschleier, den viele Frauen trugen.

Im Laufe der Jahre beobachtete ich noch genauer und machte mir meine Gedanken: Viele Frauen trugen im Haus, oder wenn sie bei Freundinnen zu Besuch waren, ganz normale Kleidung, oft sogar teure Designerklamotten aus Paris oder London. Wenn sie das Haus verließen oder männlicher Besuch kam, zogen sie darüber eine Abaya und ein Kopftuch.

Das war sehr praktisch. Manchmal, wenn meine Mutter mich weckte und noch Brot oder Milch für das Frühstück brauchte, ließ ich sogar meinen Schlafanzug unter der Abaya an, während ich zum Laden an der Ecke ging.

Ab der dritten Klasse hatte ich Spaß daran, das Kopftuch ab und zu auszuprobieren. Unregelmäßig trug ich es.

Ab der fünften Klasse wurden für uns Schülerinnen Abaya, Kopftuch und Niqab für die Wege von und zur Schule Pflicht.

Ich trug diese Kleidung auch außerhalb der Schule, jedoch nicht durchgängig. Wenn wir jemanden besuchten, konnte es sein, dass ich sie wieder abnahm.

Ich fragte mich, wie man sich als Frau kleiden sollte. Die meisten afghanischen Frauen, die ich kannte, trugen kein Kopftuch, höchstens einen durchsichtigen Schal locker um den Kopf oder die Schultern geschlungen. Auch war ihre Kleidung recht eng, farbenfroh und prächtig. Es war wichtig, dass man sich geschmackvoll kleidete.

Dann gab es viele Frauen, besonders arabische, die in der Öffentlichkeit schlicht gekleidet waren und ein Kopftuch trugen.

Und schließlich war da noch die in Saudi-Arabien übliche Form: die schwarze Abaya mit dem zusätzlichen Gesichtsschleier.

Was war das Richtige? Wo lag der Maßstab? Was wollte Gott von mir als Frau?

Schon immer hatte es mich irritiert, wenn Frauen sich für fremde Männer übertrieben hübsch machten.

Ich wusste früh, das wäre nichts für mich!

Ich wollte mein Selbstbewusstsein nicht daraus ziehen, wie mein Körper auf Männer wirkte.

Aber sollte man dann gleich ins andere Extrem verfallen? Mussten die Frauen sich ganz bedecken, um ja keinem Mann aufzufallen? Oder sollten die Männer sich einfach ein bisschen mehr zusammenreißen? Aber wo sollte man die Grenze ziehen?

Ich merkte auf jeden Fall, dass man alles missbrauchen konnte. So gab es zwischen den Jugendlichen in Dschidda geheime Zeichen. Trug ein Mädchen seinen Gesichtsschleier auf einer besonderen Höhe, so hieß das: Gib mir deine Telefonnummer!

Das erschien mir grotesk und falsch! Aber war die Bedeckung an sich falsch oder lag es an der Haltung der Trägerin?

Kam es dann wiederum nur auf die innere Haltung an und die Kleidung spielte keine Rolle?

Ich konnte diese Fragen nicht alle beantworten.

Aber ich hatte das Gefühl, dass ich für mich einen Mittelweg wollte: Meine Kleidung sollte ästhetisch und geschmackvoll sein, aber eben nicht aufreizend und billig.

Ich musste herausfinden, wie mein persönlicher Stil aussehen könnte, wusste zugleich aber ganz genau, dass ich ihn nicht aus gesellschaftlichem Druck, sondern nur aus eigener, tiefer Überzeugung heraus entwickeln wollte.

Neue Wege

Meine Schwester Bahar war mittlerweile zwanzig Jahre alt geworden und sollte langsam einem der Heiratsanträge zustimmen. Vor allem wandten sich Familien aus der afghanischen Community in Dschidda an uns, doch niemand schien geeignet.

Bahar hatte den Tod meines Vaters nur schwer verkraftet. Über Wochen schloss sie sich in ihrem Zimmer ein und weinte häufig. Diese Zurückgezogenheit hatte ihr aber auch die Chance gegeben zu reflektieren. Immer wieder führte sie sich die Hilfsbereitschaft und den großen Einsatz der Nachbarn und Kollegen meines Vaters vor Augen.

Sie als älteste Tochter der Familie hatte zusammen mit meiner Mutter am stärksten gespürt, was uns abgenommen wurde.

Warum taten diese Menschen das?

Bahar war zu dem Schluss gekommen, dass das „der gelebte Islam" sein müsse.

Zum ersten Mal in ihrem Leben beschäftigte sie sich bewusst mit ihrer Religion.

Sie las viele Bücher und dann auch den Koran.

Zu ihrer Überraschung fand sie darin das, wonach sie sich so lange gesehnt hatte.

Als nun wieder die jährliche Hadsch anstand, beschloss Bahar, dieses Jahr die Pilgerfahrt zu vollziehen.

Obwohl sie nun schon fünf Jahre in dem Land lebte, in dem jährlich zwei Millionen Menschen aus der gesamten Welt zusammenkamen, hatte sie die Pilgerfahrt noch nicht unternommen.

Doch jetzt entschied sie sich für ein Experiment: Sie wollte Gott die Frage stellen, ob er sie in ihrem Leben begleiten würde.

Und sie erhielt eine persönliche Antwort: Bahar empfand das Erlebnis der Hadsch als einen Neuanfang. Sie spürte eine tiefe Verbundenheit zu Gott. Er stand ihr bei, er leitete sie, ihm konnte sie sich anvertrauen.

Bahar beschäftigte sich in den Monaten nach der Pilgerreise mit verschiedenen religiösen Themen und teilte unserer Mutter schließlich mit, dass sie nur einen Mann heiraten würde, der sich bewusst für den Islam entschieden hatte.

Meine Mutter entgegnete halb entgeistert und halb amüsiert: „Wo soll ich für die Prinzessin denn einen Konvertiten herzaubern?"

Unsere Familie kannte nur junge Männer, die von klein auf Muslime waren.

Doch dann erzählten ihr Bekannte von einer Gruppe deutscher Muslime, die zu Besuch waren, und arrangierten bald ein Treffen mit einem der jungen Deutschen.

Meiner Mutter ging das alles etwas zu schnell. Denn plötzlich klingelte es und unser Bekannter stand mit dem jungen Mann in unserem Wohnzimmer.

Er hieß Mathias Kadir. Die beiden fanden sich von Anfang an sehr sympathisch. Schüchtern wechselten sie ein paar Sätze. Bereits nach dem ersten Gespräch meinten sie zu wissen, dass sie den gleichen Lebensentwurf hätten, und fassten den Entschluss zu heiraten.

Mir gefiel mein zukünftiger Schwager von Anfang an. Er hatte eine beruhigende und positive Ausstrahlung, sodass ich ihn sofort ins Herz schloss.

Allerdings kam es mir komisch vor, dass wir seine Familie gar nicht kennenlernten.

Irgendwie erschien mir diese Beziehung überstürzt.

Bevor Kadir nach Deutschland zurückfuhr, verlobten sich meine Schwester und er und tauschten noch einmal lange Briefe aus, in denen sie ihre Gedanken, Gefühle und Wünsche zu Papier gebracht hatten. Meine Schwester schritt durch unsere Wohnung und sagte, sie seien verwandte Seelen, die sich endlich gefunden hätten.

Meine Mutter dagegen war gar nicht begeistert von der Ehe mit einem Deutschen – egal, ob er nun eine verwandte Seele war oder nicht.

Sicher, sie hatte schon einmal in Deutschland gelebt, aber eine Ehe war dann doch etwas anderes. Eine andere Kultur, eine andere Sprache. Nein, Carol reichte definitiv; der „Pflichtanteil" unserer Familie an interkulturellem Austausch war erfüllt!

Außerdem würde er ihre Tochter in die Ferne entführen.

Zusätzlich musste sie noch die Fragen und Vorwürfe der afghanischen Community in Dschidda ertragen, die der Sache mehr als kritisch gegenüberstand. In den Achtzigerjahren waren bikulturelle Ehen eine Seltenheit. Wenn es denn sein musste, konnte ein Mann eine „Ausländerin" heiraten, aber für eine Afghanin war dies undenkbar.

Da interessierte es auch nicht, dass der zukünftige Bräutigam Muslim war.

Meine Mutter schlief schlecht. Unruhig warf sie sich Nacht für Nacht von einer Seite auf die andere. Häufig wurde sie krank. Bahar musste sich immer wieder Vorwürfe anhören. Schließlich war sie am schlechten Gesundheitszustand meiner Mutter „schuld".

Wahrscheinlich konnte keiner von uns Kindern verstehen, wie groß der gesellschaftliche Druck war, unter dem meine

Mutter stand. Die afghanische Community war ihr sozialer Bezugspunkt, hier hatte sie ihre wenigen Freunde und Bekannten in der Fremde. Als Witwe im Ausland war sie umso mehr auf das Wohlwollen, die Unterstützung und Akzeptanz ihrer Landsleute angewiesen.

Würden sich die Leute durch Bahars Wahl vielleicht von uns abwenden?

Nach einigen Monaten kam Kadir ein zweites Mal nach Dschidda, und Bahar und er beschlossen tatsächlich zu heiraten.

Ich wunderte mich sehr über diese schnelle Entscheidung. Sicherlich war ich noch jung. Und die einzige Ehe, die ich wirklich hautnah miterlebt hatte, war die von Muhammad und Carol. Bei den beiden war die Beziehung gewachsen. Sie hatten sich an der Uni kennengelernt, sich intensiv ausgetauscht, stapelweise Briefe geschrieben, tiefe Gespräche geführt und so gemerkt, dass sie viel verband.

Auch wenn alles schnell ging, bewunderte ich Bahar, dass sie solch einen klaren Standpunkt vertrat, genau wusste, was sie wollte, und dafür kämpfte, sogar wenn es gegen die Traditionen ging.

Und obwohl ich erst zwölf Jahre alt war, spürte ich, dass ich später jemanden heiraten wollte, der mir ebenfalls das Gefühl geben würde, dass sich unsere Seelen schon einmal getroffen hätten.

Schweren Herzens stimmte meine Mutter der Eheschließung schließlich zu und gab dem jungen Paar ihren Segen.

Normalerweise wäre es eine Zeit der überschäumenden Freude gewesen. Dutzende von Familien wären schwerbeladen mit edlen Geschenken ins Haus gekommen. Glückwünsche hätten das junge Paar geradezu überflutet, das Telefon hätte gar nicht mehr stillgestanden.

Doch bei uns herrschte Stille. Niemand meldete sich, niemand gratulierte. Deutlicher hätte man seine Haltung nicht zeigen können.

Meine Geschwister und ich rechnen es meiner Mutter bis heute hoch an, dass sie trotz aller Schwierigkeiten und trotz allen Drucks von außen immer zu uns gestanden hat. Sie wollte einfach, dass wir glücklich sind.

Meine Schwester reiste ab und ließ uns mit einem lachenden und einem weinenden Auge zurück.

Ich war natürlich sehr traurig, dass meine einzige Schwester ging. Gleichzeitig sah ich es pragmatisch – und vielleicht würde ich ja jetzt auch ihr Zimmer bekommen.

In mir gab es auch immer wieder rebellische Stimmen, ich wollte es einmal ganz anders machen als Bahar. Ich würde meinen Partner selbst finden, mich verlieben, ihn richtig kennenlernen und später heiraten. Ja, ich war mir sicher, ich würde einen anderen Weg gehen!

Aufbruchstimmung

Mittlerweile war ich zwölf Jahre alt und ging in die achte Klasse.

Die Schule hat mir immer viel Spaß gemacht. Lernen wurde in meiner Umgebung als eine Tugend angesehen. Besonders die Religionslehrerinnen hatten uns immer wieder vermittelt, wie wichtig es sei, sich nützliches Wissen anzueignen.

Sie zitierten den Propheten Muhammad, der gesagt hat, man solle Wissen erlangen „von der Wiege bis zum Grabe".

Ich war eine der besten Schülerinnen und konnte mir trotz meiner nicht-arabischen und nicht-saudischen Herkunft eine gewisse Achtung verschaffen.

Außerdem liebte ich es einfach zu lernen.

Doch langsam wendete sich das Blatt. Die Anforderungen stiegen mit jedem Schuljahr und mein Leben war sehr einseitig. Nach der Schule aß ich, legte mich manchmal kurz hin und lernte dann weiter. Auch am Wochenende lernte ich die meiste Zeit.

Eine meiner wenigen Abwechslungen war es, mit meinen Nichten, Muhammads und Carols kleinen Töchtern, die mittlerweile wild kreischend durchs Haus laufen konnten, zu spielen und herumzutollen. Ich liebte sie wie meine eigenen Schwestern. Und es tat gut, einmal nicht die Jüngste zu sein. Ich war sogar die große Tante. Diese Rolle erfüllte mich mit Stolz.

An den Wochenenden, wenn Muhammad nicht arbeiten musste und ich keine Schule hatte, gingen wir manchmal an den Strand. In den Sommermonaten hielt man es wegen der Hitze allerdings auch dort nur in den Abendstunden aus. Doch als Teenager fehlten mir Anregungen, ich brauchte eine Abwechslung und auch mehr soziale Kontakte. Gern wäre ich einmal mit meinen Freundinnen zum Einkaufen oder ins Kino gefahren. Aber jetzt waren wir älter, und somit wurde es zunehmend schwieriger, ohne männliche Begleitung unterwegs zu sein.

Schulisch gesehen, graute es mir besonders vor der neunten Klasse. Da stand nämlich das Königshaus als Thema auf dem Lehrplan.

Über die Jahre hatte ich gelernt, dass man sich hüten musste, in der Öffentlichkeit den König, die Politik des Landes oder soziale Themen wie Frauen- und Menschenrechte anzusprechen – außer man lobte die Gegebenheiten in den höchsten Tönen.

Aber ich war der Meinung, dass eine Monarchie, in der der König und seine Familie über alles verfügen, nicht rechtens sei. Und das, obwohl die Königsfamilie sich den Titel „Hüter der heiligen Stätten" gegeben hatte. Selbst der Prophet Muhammad war nie zum König ernannt worden.

Doch das durfte ich in der Schule nicht sagen. Ich sollte einfach alles so akzeptieren, wie es war, und in die Lobeshymnen, die wir täglich singen mussten, mit einstimmen.

Ich hatte schon damals das Gefühl, dass die Freiheit ein besonderes Geschenk ist, das Gott uns gemacht hat. Und dazu gehörte für mich vor allem auch die Meinungs- und Religionsfreiheit.

Kurz vor Ende der achten Klasse machte ich meiner Mutter unentwegt Druck.

Ich wollte nicht länger in Saudi-Arabien bleiben. Ich fühlte mich isoliert – Farid und Tamim waren auch mittlerweile zum Studium nach Deutschland gegangen. Natürlich waren Muhammad, Carol und meine süßen Nichten noch da, aber auch sie dachten darüber nach, irgendwann in die Vereinigten Staaten zu ziehen.

Unser Leben hier, das vorher vertraut und herzlich gewesen war, erschien mir nun einengend. Ich musste hier raus und Neues entdecken.

Ich schlug vor, dass auch wir nach Deutschland ziehen sollten.

Meine Mutter zögerte. Sicher verstand sie meine Lage und auch ihr gefiel das politisch-soziale System in Saudi-Arabien nicht, aber solch ein großer Schritt wollte gut überlegt sein.

Im Allgemeinen fühlten wir uns wohl, das Land und seine Leute hatten uns großzügig aufgenommen und für uns gesorgt. Wir Kinder sprachen alle mittlerweile fließend Arabisch und kannten uns mit den Gepflogenheiten aus. Wollte man all das wirklich hinter sich lassen für einen vagen Neuanfang?

Auch war ich gerade am Anfang der Pubertät, gab meine Mutter sorgenvoll zu bedenken. Saudi-Arabien schien ihr wenigstens sicher. Sie war dem Land sogar noch dankbar, dass es meine älteren Geschwister vor Drogen, Kriminalität und anderen schlechten Einflüssen bewahrt hatte. Sie waren zu vernünftigen, gefestigten Erwachsenen herangereift, aber was würde mit mir passieren, wenn wir jetzt nach Deutschland gingen?

Die Umstände waren auf meiner Seite: Ich bekam für das neue Schuljahr keinen Schulplatz angeboten. Alle Plätze für nicht-saudische Kinder waren bereits vergeben. Nun stand unser Entschluss fest: Wir würden in Deutschland politisches Asyl beantragen, da wir nicht in unsere Heimat zurückkonnten.

Mir war damals nicht bewusst, wie schwer meiner Mutter dieser Schritt fiel.

Mit 56 Jahren sollte sie noch einmal einen Neuanfang wagen.

Ohnmächtig spürte sie erneut, wie es sich anfühlte, wenn einem die Heimat, ihr geliebtes Afghanistan, geraubt worden war. Wie ein Blatt im Wind wehte man über die Welt hinweg – ziellos, haltlos, nirgendwo hatte man seinen Platz.

Und sie musste auch meinen Vater zurücklassen. Diesen Ort hatte Gott für ihn als Ruhestätte ausgesucht, wie konnte sie nun von hier fortgehen?

Sie entschied sich zu diesem großen, schweren Schritt – mutig und vorausschauend, wie sie war.

Ich sollte eine gute Schulbildung erhalten. Das war es, was in diesem Moment zählte.

Asyl

Nachdem die Entscheidung getroffen war, wieder nach Deutschland zu ziehen, stand für uns fest, dass wir in der Nähe von Bahar, bei Darmstadt, leben wollten. Das wäre ein Gewinn für beide Seiten: Sie hätte wieder Familie um sich und uns würde es das Einleben vereinfachen.

Es war so schön, nach der langen Trennung Bahar wieder in die Arme schließen zu können. Auch genoss ich das satte Grün der Landschaft. Es beruhigte und tat meiner Seele gut.

Doch wie sehr unterschied sich unsere Ankunft dieses Mal von der in Bonn: Wurden wir damals in dunklen Limousinen zu unserer Botschafterwohnung mit Personal eskortiert, so kamen wir jetzt als politische Flüchtlinge.

Wir durften nicht bei Bahar wohnen, sondern erhielten von den Behörden die Auflage, bis zum Entscheid über unseren Antrag in einem Asylbewerberheim in Wiebelsbach bei Frankfurt zu bleiben. Ich fühlte mich hier nicht geborgen. In rechteckigen, kahlen Räumen befanden sich je vier bis sechs Betten. Dabei handelte es sich um plumpe Stahlgestelle mit dünnen Matratzen. Wir teilten die schlichten Gemeinschaftsräume wie Bad und Küche mit zwei oder drei weiteren Familien. Manchmal bekamen wir Essen und manchmal mussten wir das Essen selbst für einen bestimmten Betrag in der Kantine holen.

Die Menschen dort hatten aus den unterschiedlichsten Gründen Asyl beantragt. Wir waren nicht die einzigen Afghanischstämmigen. Viele Flüchtlinge kamen auch aus Afrika oder den arabischen Ländern.

Zwar hatte ich mich von Saudi-Arabien bereits emotional verabschiedet, aber unsere Zukunft hier wirkte auf mich auch nicht vielversprechend.

Meine Mutter und ich machten uns gegenseitig Mut, wenn die andere ihn für den Moment verloren hatte.

Meine Mutter musste sich enorm zusammenreißen, um diese Situation zu ertragen. Sie, eine gebildete Frau von Stand, Frau eines ehemaligen Botschafters, musste für ihr Essen anstehen, war abhängig und konnte sich nicht selbst versorgen. Mir fehlte damals die Lebenserfahrung, um wirklich zu verstehen, was das für sie bedeutete.

Als wir wieder mal in der Reihe zur Essensausgabe anstanden, lehnte sie sich matt gegen die Wand und starrte nachdenklich und bekümmert ins Nichts. Ich fragte mich, ob sie sich zu sehr für mich aufopferte, und sprach ihr gut zu, um sie etwas aufzumuntern. „So ist das im Leben, mein Kind. Manchmal ist man ganz oben und manchmal eben unten", sagte sie nur.

Ich weiß bis heute nicht, woher sie immer wieder die Geduld und Kraft nahm. Sie war stets genügsam und zufrieden mit dem, was ihr Gott gegeben hat.

Sie wird für immer mein Vorbild sein.

Für mich war in dieser Zeit das Schlimmste, dass ich keinen geregelten Alltag mehr hatte. In Saudi-Arabien hatte ich nach der Schule täglich noch bis in die Abendstunden gelernt, doch hier durfte ich vorerst nicht zur Schule, war dazu verdammt, einfach herumzusitzen. Manchmal spielte ich auf dem Hof mit anderen Kindern Volleyball oder Tischtennis. Oder ich unterhielt mich mit anderen Bewohnern auf Dari, Arabisch oder Englisch.

Wenn ich das Gelände des Heims verlassen durfte, zog es mich in den Wald. Ich liebte seinen Geruch und die Bäume. Manchmal umarmte ich die mächtigen Stämme und drückte mein Gesicht an die Rinde. Sie spendeten mir Trost und Sicherheit.

Für uns war alles so ungewiss. Niemand wusste, was mit uns in ein paar Tagen oder Wochen sein würde. Durften wir in Deutschland bleiben? Und selbst wenn, fingen wir wieder bei null an.

Obwohl ich in Bonn häufig für meine Mutter übersetzt hatte, war von meinem Deutsch nicht mehr viel übrig geblieben.

Daher freute ich mich, dass ich bald einen Sprachkurs besuchen konnte. Leider war dieser „Kurs" sehr enttäuschend. Wochenlang lernten wir die gleichen Sätze: Guten Tag, wie geht es Ihnen? Mir geht es gut. Wo wohnen Sie? Wie alt sind Sie? Woher kommen Sie?

Ich konnte diese Fragen nicht mehr hören. Doch wir lernten nie mehr. Dabei hätte ich mich so gefreut, mir die Sprache richtig zu erarbeiten. Bereits seit unserer Ankunft litt ich sehr darunter, mich nicht verständigen zu können. Ich fühlte mich ausgeliefert und hilflos. Noch nie in meinem Leben hatte ich Menschen so intensiv beobachtet. Ich versuchte jede kleinste Veränderung in ihrer Mimik und Gestik zu lesen und sie dadurch zu verstehen. Doch es war eine frustrierende Zeit. Ich wollte nicht, dass die anderen mich für dumm oder zurückgeblieben hielten. Und mir leuchtete ein, dass die Sprache die Voraussetzung dafür war, das Leben in Deutschland zu meistern.

Da der Deutschkurs mir nicht weiterhalf, fing ich selbst an zu lesen. Ich begann mit leichten Bilderbüchern, die ich von anderen Heimbewohnern erhalten hatte. Es fand sich auch immer jemand, der mir bei der Aussprache der Wörter half.

In jeder freien Minute saß ich mit einem Buch auf dem Schoß in irgendeiner Ecke und erschloss mir die Wörter und ihre Bedeutungen. Das tat ich auch später noch, als ich schon eine reguläre Schule besuchte, und ich schätze, dass ich mir neunzig Prozent der Wörter selbst beigebracht habe.

Nach einigen Monaten kam eine Frau mit blonden Locken auf mich zu und sagte, sie sei vom Sozialamt Darmstadt. Es war sehr schwer für mich, sie zu verstehen, da sie lispelte und sehr schnell sprach. Wir unterhielten uns auf Englisch, aber sie fragte nicht, was ich vorher gemacht hatte, wie meine Noten waren und was ich schon konnte. Sie wollte nur mein Alter wissen: 14 Jahre.

Die Formalitäten hatten wir schnell erledigt und von nun an ging ich in die neunte Klasse einer Hauptschule. Ich hatte zu diesem Zeitpunkt keine Ahnung, was das genau bedeutete, da ich mit dem deutschen Schulsystem noch nicht vertraut war. Ich genoss es einfach, wieder ein regelmäßiges Leben zu haben.

Doch die neue „Schulkultur" schockierte mich zutiefst. Hatten wir in Dschidda unsere Lehrer respektvoll und oft sogar mit gesenktem Blick angesprochen, so legten in meiner neuen Klasse Schüler ihre Füße auf den Tisch und duzten die Lehrer. Der Unterricht orientierte sich sehr an den Bedürfnissen der Schüler. In Saudi-Arabien hatten die Lehrer den Stoff durchgenommen und wir mussten damit klarkommen.

Auch wurden hier Zeitschriften wie „Bravo" in den Pausen ausgetauscht und miteinander gelesen. Diese waren für mich und meine 14 Jahre ein richtiger Schock. In Saudi-Arabien hätte es so etwas nicht einmal in Kiosken mit internationaler Presse gegeben – das war zu unmoralisch.

Zwischen den Schülern und Schülerinnen ging es fast ausschließlich um Themen wie „Miteinander-Ausgehen", „Flirten" und „Einen-Freund-Haben". Sie verabredeten sich für die Wochenenden und gingen gemeinsam in die Disko.

Sicherlich, ich tanzte auch gern, aber das war nicht meine Welt. Also war ich Fragen und Kommentaren ausgesetzt: „Du gehst nicht in die Disko?! Wie geht denn das?"
„Du tust mir wirklich leid, dass du ein Kopftuch trägst."
Ich verband Schule mit Lernen und Diskussionen über verschiedene Inhalte.

Um Themen wie Rauchen, einen Freund haben oder die neuste Mode hatte ich mir bisher keine Gedanken gemacht.

Ich wurde nicht direkt von meinen Mitschülern ausgegrenzt und doch gab es durch meine anderen Interessen, meine zurückhaltende Art und vielleicht auch durch mein anderes Outfit wenig echten Austausch. Besonders die Jungs sprachen kaum mit mir. Glücklicherweise waren meine Lehrer freundlich und aufgeschlossen, das gab mir ein sicheres Gefühl.

Der Unterrichtsstoff war keine Herausforderung. Selbst der Deutschkurs langweilte mich. Wir hatten nur einmal in der Woche Unterricht für Nichtmuttersprachler. Allerdings war der nicht besonders hilfreich, da jeder ein anderes Sprachniveau hatte.

Nach einigen Monaten legte ich Herrn Mann, dem Schulleiter, eine Übersetzung meines letzten Zeugnisses aus Saudi-Arabien vor. Er schaute mich mit weit aufgerissenen Augen an. Schließlich hatte ich dort immer zu den besten Schülerinnen meines Jahrgangs gehört.

Herr Mann nahm sich daraufhin meiner an und organisierte für mich Zusatzstunden in Deutsch. Ich bin ihm bis heute sehr dankbar für sein Engagement, denn das hat meinen Start sehr erleichtert.

Nach kurzer Zeit durfte ich auf eine Gesamtschule wechseln. Dort freundete ich mich mit zwei Mädchen an, eine von beiden hatte italienische Wurzeln. Wir sprachen miteinander in Zeichensprache oder auf Englisch und verbrachten alle

Hofpausen zusammen. Meine Freundinnen gaben mir Halt und ein erstes Zugehörigkeitsgefühl.

Deutschland erschien mir schon damals in Bonn, doch jetzt in noch größerem Maße als sehr frei und offen. Jeder konnte über sein Leben selbst bestimmen. Man musste sich wenig an vorgefertigte Normen und Konventionen halten.

Doch dann geschahen des Öfteren Dinge, die nicht in mein Bild passten: Mitschüler beschimpften mich und andere als „Türken" oder machten sich lustig über uns. Wir wurden mit Tennisbällen beworfen, sie gaben uns Namen, die ich nicht verstand und über die alle lachten. Ich wollte ihnen etwas antworten und sie zur Rede stellen. Aber ich konnte nicht, die Sprache fehlte mir. Selten habe ich mich so ohnmächtig gefühlt.

Auch wegen meines Kopftuchs musste ich mir immer wieder Kommentare anhören. Das wunderte mich sehr. Ich hatte nicht damit gerechnet, dass so ein Stück Stoff einen Unterschied machen würde. Für mich gehörte das Kopftuch zu mir. Ich trug es seit meinem zwölften Lebensjahr. Fertig.

Die Lehrer übergaben mir gern Verantwortung. Ich kann nicht sicher sagen, dass dies wirklich am Kopftuch lag, aber so empfand ich es damals.

Die andere Scite der Medaille waren Beleidigungen und immer wieder „schlaue Fragen":

„Musst du das tragen?"

„Zwingt dein Vater dich dazu?"

„Schwitzt du nicht?"

„Duschst du damit?"

„Juckt dein Kopf nicht darunter?"

„Schläfst du damit?"

„Hast du lange oder kurze Haare?"

„Hast du überhaupt welche?"

Ich hatte nicht damit gerechnet, in Deutschland aufgrund meines Glaubens und meiner Herkunft solche Erfahrungen machen zu müssen, denn ich dachte immer, ich könne hier ganz unbeschwert und frei leben.

Auch merkte ich, dass das Kopftuch hier in der Schule eine ganz andere Bedeutung bekam, als ich das bisher kannte.

Schnell lernte ich, dass *Fremdes* in verschiedene Kategorien eingeteilt wurde. Es hatte nie jemanden interessiert, dass ich Persisch oder Arabisch sprechen konnte. Doch als meine Mitschüler und Lehrer herausfanden, dass ich mit 14 Jahren fließend Englisch sprach, war ich doch ein kleiner Star in meiner Schule.

Für mich war es herrlich, weil ich mich zumindest in einem Fach richtig beteiligen konnte.

Und die anderen baten mich von nun an, ihnen bei den Hausaufgaben zu helfen.

Auch in anderer Hinsicht ging es bergauf. Wir bekamen die Nachricht, dass wir das Asylbewerberheim bald verlassen durften, da unserem Asylantrag stattgegeben worden war. Welch eine Freude! Endlich durften wir wieder ein geregeltes und selbstbestimmtes Leben führen. Und doch tat der Abschied auch weh. Ich hatte hier Menschen aus Ländern kennengelernt, von deren Existenz ich vorher nichts gewusst hatte. Ab und zu hatte mich die Sozialarbeiterin mitgenommen, um zu übersetzen. In diesen intensiven Gesprächen habe ich ihre Geschichten direkt und ungefiltert erzählt bekommen. Manchmal konnte ich kaum weiteratmen, wenn sie erzählten, was sie in ihrem Leben schon hatten ertragen müssen: Hunger, Raub, Verfolgung, Vergewaltigung, Folter. Oft hatten sie ein Familienmitglied auf der Flucht zurücklassen müssen. Häufig waren es traumatische Erlebnisse, die die Menschen, Frauen und Männer, Junge und Alte, hinter sich hatten. Sie hätten eigentlich psychologischer Unterstützung oder sogar einer Therapie bedurft. Aber darüber machten sich die Behörden und die verantwortlichen Beamten kaum Gedanken – was man auch kaum erwarten konnte. Es waren einfach Asylbewerber, mehr nicht.

Häufig, wenn ich ihre Geschichten hörte, fühlte ich mich fast schuldig, dass ich „nur" meinen Vater verloren hatte und dreimal einen völligen Neuanfang hatte verkraften müssen.

Viele Flüchtlinge konnten kaum glauben, dass ich einfach mit dem Flugzeug nach Deutschland gekommen war, wo sie so eine beschwerliche Flucht hinter sich hatten.

Trotz all der schweren Schicksale herrschte eine besondere Freundlichkeit und Verbundenheit zwischen den Asylbewerbern, man half sich in den kleinen Dingen des Alltags.

Und in uns allen gab es ein warmes, aufsteigendes und manchmal sogar erhebendes Gefühl: die Hoffnung auf ein besseres Leben.

Und mit diesem Gefühl der Hoffnung zogen meine Mutter und ich dann auch in unsere eigene kleine Wohnung in der Nähe von Darmstadt.

Langsam ankommen

Ich wechselte zur zehnten Klasse auf eine Realschule. Mittlerweile konnte ich schon einfache Sätze sprechen und mich im Alltag mitteilen. Ich war etwas nervös, in eine neue Klasse zu kommen. Wie würde es dort sein?

Einige Schülerinnen gaben sich Mühe, mich nett in die Gemeinschaft aufzunehmen. Das hat mir den Start sehr erleichtert. Trotzdem fiel es mir schwer, mit den anderen warm zu werden. Sie erschienen mir sehr frech. Viele haben zum Beispiel heimlich geraucht oder die Lehrer angelogen. Und sie waren vor allem mit „Jungsgeschichten" beschäftigt.

Im Laufe der Zeit freundete ich mich mit einem weiteren Mädchen italienischer Herkunft an. Sie lud mich zu sich nach Hause ein, wir lachten viel zusammen und blödelten herum. Sie mochte Englisch auch sehr gern und war zweisprachig aufgewachsen. Auch verband uns, dass Gott in unserem Leben eine Rolle spielte.

Nach der zehnten Klasse ging sie allerdings ab, da sie einen Italiener heiraten wollte, den sie in den Sommerferien auf Sizilien kennengelernt hatte. Die beiden wollten in Italien zusammenleben. So früh heiraten? Anders als man denkt, kam das nicht nur bei Muslimen vor.

Ich vermisste sie sehr.

Besonderes Glück hatte ich an der Realschule mit Herrn Wetzel, meinem Sport- und Biologielehrer. Er war vom ersten Tag an besonders freundlich und half mir, mich in die neue Klasse einzufinden.

Auch war er interessiert an meinem bisherigen Leben und zeigte persönliches Mitgefühl, als ich ihm erzählte, wie früh und unter welchen Umständen mein Vater verstorben war.

Mit meinem Anderssein ging er ganz natürlich um und war gleichzeitig sehr einfühlsam.

Zum Beispiel fragte er mich einmal, ob ich beim Sportunterricht einen eigenen Raum zum Umziehen bräuchte. Ich sagte ihm, dass es kein Problem für mich sei, mich im Mädchenumkleideraum umzuziehen.

Auch bei der Notenvergabe hatte Herr Wetzel ein feines Gespür. Er berücksichtigte, dass ich sprachlich zwar noch hinterhinkte, aber ansonsten motiviert und ehrgeizig mitarbeitete.

Besonders war auch mein Musiklehrer Herr Haas. Er galt als der Schwarm aller Mädchen. Sehnsüchtig warteten meine Klassenkameradinnen auf die nächste Stunde bei ihm. Umso überraschter war ich, als er mir sagte, dass er mir wöchentlich eine Stunde Förderunterricht in Deutsch erteilen wolle.

Und er stand zu seinem Wort. Von nun an blieb ich an einem Tag länger in der Schule. Meine Klassenkameradinnen schlenderten betont langsam aus dem Raum. Vielleicht würden sie ja so Herrn Haas noch begegnen und in einen kurzen Plausch verwickeln können.

Ich genoss die Stunden bei ihm. Meistens brachte er einen Zeitungsartikel mit, den ich mir so gut ich konnte erschloss. Danach stellte er mir Fragen.

Endlich gab es einmal Zeit, dass ich erst über den Inhalt nachdachte, die Grammatik in meinem Kopf ordnete und schließlich alles zu einem vollständigen Satz zusammensetzte. Im Schulalltag hatte ich nie die Ruhe dazu, alles musste immer schnell gehen. Kaum jemand hatte die Geduld, mir wirklich zuzuhören.

Ich denke, dass es Herrn Haas nicht nur darum ging, dass ich mich sprachlich weiterentwickelte, er wollte mir auch die Chance geben, mich mit gesellschaftlichen und politischen Themen zu befassen.

Wir sprachen auch häufig über Glaubensfragen, und ich erfuhr, dass er Atheist war. Das war etwas ganz Neues für mich. In Saudi-Arabien hatte ich nur Muslime kennengelernt und in Gesprächen zu Hause waren Atheisten immer gleich auch Kommunisten.

Nun lernte ich zu differenzieren und andere Ansichten besser zu verstehen.

Gleichzeitig zeigte auch er Interesse an meinem Hintergrund, meiner Religion und meinem Blick auf die Dinge. So brachte er beispielsweise Artikel über muslimische Länder und die politischen Entwicklungen dort mit und fragte mich nach meiner Einschätzung.

Einmal luden wir ihn zum Essen zu uns nach Hause ein.

Es wurde ein gemütlicher, langer Abend mit tiefen Gesprächen.

Herr Haas wurde eine wichtige Bezugsperson für mich, denn er entzündete ein Licht an dem sonst doch recht düsteren Himmel meiner Schulzeit.

Am 21. März feierten wir Nowruz, das Neujahrsfest der Afghanen, Iraner und Kurden. Und in diesem Jahr – 1989 –

sollte auch noch mein Bruder Muhammad zu Besuch kommen.

Die Tage mit ihm, Carol und ihren mittlerweile vier Töchtern waren wunderschön. Wir verbrachten sie in der Familie und feierten im afghanischen Verein, in dem ich auch die Kindergruppe betreute. Der Verein hatte ein abwechslungsreiches Programm mit viel Musik und Tanz zusammengestellt.

Die intensivste Zeit verbrachten wir allerdings mit Gesprächen. Wir hatten Muhammad und Carol so viel zu erzählen und wollten ihnen natürlich auch unser neues Leben zeigen.

Umso trauriger war ich, dass Carol einen der schlimmeren Vorfälle miterleben musste, der mir bis dato passiert war, auch wenn er in der Rückschau vergleichsweise harmlos scheint: Sie und ich standen auf dem Bahnhof von Darmstadt. Ich ging auf den Schaffner zu und fragte nach dem Zug nach Frankfurt, doch er tat so, als habe er uns weder gesehen noch gehört. Ich wiederholte meine Frage zweimal. Schließlich antwortete er, dass er nicht wisse, von welchem Gleis der Zug abfahren würde.

Als ich mich umdrehte, um jemand anderen zu fragen, schrie er los: „Hier, das ist der Zug, den müsst ihr nehmen!" Sein Gesicht war zu einer Fratze verzogen.

Ich schaute ihn ungläubig an, dachte, das könne nicht wahr sein, ich müsse träumen.

Dann sagte er: „Wenn ihr nicht wisst, welchen Zug ihr nehmen müsst, dann lauft doch!"

Wir saßen schon im Zug, als der Schaffner wiederkam, um die Fahrkarten zu kontrollieren. Ich streckte ihm wortlos meine Karte entgegen, ohne ihn anzusehen.

Da sagte er plötzlich: „Wenn ihr nicht wisst, wo ihr hinmüsst, dann geht doch wieder nach Hause, geht doch in die Türkei!"

Mein Herz raste, und ich antwortete ihm, dass ich nicht aus der Türkei stamme, sondern aus Afghanistan, und dass ich dorthin nicht zurückkönne, weil Krieg herrsche.

Ich glaube, er war überrascht, dass ich Deutsch sprach und ihm antworten konnte.

Aber ich glaube nicht, dass er wirklich über meine Worte nachgedacht hat.

Carol war rot angelaufen und sagte, nachdem er gegangen war, immer wieder: „What an idiot! How could he dare to treat you like that!"

Ich spürte ihre Wut und gleichzeitig ihre Scham, dass uns so etwas passiert war.

Zu Hause wartete glücklicherweise eine schöne Nachricht auf uns: Mein Bruder Tamim hatte eine junge Frau kennengelernt. Ingrid und er hatten in der Abendschule das Abitur zusammen nachgemacht und allmählich ihre Zuneigung füreinander entdeckt.

Nun wollten sie heiraten.

Die Hochzeit fand im kleinen Kreis statt. Alles war sehr harmonisch und warm, und es war allen eine besondere Freude, dass Carol und Muhammad dabei sein konnten.

Das war nun der Dritte von uns Geschwistern, der keinen afghanischen Ehepartner gewählt hatte.

Wir hatten gehofft, der Zeitpunkt würde nie kommen, aber im April musste mein Bruder Muhammad wieder abreisen.

Er und Carol hatten beschlossen, endgültig nach Amerika zu ziehen. In Saudi-Arabien fühlten sie sich einsam – so ganz ohne Familie. Sie sahen auch keine Perspektive für sich – weder beruflich noch was die Ausbildung der Kinder anging.

Beide hatten darüber nachgedacht, ebenfalls nach Deutschland zu kommen. Doch sprachlich wäre es in Amerika sicherlich leichter. Und Carol wäre dann auch in der Nähe ihrer Familie.

Es fiel mir schwer, mich nach der intensiven Zeit mit Muhammad, der für mich wie ein Vater war, wieder von ihm zu trennen. Auch Carol würde ich entsetzlich vermissen. Mit ihr konnte ich so gut sprechen, ihr mein Herz ausschütten, und oft fühlte ich mich von ihr in vielen Fragen des Lebens besser verstanden als von meiner eigenen Mutter oder Schwester.

Wir weinten alle beim Abschied am Flughafen – sogar Muhammad.

Denn wir wussten, dass wir uns für lange Zeit nicht wiedersehen würden.

Ich spürte eine tiefe Trauer und Einsamkeit. In mir wuchs die Sehnsucht nach Vertrautheit und Bindung zu einem anderen Menschen. Es sollte jemanden geben, für den ich die wichtigste Person in seinem Leben wäre. Ich suchte einen Seelenverwandten.

Vielleicht war das mit ein Grund, dass ich zum ersten Mal für einen Jungen schwärmte.

Er hieß Mike, ein dunkler Typ mit blauen Augen.

Ich wollte mir diese Gefühle erst gar nicht eingestehen, und es dauerte auch eine Weile, bis ich wirklich verstand: Ich war verliebt.

Ich schrieb leidenschaftliche Gedichte und verlor mich in endlosen Tagträumen.

Einerseits genoss ich es, ein wenig zu schweben, ein warmes Gefühl im Bauch zu spüren, andererseits fühlte ich mich häufig traurig und deprimiert.

Ich überlegte, wie ich da wieder rauskommen könnte.

Denn eigentlich hatte ich mir das immer anders vorgestellt: Er sollte meinen Glauben und meine Lebenseinstellung teilen – dann könnten wir auch spirituell eine Einheit bilden. Ich wollte, dass er mich versteht, respektiert und wir uns auf Augenhöhe unterhalten können. Er sollte mich lieben, so wie ich war. Unsere Liebe sollte langsam wachsen. Vielleicht würde er mir seine Gefühle in einem Brief offenbaren. Ich würde ihn aus tiefstem Herzen lieben, und er wäre der Einzige, den ich bräuchte.

Das Aussehen würde für mich nicht so eine Rolle spielen. Vor allem war mir wichtig, dass er ein guter Mensch ist.

Nur: Mike schien meine Gefühle nicht zu erwidern. Ich fragte mich damals, ob er ein Mädchen mit Kopftuch auch attraktiv finden würde. Wahrscheinlich hätte ich bei einem Muslim bessere Chancen.

Ich rechnete nicht mehr mit einer Erwiderung meiner Liebe, verwarf sie kurze Zeit später und dachte lieber weiter an meinen Traumprinzen.

Nun stand der Ramadan ins Haus. Ich freute mich immer auf den Fastenmonat. Es tat gut, sich einmal nicht so auf das Essen und Trinken zu konzentrieren. So entstand ein seltener, kostbarer Freiraum: Das tägliche Zusammensein mit lieben Menschen beim Fastenbrechen, die Gebete und die Spende von Almosen. All das gab mir eine innere Wärme und stärkte meine Verbindung zu Gott. Ich spürte den Segen dieses Monats und war dankbar dafür.

Es tat gut, einmal Hunger zu verspüren. Das passierte so selten in unserem Alltag. Auf diese Weise konnte man mit den Armen mitfühlen. Das machte mich nachdenklich. Es brachte mir das Leben und die Sorgen anderer Menschen nahe, machte sie erlebbar. Ich spürte eine innere Stärke in mir aufsteigen. Es tat mir gut, mich in Geduld zu üben.

Wenn mir ein Tag einmal besonders schwerfiel, dann wünschte ich mir die Schulzeit in Saudi-Arabien zurück. Dort hatten wir im Ramadan verkürzten Unterricht und keine Tests oder Klausuren. Und alle fasteten. Das war ein unvergleichliches Gemeinschaftsgefühl.

In Deutschland fiel mir das Fasten in der Schule manchmal schwer. Nicht nur weil meine Mitschüler in den Unterrichtspausen aßen, sondern weil ich als Einzige einen anderen Tages- und Lebensrhythmus hatte. Vielleicht sogar ein anderes Lebensgefühl.

Natürlich kamen in der Schule wieder die üblichen Fragen:
„Hast du keinen Hunger?"
„Ist das nicht ungesund?"
„Ist das nicht altmodisch?"
„Was? Du darfst einen ganzen Monat nichts essen? Stirbt man da nicht?"
„Ist das nicht gegen die Menschenrechte?"

Da jedes Jahr ungefähr die gleichen Fragen kamen, beantwortete ich sie mittlerweile relativ routiniert.
Doch innerlich ärgerte ich mich besonders über die Frage, ob ich Hunger hätte. Schließlich war ich ein normaler Mensch!
Aber anscheinend verstanden sie nicht, dass es ja gerade darum ging, Hunger und Durst zu spüren.

In unserer Konsum- und Überflussgesellschaft erschien mir das wichtiger denn je.

Es brachte einen dazu, in sich zu gehen und Dinge zu hinterfragen.

Man ging anders aus dem Monat hinaus, als man hineingegangen war.

Ich selbst dagegen wunderte mich damals, wie viel Energie Menschen aufbrachten, um ein paar Pfunde zu verlieren oder fitter zu werden. Sie standen um fünf Uhr morgens auf, joggten bis zum Umfallen, würgten eklige Eiweißdrinks hinunter und schleppten sich abends noch ins Fitnessstudio.

Aber wenn wir für Gott fasteten, galt das als komisch und ungesund.

Dann machte ich eine ganz neue Erfahrung. Eine Freundin von mir sollte im evangelischen Religionsunterricht ein Referat über den Islam halten und bat mich, dabei zu sein.

Die Religionslehrerin war sehr freundlich und hieß mich willkommen. Meine Freundin hielt ihr Referat und im Anschluss konnten die Schüler mir Fragen stellen.

Wieso beten die Muslime so oft?

Müssen Kinder auch fasten?

Musst du immer ein Kopftuch tragen?

Darfst du ein Freund haben?

Warum laufen die Frauen immer hinter den Männern?

Es gab kaum ein Thema, das wir nicht anrissen.

Die Stunde verging wie im Fluge und ich genoss jede Minute.

Es tat gut, endlich mal Dinge erklären zu können. Ich war aktiv, brachte mich ein und konnte einen Teil von mir zeigen, der mir am Herzen lag. Es wurde nicht über mich gesprochen, sondern ich sprach mit den anderen.

Auch bekam ich eine besondere Beachtung und Anerkennung, die mir ansonsten in der Schule fehlten.

In solchen Momenten war ich sehr dankbar, dass ich in jungen Jahren viel über meine Religion gelernt hatte.

Ich fragte mich, wie es anderen muslimischen Schülern erging, die nie einen Religionsunterricht besucht und auch von ihren Eltern kaum etwas über den Islam erfahren hatten.

Auch war mir immer wieder aufgefallen, dass meine christlichen Mitschüler ihre Religion ebenfalls kaum kannten. Manche taten sich schwer zu erklären, warum sie Weihnachten oder Ostern feierten.

Während dieser Religionsstunde waren die Mitschüler ganz bei der Sache und stellten die gleichen Fragen zum Thema Glaube, die auch mich beschäftigten. Das gab mir ein echtes Gefühl von Gemeinsamkeit.

Ich fand, dass Religion gerade in diesen komplizierten Jugendjahren helfen konnte. Wir sehnten uns nach Halt und Geborgenheit und gleichzeitig wollten wir die ultimative Freiheit.

Hierbei bot mir meine Religion Orientierung. Kämpfen musste ich aber trotzdem auf meinem Weg zum Erwachsensein.

In den kommenden Monaten stellte ich vieles infrage, was all die Jahre vorher selbstverständlich für mich gewesen war.

Ich überlegte, ob ich mein Kopftuch ablegen sollte.

Im Laufe der Zeit wurde es immer schwieriger, eines zu tragen – sehr schwer sogar. In der Schule musste ich mir regelmäßig Sprüche anhören und jeder betrachtete mich als „anders": Ich trug nichts Enges und Kurzes. Ich hatte keine Markenkleidung. Und ins Freibad und in die Disko kam ich auch nicht mit.

Da ich in jeder Minute als Muslima zu erkennen war, spürte ich einen großen Druck, alles richtig machen zu müssen. Ich konnte nicht einfach mein Kaugummipapier auf den Bürgersteig werfen oder im Bus laut lachend und kichernd mit meinen Freundinnen lärmen. Überall sah ich beobachtende und vorwurfsvolle Blicke. Auch hatte ich den Eindruck, dass ich bei der kleinsten Verfehlung sofort böse Kommentare erntete.

Und an manchen Tagen war ich es einfach leid. Dann hatte ich keine Lust und Kraft mehr, mich dem auszusetzen, wollte auch einmal einen Fehler machen oder unbeherrscht sein dürfen, wollte einfach in der Masse untertauchen und sein wie alle anderen.

Doch dann dachte ich wieder an den Moment, in dem ich beschlossen hatte, das Kopftuch zu tragen. Ich spürte wieder ein wenig von der Kraft in meinem Herzen. Und ich wollte diesen Teil von mir nicht aufgeben. Nicht wegen der anderen.

In dieser Zeit fühlte ich mich von allen Seiten unverstanden. Aus meiner Familie konnte niemand richtig nachempfinden, was ich immer wieder durchmachen musste. Sie dachten einfach, sie hat sich für das Kopftuch entschieden, also steht sie das auch ohne Probleme durch.

Und meine Mitschüler und Lehrer unterstellten immer, dass meine Brüder oder mein Vater mich in den Islam drängen würden. Wahrscheinlich kam nie jemandem in den Sinn, dass doch meist ihr Verhalten die Ursache dafür war, dass ich mich nicht angenommen fühlte.

Dann lernte ich an einem „Tag der offenen Moschee" einige andere muslimische Mädchen kennen. Sie waren etwa in meinem Alter, 15 und 16 Jahre alt und meist sogar in Deutschland geboren, aber ihre Eltern kamen aus der Türkei, aus Pakistan oder verschiedenen arabischen Ländern.

Bei ihnen brauchte ich nichts zu erklären. Ich konnte mich einfach fallen lassen – ich selbst sein.

Sie kannten die Gefühle, Sorgen und Probleme. Wir Mädchen trafen uns immer häufiger, feierten Geburtstagspartys mit Tanzeinlagen, übernachteten zusammen und quatschten die ganze Nacht.

Auch versuchte ich jedes Buch zu ergattern, das es in deutscher Sprache über den Islam gab. Durch die Fragerunde im Religionsunterricht war mir aufgefallen, wie schwer es mir doch noch fiel, meine Religion auf Deutsch zu erklären.

Schließlich hatte ich all mein religiöses Wissen entweder in der Schule auf Arabisch oder von meiner Familie auf Dari erhalten.

Doch es fehlten mir nicht nur die passenden Fachbegriffe und das deutsche Vokabular, sondern ich merkte mit der Zeit auch, dass der Islam in Europa noch einmal eine ganz eigene Ausprägung hatte. Es gab weniger emotionale, laute Reden, sondern mehr sachliche Diskussionen. Männer und Frauen hatten einen offeneren Umgang miteinander. Und die Muslime waren kulturell vielfältiger: Sie stammten aus der Türkei, aus Bosnien und den unterschiedlichsten afrikanischen und asiatischen Ländern. Außerdem gab es noch einzelne, sehr aktive deutsche Muslime.

Ich fand diese breite Fächerung, diese neue Mischung fesselnd und wollte alles darüber erfahren.

Ich wollte den Islam aus der deutschen Sprache heraus verstehen. Und auch sehen, inwieweit er durch die deutsche Kultur geprägt wurde und dadurch etwas ganz Einzigartiges entstand.

Zur afghanischen Kultur entwickelte ich ebenfalls eine ganz eigene Beziehung: Waren wir etwa bei einer afghanischen Familie eingeladen, freute ich mich schon Tage vorher darauf. Ich sprach gern Dari und liebte das Essen. Etwa Qabeli, ein Reisgericht mit Rosinen und Karotten. Auch wenn persische Musik im Hintergrund lief, sog ich die starken Rhythmen, die vertrauten Klänge geradezu auf.

Doch wenn wir uns nach dem Essen mit der Gastgeberin unterhielten, sah ich überall nur unüberwindbare Hindernisse, über deren Existenz und Ausmaß ich immer wieder überrascht war: „Ein afghanisches Mädchen darf nur einen Afghanen heiraten."

„So hat man sich zu benehmen."

„Das passt nicht zu unseren Sitten und Bräuchen!"

Ich nickte meiner Mutter zuliebe brav. Sie kannte meine Einstellungen, und ich wusste, dass Diskutieren nichts brachte. Am liebsten wollte ich die Tante fragen, wo denn die Mädchen solche Männer finden sollten. So viele Männer waren wegen des Krieges in der ganzen Welt verstreut und hatten Amerikanerinnen, Pakistanerinnen oder Ägypterinnen geheiratet.

Bei denen drückte man ein Auge zu. Und die Afghanen, die man bei Feiern und Einladungen traf, konnte ich mir nicht in hundert Jahren als Ehemann vorstellen.

Ich dankte Gott nicht nur einmal, dass bei uns in der Familie nicht diese eisernen Gesetze vorherrschten. Und doch hinterließen solche Gespräche einen bitteren Geschmack. Wie schön wäre es doch, wenn ich eine vertraute Seele finden würde, die meine Gefühle, meine Zerrissenheit verstehen könnte ...

In diesen Monaten geschah etwas politisch Bedeutendes.
Ich saß mit Farid im Auto, als wir es in den Nachrichten hörten: Die letzten sowjetischen Truppen waren aus Afghanistan abgezogen.
Ich lächelte und rief fröhlich: „Afghanistan hat es wieder einmal geschafft, sich zu befreien!"
Farid schwieg. Dann sagte er tonlos: „Ja, aber wie haben sie Afghanistan hinterlassen? Alles Schöne ist zerstört, das gesamte Land vermint. Und ein friedliches Afghanistan ist noch lange nicht in Sicht, Khuaro, kleine Schwester!"

Einige Wochen später, im Frühjahr 1989, erhielt ich die lange erwartete Nachricht. Ich wurde am Gymnasium angenommen. Ich konnte mein Glück kaum fassen und dankte Gott! All die harte Arbeit und Mühe waren nicht umsonst gewesen. Nach den Sommerferien würde ich aufs Gymnasium kommen. Dem Abitur stand hoffentlich nichts mehr im Wege. Und das, obwohl ich erst vor drei Jahren nach Deutschland gekommen war!
Am liebsten hätte ich jeden umarmt, dem ich auf der Straße begegnete. Ich wollte fliegen vor Glück ...
Im Juni machte unsere Klasse eine Abschlussfahrt nach England. Ich freute mich auf das Land und darauf, wieder viel Englisch sprechen zu können.

Auch wollte ich ein kleines Experiment wagen. Ein Mitschüler hatte mich vor Kurzem gefragt, ob man denn unbedingt ein Kopftuch tragen müsse oder ob nicht auch eine andere Form der Kopfbedeckung wie zum Beispiel ein Hut ausreichend sei.

Ich hatte lange darüber nachgedacht und schließlich beschlossen, auf dieser Reise einen Hut zu tragen.

Meine Mitschüler schauten überrascht, als ich mit einem dunkelblauen Strohhut ankam. Darunter hatte ich einen weißen Schal locker um mein Gesicht geschlagen.

Es war sowohl für sie als auch für mich ungewohnt und fühlte sich auch merkwürdig an, aber ich wollte durchhalten.

Ich merkte sofort, dass ein Hut weniger auffiel als ein dreieckiges Tuch. Auch wenn meine Klassenkameraden mich immer noch interessiert beobachteten, den Menschen auf der Straße schien nichts Besonderes aufzufallen.

Ich gefiel mir mit schickem Hut und dem Seidenschal und fragte mich, ob das eigentlich Sinn der Sache sei.

Die Anreise war anstrengend. Wir mussten mit verschiedenen Reisebussen fahren, unser Gepäck über längere Strecken schleppen und wegen des hohen Wellengangs wurden die meisten von uns auf der Fähre seekrank.

Ich lief übers Deck, hielt mit beiden Händen meinen Hut fest und versuchte, gegen die Übelkeit anzukämpfen.

Ich überlegte, ob eine Cola helfen würde und ging ins Bordrestaurant.

Als ich dort eintrat, schauten mich einige Gäste an. Ich spürte, dass sie erwarteten, dass ich drinnen meinen Hut absetzte. Damit hatte ich nicht gerechnet. Jetzt war ich nicht als Muslima zu erkennen – vielleicht galt ich aber als unhöflich und ohne Manieren.

Bei der Einreise wurde ich als Einzige aus dem Reisebus herausgeholt und zum Grenzbeamten gebeten. Man stellte mir einige Fragen, warum ich nach England einreisen wolle, und ich musste spezielle Formulare ausfüllen.

Es war mir sehr unangenehm, so ausgesondert zu werden, und ich spürte die Blicke meiner Klassenkameraden in meinem Rücken.

Das alles nur, weil ich keinen deutschen Pass hatte, sagte ich immer wieder zu mir selbst. Nein, mein Pass war nicht grün, sondern blau. Den erhielten in Deutschland alle, die staatenlos waren.

Ich wurde rot und kletterte nach der Kontrolle schnell wieder in unseren Reisebus.

Wie ich es hasste, immer anders zu sein.

Die Strapazen der Reise waren in England schnell vergessen. Wir besuchten London und Canterbury, schauten uns das Musical „Starlight Express" an und ich genoss die Offenheit und Freundlichkeit der Briten.

Endlich wurde ich nicht als „Ausländerin" behandelt.

In dieser Zeit überkam mich auch immer wieder der Wunsch nach einem Menschen, mit dem ich meine Gefühle und das Leben teilen könnte. Meine Gedanken fanden keine Ruhe, denn mein Wunsch nach einem Partner war noch gewachsen. Ich sehnte mich so sehr nach Zuwendung und Wärme. Wann würde ich mich endlich verlieben?

Meinem Tagebuch vertraute ich Gedichte mit Titeln wie *Verzweifelte Liebe* an.

Über Seiten gab ich meinen Herzensangelegenheiten Raum und schrieb Reime, Gedichte und Briefe an einen imaginären Partner.

Im Sommer 1989 erhielt ich mein Zeugnis und damit auch meinen Realschulabschluss. Ich wusste, dass ich das ohne die besondere Hilfe meiner Lehrer nicht geschafft hätte und war ihnen dankbar. Gleichzeitig war ich sehr froh, dass sich meine Mühe ausgezahlt hatte.

Jetzt hatte ich einen Abschluss, mein nächstes Ziel war das Abitur. Mit Gottes Hilfe würde ich das hoffentlich auch noch schaffen! Inschallah!

Das größte Geschenk, das ich von meiner Mutter erhielt, war ein neues Zimmer. Ich durfte mir die Farben selbst auswählen. Wir strichen die Wände, rückten die Möbel und ich dekorierte detailverliebt.

Vor allem träumte ich in dieser Zeit sehr viel, manchmal stundenlang – wenn ich schlief und erst recht, wenn ich wach war.

Und all die künstlerischen Dinge, die ich von jeher gern getan hatte, erhielten einen besonderen Platz in meinem Leben. Ich malte, stürzte mich auf Bücher und immer wieder flossen die Gedichte geradezu aufs Papier.

Manchmal schlug ich sogar die Einladungen geliebter Freundinnen aus, um mehr Zeit für Kreatives zu haben. Auch wollte ich wieder ein wenig den Koran auswendig lernen. Im Laufe der Zeit hatte ich all die langen Suren, die ich in Saudi-Arabien gelernt hatte, vergessen. Ich schämte mich vor mir selbst über das kleine Grundrepertoire, das mir für die täglichen Gebete geblieben war.

Wenn ich im Schneidersitz auf meinem Bett oder dem Boden saß, den Koran in beiden Händen hielt und die melodischen Verse auf Arabisch rezitierte, hatte ich das Gefühl, Gott ganz nahe zu sein, direkt mit ihm zu sprechen.

Die Rezitation ähnelt dem Gesang, beruhigt und gibt Kraft.

Durch das Lesen nahm ich mich selbst als spirituelle Einheit aus Körper, Seele und Geist wahr. Ich verspürte eine tiefe innere Ruhe. Und die Sorgen des Alltags rückten so sehr in den Hintergrund, dass ich sie für den Moment völlig vergaß.

Reifejahre

Dann war er da! Der große Tag! Mein erster Tag am Gymnasium. Aus der behüteten Kleinstadtatmosphäre meiner bisherigen Schule fuhr ich jetzt jeden Morgen nach Darmstadt. Alles erschien mir erst einmal viel anonymer.
Mein Klassenlehrer machte große Augen, als ich in den Raum kam. Ich spürte keine Ablehnung, eher Neugierde.
Zum Glück konnte ich gleich im Englischunterricht glänzen. Das fiel mir leicht und machte Spaß. Wieder war mein Lehrer überrascht, mich fließend Englisch sprechen zu hören.

In Geschichte und Gemeinschaftskunde sprach ich nach dem Unterricht mit dem Lehrer über meine Sprachfähigkeiten. Ich sagte ihm, dass ich manchmal noch mit der Grammatik Probleme hätte und mich bei mündlichen Beiträgen nicht ganz sicher fühlte.
Er zeigte Verständnis und wollte versuchen, mich regelmäßig dranzunehmen, damit ich üben könne.
Beim Sportunterricht durfte ich mit einem leichten Tuch mitmachen.
Ich hatte zu Sport ein etwas gespaltenes Verhältnis. Ich liebte es, mich zu bewegen und verschiedene Sportarten auszuprobieren. Da ich aber in Saudi-Arabien keinen Sportunterricht in der Schule gehabt hatte, fehlten mir ein paar Jahre Übung, und ich fühlte mich manchmal unsicher.

Ich atmete gerade erleichtert auf, dass der Start am Gymnasium doch ganz gut verlaufen war, da erhielt ich drei Wochen nach Schulbeginn einen regelrechten Schlag ins Gesicht.

Ich saß im Bus, als vier Jugendliche zustiegen.

Sie unterhielten sich über mein Kopftuch, sagten immer wieder „Gülle, Gülle" zu mir, zeigten mir einen Vogel und lachten mich laut aus.

Die anderen Fahrgäste hörten unauffällig weg und ich fühlte mich allein gelassen. Ich hatte erwartet, dass jemand einschreitet. Ich dachte, man müsse aufeinander achtgeben und sich gegenseitig schützen.

Ich überlegte, ob ich den Typen etwas antworten sollte. Mein Herz pochte laut. Jetzt würde mir bestimmt nicht die passende Bemerkung einfallen, erst recht nicht auf Deutsch.

Sie redeten weiter über mich, so als wäre ich nicht da. Als könnte ich sie nicht verstehen. Als hätte ich keine Gefühle. Als wäre ich kein Mensch!

Ich schwieg. Meine Reaktion war ein starres, eingefrorenes Lächeln. Doch die eigentliche Explosion geschah in meinem Inneren.

Ich harrte aus, bis meine Station endlich erreicht war, und konnte es gar nicht abwarten, nach Hause zu kommen.

Nach den Herbstferien erlebte ich eine böse Überraschung. Meine Noten in Mathematik und sogar in Englisch waren enttäuschend.

Ich tröstete mich damit, dass man sich nach jedem Schulwechsel erst einmal eingewöhnen muss. Außerdem war ich jetzt auf dem Gymnasium.

Ich würde meine Einstellung zur Schule gründlich ändern müssen, wenn das Projekt Abi klappen sollte, das hatte ich jetzt erkannt.

Meine Sprachdefizite waren immer noch mein großes Handicap. Oft konnte ich Zusammenhänge einfach nicht so ausdrücken, wie ich wollte.

In den nächsten Wochen nahm ich mir ein mächtiges Pensum vor und war überrascht, dass es umso besser zu funktionieren schien, je mehr ich mir zumutete.

Die anstehenden Klausuren bereitete ich so gut vor, wie es irgendwie ging. Trotzdem stieg in mir jedes Mal wieder Panik auf, dass ich die Klausur allein wegen meiner unzureichenden sprachlichen Fähigkeiten nicht bestehen könnte.

Ich bat Gott um Beistand, jetzt musste auch ich meinen Teil tun.

Wir lasen im Deutschunterricht Hesse, Lessing und Goethe. Es war eine große Herausforderung, doch ich nahm sie an und liebte ihre Werke. Und fast noch mehr liebte ich die Diskussionen. Es machte mir Spaß, Argumente zu durchdenken und Behauptungen zu hinterfragen.

Immer häufiger beteiligte ich mich an Klassengesprächen und zu Hause arbeitete mein Kopf weiter. Auch las ich kleine Hefte und Bücher, um mein Wissen zu vertiefen. Besonders interessierte mich das Thema Frauenrechte. Ich beschäftigte mich auch wieder mehr mit meiner Religion. Zusammen mit meiner Freundin Hala las ich in mehreren Interpretationen des Korans nach und bereitete mit ihr gemeinsam einen Vortrag vor, den sie in ihrer Gemeinde hielt. Es tat mir gut, den Islam detaillierter zu erforschen und mir eigene Gedanken zu machen.

Dinge, die ich schon als Kind glaubte verstanden zu haben, kamen erneut in mir auf. Früher hatte ich meist eingeteilt in Richtig und Falsch, in Schwarz und Weiß.

Plötzlich waren da so viele Grauschattierungen und so viele kontroverse Themen, für die es nicht eine pauschale Antwort zu geben schien.

Immer, wenn mir die Fakten fehlten, zog ich meine Bücher über den Islam zurate. Ein paar mehr waren mittlerweile auf Deutsch erschienen. Aber längst nicht genug, um meinen Wissensdurst zu stillen.

Zwei Geschwister waren über Jahre voneinander getrennt gewesen und fanden nun endlich wieder zueinander – so erlebten wir den Mauerfall am 9. November 1989.

Die Bilder im Fernsehen hielten mich in ihrem Bann: Ich hatte selten so viel kollektive Freude auf deutschen Gesichtern gesehen. Und es beeindruckte mich, dass Menschen sich nun trauten, auf die Mauer zu steigen und sogar auf der anderen Seite wieder hinunterzuspringen. Noch Tage vorher wären sie dafür erschossen worden.

Wie viel Mut und Willenskraft gehörte dazu, in einer Diktatur aufzustehen, den eigenen Willen zu bekunden und zu vertreten. Und wie erhebend, wenn man – Repressionen, Folter oder Tod ins Auge sehend – dann doch den Umbruch bewirken konnte.

Ich fühlte mit den Menschen, hatte ich doch mit Saudi-Arabien selbst in einem Land gelebt, in dem ich meine Meinung nicht frei äußern konnte.

Wie würde es mit Deutschland nun weitergehen? Wir wussten es genauso wenig wie alle anderen. Aber wir spürten, dass die Folgen dieses großen historischen Ereignisses nicht nur Deutschland betreffen, sondern schon bald auf ganz Europa, vielleicht sogar auf die gesamte Welt überschwappen würden.

Den ersten persönlichen Kontakt mit „dem Osten" hatte ich durch unsere neue Klassenkameradin Anja. Sie kam aus Leipzig und kam mitten im laufenden Schuljahr in unsere Klasse. Wir beäugten sie neugierig. Sie trug nie Miniröcke oder tiefe Ausschnitte und begrüßte jeden Mitschüler einzeln per Handschlag. Besonders komisch fanden wir, dass sie dies Wochen später immer noch tat.

Nach einigen Tagen sprach Anja mich an und fragte, ob ich mein Kopftuch aus religiösen Gründen trüge. Ich bejahte dies und sie stellte mir weitere Fragen. Diese waren aber nicht „komisch", wie oft die meiner sonstigen Mitschüler, sondern sehr sachlich und offen.

Anja sprach auch über das Christentum, was Jugendliche sonst so gut wie nie taten. Ich war überrascht: Hatten wir nicht gelernt, dass Religion im Osten angeblich verboten war. Sie las sogar manchmal in der kleinen Pause in der Bibel und trug weiterhin längere Kleidung. Wie konnte sie, die ihr gesamtes Leben in einem kommunistischen Staat verbracht hatte, so religiös sein?

Ich bemerkte, dass meine Klassenkameraden sie komisch fanden. Es war nicht einfach für Anja, Anschluss zu finden. Lag das daran, dass sie „Ossi" war? Oder religiös? Wie sie die Situation wohl empfand?

Und wie hatte man nun zu sein – als richtiger Deutscher?

Kurz vor den Weihnachtsferien wurden wir Schüler gebeten, Ideen für die Projektwoche im neuen Jahr einzureichen.

Es war für mich etwas Neues und erschien mir – besonders im Vergleich zu meiner Schulzeit in Saudi-Arabien – sehr ungewöhnlich, dass Schüler den Unterricht tatsächlich mitgestalten durften.

Ich überlegte lange, ob ich mich trauen sollte, ob mein Deutsch denn auch wirklich gut genug wäre. Schließlich machte ich den Schritt und reichte mein Projektangebot ein: „Spielend Arabisch lernen!"

Der Koordinator sprach mich an und zeigte sich erfreut über mein Angebot. Er wollte die Idee gerne aufnehmen.

Es meldeten sich auch gleich zwölf Teilnehmer an, obwohl die Gruppe ursprünglich für nur zehn ausgelegt war.

Zwei Tage vor den Weihnachtsferien geriet ich allerdings noch einmal in eine unangenehme Situation.

Wir bekamen unsere Physikklausuren zurück. Ich konnte es kaum glauben, dass ich wieder schlecht abgeschnitten hatte. Diesmal hatte ich ein wirklich gutes Gefühl gehabt und alle Aufgaben bearbeitet.

Als ich die Arbeit noch einmal durchsah, fiel mir auf, dass ich viele Aufgabenstellungen anscheinend falsch verstanden hatte.

In der gleichen Stunde gab der Physiklehrer auch die mündlichen Noten bekannt. Hier erhielt ich ebenfalls nur drei Punkte. Ich kochte vor Wut. Das war nicht fair! Ich beteiligte mich deutlich mehr als Mitschüler, die bessere Noten erhielten. Ich meldete mich und sagte, dass ich mich ungerecht benotet fühlte.

Der Lehrer gab die Frage an die Klasse weiter. Er wollte ihre Einschätzung haben.

Meine Augen brannten. Gleich würden die ersten Tränen über meine Wangen laufen. Das wollte ich auf keinen Fall. Ich versuchte mich zu kontrollieren.

Es gab unterschiedliche Meinungen unter den Schülern. Aber es ergab sich kein klares Bild.

Schließlich räumte der Lehrer ein, dass er meine Beiträge vielleicht nicht immer so wahrgenommen habe. Zukünftig wolle er sich in Zukunft in jeder Stunde notieren, wie oft ich mich beteiligt hatte.

Nach der Stunde erklärte ich ihm auch noch, dass es für mich doppelt schwer sei, da ich mir nicht nur die richtige Antwort überlegen müsste, sondern auch noch Zeit brauchte, um den Satz im Kopf vorzuformulieren.

Es war so frustrierend, dass ich nicht zeigen konnte, wozu ich in der Lage war.

Und ich hatte gleichzeitig das Gefühl, dass mir niemand so einfach glaubte, dass ich wirklich etwas konnte. Ich würde es erst beweisen, wahrscheinlich erst außerordentlich gute Leistungen bringen müssen.

Den Rest des Tages sah ich nur noch durch einen Tränenvorhang. Mein Brustkorb schien zu zerspringen, die Enge erdrückte mich.

Wie sehnlich wünschte ich mich zurück in meine heile Schülerwelt nach Saudi-Arabien: Klassenbeste, Auszeichnungen, Gewinnerin von Wettbewerben.

In meiner Familie setzte man sich hohe Ziele, nahm Herausforderungen an und war leistungsorientiert. Ich kannte das nicht anders. Doch jetzt hatte ich große Angst, ernsthaft zu versagen.

Zu Hause erzählte ich alles meiner Mutter. Sie drückte mich fest an sich, strich mir über den Kopf und sprach mir Mut zu: „Du musst Geduld haben. Alles braucht seine Zeit. Du bist auf dem richtigen Weg."

Doch sie und ich wussten auch, dass sie mir dabei nicht helfen konnte. Ich war ganz auf mich allein gestellt.

Weihnachtsferien, ein paar Tage ohne Schule. Ich bereitete meine Projektwoche vor. Es war das erste Mal, dass ich von der Rolle der Schülerin in die der Lehrerin wechseln würde. Ich wollte meinen Job gut machen!

Auch hatte ich wieder schöne Tage mit meinen Freundinnen. Wir waren nach Frankfurt eingeladen worden. Eine muslimische Mädchengruppe dort bereitete einige Sketche vor. Es ging darum, wie die Mehrheitsgesellschaft die muslimische Frau betrachtete. Und sie hatten uns um kreative Hilfe gebeten. Nur zu gern stiegen wir in den Zug.

Gleich nach den Ferien stand meine Projektwoche an. Ich war ziemlich aufgeregt. Es war komisch, vor anderen Schülern zu stehen, ein paar davon sogar aus meinem Jahrgang.

Wahrscheinlich hätte ich es nie geglaubt, wenn mir damals jemand prophezeit hätte, dass das einmal mein Beruf werden würde.

Ich hatte es nicht erwartet, aber es lief gut.

Die Teilnehmer waren interessiert und sehr bei der Sache.

Eine ganze Woche lang lernten wir arabische Buchstaben, schauten Filme, kochten Hummus, machten eine Modenschau mit arabischen Kleidern und schafften es sogar noch, alles auf einem Plakat zu dokumentieren.

Diese Arbeit war so anders, als ich Schule bisher kennengelernt hatte. Ich als Schülerin konnte mich einbringen, die Lerninhalte und Methodik selbst gestalten. So etwas hatte ich in meiner Zeit in Saudi-Arabien nie erlebt.

Ich schwebte.

Am liebsten wollte ich gleich noch eine Projektwoche hinterherschieben. Dann würde ich alles noch viel besser machen!

Aber auch so erhielt ich ein positives Feedback. Zum ersten Mal seit langer Zeit.

Und auch ein anderer Traum wurde mir erfüllt. Es war ein inniger Wunsch, den ich tief in meinem Herzen hatte. Ich hatte ihn sogar meinem Tagebuch nur in Andeutungen verraten.

Diese Sache war mir so wichtig, so wertvoll.

Ich hatte Angst, sie zu zerbrechen, wenn ich sie nicht vorsichtig genug festhielt.

Herzens-
angelegenheit

Endlich war es so weit: Im April 1990, mitten in den Osterferien, hielt der junge Mann, der mir schon seit längerem aufgefallen war, um meine Hand an. Okay, ich war erst 17!

Er war Deutscher, vier Jahre älter als ich und hatte sich vor einigen Jahren für den Islam entschieden. Damals hatte er sich auch seinen neuen Rufnamen Khaled ausgesucht.

Khaled und ich hatten uns bei einem Picknick mit verschiedenen Familien aus der Umgebung kennengelernt.

Wir fanden uns als kleine Gruppe von Jugendlichen zusammen und unterhielten uns. Khaled sah ich zum ersten Mal und fand ihn gleich besonders sympathisch. Er hatte eine freundliche, ruhige Ausstrahlung. Er war offen, aber nicht aufdringlich. Ich unterhielt mich gern mit ihm. Für die anderen hatte ich eher „geschwisterliche" Gefühle, doch bei ihm, da war noch etwas anderes – von Anfang an.

Mir fielen sofort die viele Gemeinsamkeiten auf: Wir beide liebten die Natur und hatten den gleichen Humor.

Vielleicht suchte ich auch nur nach Gemeinsamkeiten. Ich wollte dieses Gefühl der Verbundenheit zwischen mir und einem anderen Menschen.

Und so plauderten wir weiter, alle in der Gruppe, aber besonders Khaled und ich.

Zwischendurch bemerkte ich, wie meine Mutter uns beobachtete. Sie sah nicht sehr zufrieden aus, presste die Lippen aufeinander und schaute immer wieder eindringlich zu mir herüber. Später, als wir allein waren, riet sie mir, nicht so lange und intensive Gespräche mit jungen Männern zu führen.

Ich glaube, da war es schon zu spät.

Doch zu diesem Zeitpunkt hätte ich niemals gedacht, dass er dasselbe für mich empfinden würde. Und dass er dann noch den Mut hätte, mir einen Antrag zu machen ...

In mir explodierte ein Feuerwerk und ich hatte tatsächlich Angst abzuheben. Endlich waren meine Träume wahr geworden.

Leider sah die Realität mehr als ernüchternd aus: Meine Familie reagierte verhalten, besonders mein Bruder Farid.

Alle meinten, ich sei mit 17 noch zu jung und sollte doch warten, bis ich volljährig wäre und das Abi hätte.

Sowieso sei es wichtig, sich jetzt voll und ganz auf die Schule zu konzentrieren.

Das sei doch nur eine Hinhaltetaktik, entgegnete ich. Ich hätte eine kurze Kindheit gehabt und mich bereits mit elf, zwölf Jahren für weltpolitische Themen interessiert. Und jetzt mit 17 sei ich mindestens so reif wie andere mit 22.

Diese Selbsteinschätzung disqualifizierte mich in den Augen meiner Familie nur noch mehr und zeigte ihnen, dass ich tatsächlich noch nicht reif genug war.

Da ich mich nicht umstimmen ließ, dachte meine Familie über Alternativen nach.

Wenn ich schon heiraten wollte, dann aber bitte einen Afghanen.

Ihrer Ansicht nach passte das besser. Wir hätten die gleiche Kultur, die gleichen Werte. Außerdem wäre dies der beste Weg, unser Bild in der afghanischen Community wieder zurechtzurücken, nachdem schon meine Geschwister „nach draußen" geheiratet hatten.

Ich entgegnete, dass ich nie wirklich in Afghanistan gelebt hätte und mich auch mittlerweile nicht als Afghanin fühlte. Einen aus der afghanischen Community wollte ich schon gar nicht. Die Community versuchte das Leben, wie es „in den guten alten Zeiten" war, zu konservieren. Andere Kulturen wurden nicht als Bereicherung, sondern als Gefahr gesehen. Heiratete man einen Afghanen, dann erhielt man die eigene Kultur, ansonsten lief man Gefahr, sie zu verwässern.

Meine Mutter hatte sich zwar gut in die Community eingefunden und fühlte sich dort wohl, aber sobald das Gespräch auf ihre Kinder und das Thema Heiraten kam, musste sie sich die eine oder andere bissige Bemerkung anhören, und manche vergaßen sogar ihre Höflichkeit.

Ich wollte mich diesem Druck aber nicht beugen und empfand diese Haltung als ungerecht und nicht mit meiner Überzeugung vereinbar.

Und obwohl ich eine innere Distanz zu Afghanistan aufgebaut hatte, überkamen mich tiefe Gefühle, wenn ich im Fernsehen die Bilder von verwundeten, kranken, armen oder hungernden Menschen sah. Die wunderschöne Landschaft Afghanistans war nach der sowjetischen Invasion zum größten Minenfeld der Erde geworden. Die Städte waren zerstört.

Mitleid, tiefe Trauer und auch Wut machten sich dann in mir breit. Und ich spürte eine tiefe Liebe zu meinem Herkunftsland.

Aber zu den Afghanen, die ich kannte, hatte ich keine echte Beziehung. Man tauschte Höflichkeiten aus und besuchte einander, man teilte einige Traditionen, aber das war es für mich. Diese Dinge bestimmten nicht meinen Alltag.

Auch bei genauerer Betrachtung stellte ich fest, dass ich nicht wirklich afghanisch war. Meinen gesamten Lebensstil, meine Einstellungen und Denkweisen empfand ich sogar damals als sehr „unafghanisch". Ich wollte zum Beispiel meinen künftigen Mann erst richtig kennenlernen. Ich war neugierig und wollte wissen, wie er dachte und fühlte. Wie waren Männer eigentlich? Was machte ihr Wesen aus? Wie verhielten sie sich und was bewegte sie? Außer meinen Brüdern kannte ich ja keine!

Erst nach der Verlobungszeit wollte ich mich dann eventuell für eine Ehe entscheiden. Die Afghaninnen um mich herum dagegen verlobten sich schnell und damit war dann auch gleich die Ehe besiegelt.

Wie sollte, so anders wie ich war, ein armer afghanischer Mann da mit mir glücklich werden?

Außerdem lebte ich jetzt nun einmal in Deutschland. In der Schule und in meinem Alltag hatte ich kaum Kontakt zu Afghanen, aber sehr viel zu Deutschen. War es da nicht naheliegend, dass ich auch einen Deutschen heiratete?

Tief in mir gab es noch einen anderen Grund: Ich wollte frei von allen traditionellen Zwängen sein. Ich wollte nicht mehr hören: „Das macht man nicht ... dies schickt sich nicht ... was sollen die Leute denken?"

Ich wollte all diese Traditionen hinter mir lassen und meinen eigenen, ganz persönlichen Weg gehen, freiwillig.

Meine Familie bestand weiter darauf: Sie müssten Khaled erst besser kennenlernen, ich hätte meine Schule und Khaled sein Studium noch nicht beendet. Außerdem glaubten sie, dass Khaled von seinem Charakter her gar nicht zu mir passte. Und da ich selbst noch zu jung wäre, solch eine weitreichende Entscheidung zu treffen, sollte ich warten: noch drei Jahre, bis nach meinem Abitur.

Das erschien mir wie lebenslänglich. Wie sollte ich so viel Geduld aufbringen?

Wie sehr wünschte ich mir meinen Vater oder Muhammad her. Sie würden mich verstehen.

Doch Farid, der selbst nicht verheiratet war, der selbst bestimmt noch nie geliebt hatte, wie sollte der meine tiefen Gefühle, meine Sehnsucht verstehen?

Ich wollte jetzt heiraten, sofort. Warum abwarten, wenn ich mich in zwei Jahren genauso entscheiden würde?

Die Einzige, die – zu meiner Überraschung – für mich Partei ergriff, war meine Schwester. Anscheinend war sie meiner Gefühlswelt näher, als ich gedacht hatte.

Doch der Rest der Familie war sich einig und so hatte man die Sache beschlossen.

Traurig und wütend füllte ich mein Tagebuch mit Liebesgedichten und schmachtete vor mich hin. Oft lag ich stundenlang einfach nur auf meinem Bett und hörte laut alle Lieder von Bryan Adams. Dabei träumte ich, wie es wohl wäre, mit Khaled zusammenzusein.

Die nächsten Wochen vergingen langsam und zäh.

Ich wollte mich nicht auf die Schule konzentrieren.

Kurz danach sprach mich der afghanische Verein an, ob ich ihnen bei neuen Projekten helfen könne.

Sie wollten Deutschkurse, Hausaufgabenbetreuung und Religionsunterricht für Kinder anbieten.

Zögerlich sagte ich zu. Vielleicht würde mich das ein wenig ablenken. Und ich wollte auch helfen. Viele von ihnen waren ja erst vor Kurzem in Deutschland angekommen. Die Lage in Afghanistan hatte sich nach dem Abzug der Sowjets Anfang 1989 nicht verbessert. Die Situation im Land war instabil. Weder die Mudschahidin noch die kommunistische Regierung unter Muhammad Nadschibullah schafften es, die

Bevölkerung hinter sich zu bringen. Und so wurde aus dem Krieg gegen die Sowjets ein Bürgerkrieg, der Afghanistan nicht zur Ruhe kommen ließ.

Riesige Flüchtlingslager hatten sich innerhalb des Landes und auch in Pakistan und Iran gebildet. Die Zustände waren unhaltbar. Wer auch immer die Möglichkeit hatte, ins Ausland zu gehen, tat dies. Fast alle Akademiker, auch meine gesamte Familie, waren bereits nach Europa oder Amerika geflüchtet. Wer sollte jetzt das Land wiederaufbauen? Ich konnte daran nichts ändern, aber vielleicht konnte ich ihnen das Ankommen hier in Deutschland ein wenig erleichtern.

Schließlich teilte man mir den Religionsunterricht zu. Daran nahmen allerdings keine Flüchtlinge teil, sondern vor allem Kinder, die in Deutschland geboren und aufgewachsen waren.

Es war das erste Mal, dass ich richtig Unterricht vorbereitete. Ich überlegte, welche Inhalte mir wichtig waren und in welcher Reihenfolge ich diese vermitteln wollte. Auch musste ich bedenken, was aufeinander aufbaute. Und wie war der Wissensstand dieser Kinder?

Schließlich stand ich mit meinem dicken Ordner vor einem der Unterrichtsräume in der evangelischen Gemeinde. Der afghanische Verein mietete den Raum regelmäßig.

Die Schüler schauten erwartungsvoll auf, als ich hineintrat. Sie waren zwischen acht und zwölf Jahren und von ihren Eltern hierhergeschickt worden, um „den Islam" besser kennenzulernen.

Ich war ein wenig zittrig und hatte kalte Hände.

Meine Vorgängerin, eine etwas ältere Afghanin, hatte sich über die Kinder beschwert. Sie wären so unruhig und würden nie zuhören. Hoffentlich konnte ich mich durchsetzen.

Ich hatte mir die Themen Gebet und Fasten vorgenommen. Das sei ein guter Einstieg, hatte ich mir überlegt.

Für etwa fünf Minuten konnte ich meinem Konzept folgen, dann wurde ich unterbrochen:

„Warum fasten wir eigentlich?"

„Mein Lehrer hat gesagt, Fasten ist ungesund. Stimmt das?"

„Warum sind wir eigentlich Muslime?"

„Was heißt Islam?"

„Warum müssen Frauen ein Kopftuch tragen?"

Ich atmete tief ein. Sie wollten einfach alle Fragen beantwortet haben. Ihre eigenen und die ihrer deutschen Mitschüler und Lehrer ebenfalls.

Sie kannten ihre eigene Religion kaum – bis auf das, was ihnen die Eltern erzählt hatten oder hier und da mal eine ältere Tante erklärt hatte. Und trotzdem mussten sie ständig Rede und Antwort stehen, sich erklären, sich verteidigen. Ich kannte das selbst ja nur zu gut.

Die Kinder waren hier geboren und aufgewachsen, sie konnten alle besser Deutsch als Dari. Ich hatte darum die deutsche Sprache zur Bedingung gemacht und der afghanische Verein musste es aus der Not heraus akzeptieren. Vielleicht hofften sie auch, dass ich das nur übergangsweise machte, bis sie wieder eine „richtige" Afghanin fänden.

Aber ich wusste aus eigener Erfahrung, dass man seine Religion nur auf Deutsch erklären konnte, wenn man sie auch in dieser Sprache gelernt hatte. Dann besaß man das nötige Vokabular. Dann fehlten einem nicht die Worte.

Mein Konzept schien aufzugehen: Von Woche zu Woche kamen mehr Schüler in meinen Religionsunterricht. Und wir versuchten, gemeinsam Antworten auf die vielen Fragen zu finden. Mir war es wichtig, dass sie ihre eigenen Köpfe anstrengten.

Sie sollten mir nicht auswendig gelernte Sätze nachplappern, sondern Fragen stellen und sich trauen, offen ihre Meinung zu äußern.

Endlich war der Sommer da. Und gleich zu Beginn der Ferien saßen meine Mutter und ich im Flieger nach Amerika. Nach einem Zwischenhalt in New York wollten wir weiter nach Denver, zu Muhammad und Carol, fliegen.

Auch wenn ich New York nicht wirklich sah, faszinierte mich schon das Personal am Flughafen: Der Sicherheitsbeamte trug einen Turban, ein Schwarzer kontrollierte unsere Pässe und in der Wechselstube saß eine Frau mit einem Kopftuch. Für uns, die wir aus Deutschland kamen, waren dies sehr ungewohnte Bilder.

In Denver war ich überrascht über die Herzlichkeit von Carols Familie. Sie luden uns ein, und Carols Schwestern baten uns mehrmals, doch auch ein paar Tage bei ihnen zu übernachten.

Obwohl ich zum ersten Mal dort war, erschien mir alles vertraut. Ich fühlte mich geborgen. So viel Liebe und Aufmerksamkeit hatte ich nicht erwartet.

Als Mama, Carol und ich dann einmal allein waren, kam das Gespräch bald auf Khaled.

Meine Mutter erklärte, wie sie die Situation einschätzte. Ich spürte, dass Carol schnell verstand, wie ich mich fühlte. Sie fragte vorsichtig, warum wir denn nicht die islamische Eheschließung schon vorzogen.

Meine Mutter führte wieder ihre Hauptargumente an. Sie meinte, eine Ehe sei schließlich eine große Verantwortung, die Khaled und ich in so jungen Jahren und ohne Abschluss nicht eingehen sollten.

Ich wollte gar nichts mehr dazu sagen, am liebsten wäre ich gleich aus dem Zimmer gerannt.
Ihre Worte setzten mich nur unter Druck und deprimierten mich. Schließlich konnten wir an all diesen Umständen ja nichts ändern.
Ich wollte nicht auch noch losweinen.
Es tat so weh zu spüren, dass die wichtigsten Menschen in meinem Leben mich nicht verstanden.
Meine Mutter hatte bei Einladungen stets ein wachsames Auge auf die jungen Frauen. Farid würde hier in Denver in Kürze ein Praktikum als Elektrotechniker beginnen. Er war zuversichtlich, dass er danach ein festes Jobangebot bekommen würde, und wollte auch bald heiraten.
Er war der Einzige von uns fünf Kindern, der sich aus vollem Herzen eine Afghanin wünschte.
Er musste meine Mutter nicht erst bitten, dass sie sich nach einer geeigneten jungen Frau umschaute.
Sie sollte freundlich und religiös sein, aus einer gebildeten Familie stammen und nach Möglichkeit auch gut aussehen.
Mich beobachteten meine Verwandten besonders intensiv. Sie merkten, dass ich sehr interessiert war und über die verschiedensten Themen sprach – auch über religiöse. Das wunderte manche, vielleicht war es ungewohnt. Manche standen dem sehr positiv gegenüber, für andere war es eher „too much".
Sie selbst gingen ganz anders mit dem Glauben um. Er war etwas, das an ihre afghanischen Traditionen geknüpft war. Etwas, das man zu bestimmten Anlässen und Feiertagen „herausholte" und „genoss", das aber im normalen Leben – zumindest dem nach außen sichtbaren – keine besondere Rolle zu spielen schien.
Außerdem fanden manche mich zu jung, um das alles so ernst zu nehmen.

Ich sollte das Leben erst einmal genießen, später könnte ich dann immer noch beten, fasten und gute Werke tun.

Meine Cousinen forderten mich also zum Tanz heraus. Natürlich konnte ich tanzen, denn es war schließlich eine meiner Lieblingsbeschäftigungen.

Aber vor dem halben Dutzend männlicher Verwandter würde ich bestimmt nicht tanzen. Das sagte ich auch ganz direkt.

Einige ältere Tanten ließen mich wissen, dass ich mich nicht so anstellen solle. Wahrscheinlich erwarteten sie, dass ich höflich nickte und ihnen recht gab.

Diese Weisheit besaß ich damals allerdings noch nicht. Stattdessen fing ich an zu argumentieren. Eine von ihnen verteidigte daraufhin ihre Position und spätestens dann war unser Streitgespräch in vollem Gange.

Meine Mutter zog mich irgendwann unauffällig am Ärmel und raunte mir zu, ich solle mich doch um Himmels willen zurückhalten. Meine Diskussionen würden höchstens zu schlechter Stimmung führen und sonst zu gar nichts.

Ich verstand nicht, warum meine Mutter und Farid mich nicht unterstützten. Ich war verletzt und schwieg.

Ein Teil in mir hatte das Gefühl, meine Verwandten würden den Islam gern stärker praktizieren – zumindest beteuerten sie dies immer und immer wieder. Doch sie hatten niemanden gehabt, der ihnen den Glauben nähergebracht hätte, ihnen fehlte eine Beziehung dazu. Vielleicht dachten auch manche, dass der Islam eine Sache sei, die man in Afghanistan praktizierte, aber nicht nach Amerika mitnahm.

Ein Cousin und eine Cousine hatten mir sogar gesagt, dass sie Atheisten seien.

Das konnte ich in dem Alter nur schwer nachvollziehen. Für mich war meine Beziehung zu Gott etwas Kostbares. Ein Schatz, den ich in meiner Kindheit geschenkt bekommen hatte.

Wie könnte ich ohne diese Quelle an Kraft weiterleben? Sie strömte warm – und versorgte mich im Alltag.

Natürlich stieß ich auch immer wieder auf Menschen, die dies nicht verstanden und meine Erklärungen für leeres Gerede oder Angeberei hielten.

War es meinen Verwandten einfach zu anstrengend, gegen den Strom zu schwimmen? Vielleicht tat es auch gut, bei der Mehrheit zu sein. Nicht aufzufallen. Bestimmt hatte das etwas Leichtes, etwas Mitreißendes. Man konnte sich einfach treiben lassen. Vielleicht hatten sie sich aber auch bewusst dazu entschieden.

Ich schien glücklicherweise den Ruf unserer Familie nicht vollkommen ruiniert zu haben, denn viel schneller als erwartet fand Farid eine passende Frau.

Alle sagten, die beiden seien wie füreinander gemacht, und innerhalb weniger Tage wurde die Verlobung gefeiert.

Meine Mutter war überglücklich – wenigstens eines ihrer Kinder hielt sich an die Konventionen und heiratete jemanden afghanischer Herkunft.

Sechs Wochen Amerika. Die Bilder flogen an mir vorüber: Carols Familie, meine Verwandten, Farids Verlobung. Wir waren von allen so herzlich aufgenommen worden. Ich verband Amerika von nun an mit dem Bild von geöffneten Armen, die einen willkommen hießen.

Auch meine Verwandten hatte ich ins Herz geschlossen. Und ich war auf dem langen Rückflug zu dem Schluss gekom-

men, dass uns trotz aller Differenzen noch so viel mehr verband.
Und ich hatte mich in Amerika freier gefühlt als je zuvor in meinem Leben.

Trotz der schönen Zeit in den USA tat es aber gut, zurück in Deutschland zu sein. Ich genoss die Ruhe und Zurückgezogenheit meines Zimmers. Ich war wieder in meiner Welt.

Den ersten Schultag begann ich erholt und voller Elan. Mit einem breiten Grinsen ging ich in die Klasse, begrüßte die Mitschüler und umarmte einige Freundinnen.

Erst in diesem Moment wurde mir bewusst, wie sehr ich sie vermisst hatte. Ich gehörte – auch schon nach einem Jahr – dazu, ich war ein Teil der Gemeinschaft. Dieses Gefühl flackerte warm in meinem Bauch.

Auch mit meinen Lehrern hatte ich voerst noch großes Glück. Ich atmete erleichtert auf, als wir unseren Stundenplan erhielten. Das war jetzt noch wichtiger als je zuvor, denn schließlich zählte ab jetzt jede Note für das Abitur.

Doch so sehr ich mich auch aufs Lernen konzentrierte, eine Person ging mir nie ganz aus dem Kopf.

Ich fragte mich, wie es Khaled ging. Ob auch er an mich dachte?

Wie gern hätte ich mich mit ihm ausgetauscht. Die zwei Jahre wenigstens genutzt, um ihn besser kennenzulernen.

Ich fragte meine Mutter, ob wir einander Briefe schreiben dürften.

Sie antwortete mir nicht gleich, sondern erbat sich etwas Bedenkzeit.

Meine Freundinnen hätten wahrscheinlich laut losgelacht, wenn sie erfahren hätten, dass ich wegen so einer Sache meine Mutter fragte, und sogar Bahar meinte, dass ich es zur Not auch heimlich machen könnte. Aber das wollte ich nicht. Versteckspiele waren nicht meine Sache.

Und dann die große Überraschung. Meine Mutter erlaubte es mir.

Ich konnte es kaum fassen!

Und doch erfasste mich immer wieder die Sehnsucht. Ich wollte mit ihm telefonieren oder ihn sogar sehen. Doch dazu hatte ich keine Möglichkeit.

„Warum werden Frauen denn unterdrückt?"
„Warum sind denn Männer mehr wert?"
„Warum ist denn der Islam immer noch so rückständig?"
„Warum schlagen muslimische Männer ihre Frauen?"

Solche Fragen wurden mir dann im Deutschunterricht gestellt.

Eine ganze Stunde musste ich Rede und Antwort stehen, als es um die Rolle der Frau im Islam ging. Die Fragen waren fast alle suggestiv und ich saß von der ersten bis zur letzten Minute auf der Anklagebank.

Ich versuchte mir einen kleinen Raum zu erkämpfen, ein bisschen Zeit, um zu erklären, was *mir* der Islam bedeutete.

Dass ich nicht fand, dass Frauen unterdrückt würden. Dass es vielleicht unter muslimischen Männern Machos gebe, aber dass das eine kulturelle und keine religiöse Frage sei, denn schließlich verhielten sich Christen aus den gleichen Ländern auch nicht anders. Ich versuchte zu erklären, dass das Patriarchat das Hauptproblem sei.

Nach der Stunde fühlte ich mich wie erschlagen.

Es war so schwer, sich immer verteidigen zu müssen – und dann fielen mir natürlich nicht die richtigen Worte im passenden Moment ein. Nie befragte die Lehrerin Christen oder Juden, nie mussten sie etwas erklären oder waren Anklagen ausgesetzt. Warum immer wir?, dachte ich oft und bekam dann kaum Luft.

Lehrer waren für mich immer der Inbegriff für Wissen, Offenheit und Sachlichkeit gewesen.

Wie hatte ich mich nur getäuscht! Manche Lehrer passten mit ihren Gedanken und Aussagen an jeden Stammtisch!

Schlechte Erfahrungen machte ich auch mit meinem Kunstlehrer. Als ich während einer Kunststunde für einen Moment mit ihm allein im Materialienraum stand, fuhr er mich unbeherrscht an und schien alle Zivilisiertheit mit einem Male abgelegt zu haben.

Ich starrte ihn an und konnte mir nicht erklären, warum er so abweisend mir gegenüber war.

Das war besonders hart für mich, da ich Kunst sehr liebte und mir mit meinen Bildern immer sehr viel Mühe gab. Oft arbeitete ich zu Hause noch weiter daran. Ich gab mich erst dann mit meinen kleinen Werken zufrieden, wenn ich ein wirklich vorzeigbares Ergebnis abliefern konnte.

Doch mein Lehrer nahm jedes Bild regungslos entgegen und äußerte nie ein Wort des Lobes.

Einige Tage später kehrte Farid aus Amerika zurück. Er schien verändert, lächelte mehr als sonst, hatte strahlende Augen und hing verträumt Gedanken nach.

Es gab keinen Zweifel: Er war verliebt.

Oft strahlte er auch eine Unruhe aus und schien mit nichts zufrieden.

Wir vermuteten, dass er Sehnsucht nach seiner Verlobten hatte, und wurden das Gefühl nicht los, dass er sich bei uns nicht mehr am rechten Platz fühlte.

Einmal fiel mein Blick zufällig auf einen Brief, den er ihr geschrieben hatte. Seine Worte verpassten meinem Herzen einen tiefen Stich.

Er liebte sie, sehr sogar. Ich war mir sicher, dass er dieses Gefühl zum ersten Mal verspürte.

Und mir hatte er dieses Gefühl missgönnt. Farid konnte es gar nicht abwarten, wieder nach Amerika zu fliegen. Er hatte sich binnen Tagen verlobt, wahrscheinlich würde er auch schnell heiraten.

Und ich sollte zwei unendliche Jahre warten.

Wirklich erwachsen?

Mein 18. Geburtstag stand vor der Tür.
So ein symbolträchtiger, wichtiger Tag. Ein Meilenstein im Leben jedes meiner Klassenkameraden. Die Pforte zur Freiheit und zur Unabhängigkeit:
Viele machten ihren Führerschein oder planten, von zu Hause auszuziehen. Einige jobbten neben der Schule.
Mir bedeutete dieser Tag nicht viel. Ich hatte nicht einmal große Lust, ihn zu feiern.
Vielleicht würden wir eine kleine Familienrunde haben. Aber es würde sich nicht wirklich etwas verändern. Ich würde wahrscheinlich bis an mein Lebensende das Küken der Familie bleiben.

Als ich wenige Tage vor meinem Geburtstag erwähnte, dass ich mir gern einen Ferienjob suchen würde, waren sich alle einig: „Das brauchst du nicht! Wir sorgen für dich! Wir geben dir das Geld, das du brauchst." Sie wollten mich beschützen, mich vor harter Arbeit und negativen Erlebnissen bewahren. Aber sie verstanden nicht, dass ich eigene Erfahrungen machen und ein Stück weit unabhängig sein wollte.
Manchmal dachte ich auch darüber nach, wie es wäre, einfach loszuziehen und Khaled zu heiraten. Dann könnten wir

eine feste Beziehung eingehen. Uns richtig kennenlernen und viel Zeit miteinander verbringen.
Jetzt war ich 18, offiziell durfte ich das.
Und gleichzeitig wusste ich, dass ich das gar nicht wollte. Nicht gegen den Willen meiner Familie, nicht verstohlen und heimlich, sondern mit geradem Rückgrat und sicherem Blick.
Dann bekam ich ein kleines Geschenk des Himmels. Jedenfalls empfand ich es so.
Verschiedene Familien aus der Umgebung fuhren zu einem Treffen von Muslimen. Und Khaled hatte sich bereit erklärt, den Bus zu fahren.
Ich lächelte in mich hinein. Ob er das vielleicht übernommen hatte, um etwas Zeit mit mir zu verbringen?
Natürlich gab es etliche „Störfaktoren" in Form von allen anderen Menschen, die mitfuhren, aber trotzdem gab es einige Gelegenheiten, sich zu unterhalten.
Ich saugte jedes Wort auf, beobachtete jedes Lächeln und jede hochgezogene Augenbraue.
Khaled hatte ein lautes, auffälliges Lachen, das ich augenblicklich liebte. Ansonsten war er eher ruhig und besonnen. Das war für mich Harmonie pur. Ich schloss selbst die kleinste Beobachtung als Erinnerung in mein Herz. Wann würde ich wieder solch eine Gelegenheit haben? Wenige Wochen später waren Khaleds Semesterferien zu Ende und er musste zurück an die Pädagogische Hochschule in Schwäbisch Gmünd. Dort studierte er Biologie und Mathematik auf Lehramt.
Ich wäre zu gern einmal mitgegangen, auch wenn es nur für einen Tag gewesen wäre. Dann hätte ich mir sein Zimmer im Studentenwohnheim anschauen können. Wie er es sich dort wohl eingerichtet hatte? Wie war sein Tagesablauf? Und wie war sein Verhältnis zu seinen Mitstudenten? Und vor allem zu den Studentinnen …

Die nächsten Wochen war ich sehr einsam. Sicher, das neue Schuljahr hielt mich auf Trab, aber von Khaled kam kein Anruf, kein Brief, gar nichts.

Ich versuchte, sein Verhalten zu deuten: Desinteresse? Keine Zeit? Unsicherheit? Oder wollte er „islamisch" ganz korrekt sein und vor der Eheschließung nicht zu innigen Kontakt pflegen?

Ich war verwirrt und traurig. Ich wünschte mir Zuwendung und mehr Austausch. Schließlich wollten wir uns doch richtig kennenlernen!

Endlich kam ein Brief von ihm. Ich freute mich, sogar sehr, und doch: Er schien mir viel mehr am Herzen zu liegen als ich ihm.

Oder zeigten Männer ihre Gefühle einfach anders?

Am 16. Januar 1991 schrieb ich in mein Tagebuch: „Das Ultimatum ist heute Morgen um sechs Uhr abgelaufen."

Würde es zu einem Krieg kommen? Würde Amerika den Irak angreifen?

Die ganze Welt schien zu fiebern, die Anspannung war kaum auszuhalten. Es war, als würde man einen einzigen kleinen Dominostein mit der Fingerspitze antippen und damit eine riesige, weltweite Bewegung herbeiführen – mit nicht einschätzbaren Folgen.

Ein halbes Jahr zuvor, im August 1990, hatte der Irak seinen kleineren Nachbarn, das Emirat Kuwait, besetzt und kurze Zeit später annektiert. Die Amerikaner, die gegen die irakische Invasion zuerst scheinbar nichts einzuwenden hatten, änderten danach ihre Meinung und stellten sich an die

Spitze eines großen Militärbündnisses, das Kuwait befreien und seine Souveränität wiederherstellen wollte.

Ich nahm in Mainz an einer Demo gegen einen Angriff auf den Irak teil. Es tat gut mitzugehen, von der Stadtmitte bis zur amerikanischen Kaserne und zurück. Es tat gut, sich mit anderen, so verschiedenen Menschen zusammenzutun, Schilder mit Sprüchen wie „Nieder mit dem Krieg!" zu tragen und Fahnen mit Peace-Zeichen zu schwenken.

Ich war der Überzeugung, ein weiterer Krieg müsse unbedingt verhindert werden. Das wollte ich zum Ausdruck bringen. Lieber aktiv sein, als zu Hause sitzen, dachte ich.

Und doch spürte ich eine anwachsende Ohnmacht in mir aufsteigen.

Welchen Einfluss würden diese und all die anderen Demonstrationen in den Städten unserer Welt auf George Bush und Saddam Hussein haben?

Wie konnte eine Handvoll von Leuten entscheiden, die Welt in einen Krieg zu stürzen?

Wer dachte an die Menschen vor Ort, an die Alten, die Kinder, die Witwen, die Waisen? Wer würde die Verantwortung für dieses Tun tragen?

Für mich war der Irak nicht einfach ein fernes Land. Ich selbst hatte erlebt, wie sich politische Unruhen auf die Biografien einer Familie auswirken können. Ich wusste, wie es ist, kein Zuhause mehr zu haben. Ich kannte den Schmerz.

Ich wollte diese Menschen davor bewahren, denn ich wusste, ein Krieg würde weite Kreise ziehen. Wie ein Stein, den man in die Mitte eines stillen Sees warf.

Auch wir in Deutschland würden noch etwas von den Wellen spüren, da war ich mir sicher.

Und mein Vater?

Zum ersten Mal wurde mir bewusst, dass sein Grab innerhalb des Radius irakischer Raketen lag.

Nur einige Stunden später war es dann so weit: Die amerikanische Luftwaffe griff Bagdad an. Ich sah Bilder von zerbombten Ölraffinerien und aufsteigenden Ruß- und Rauchwolken im Fernsehen. Ich empfand die Kriegsführung der Amerikaner als unerträglich und die anderen Bilder, die erst später gezeigt wurden, als noch viel schlimmer: Da wurde ein Krankenhaus angegriffen und Menschen wurden erschossen. Mir kamen die Tränen, wenn ich Frauen sah, die mit ihren Kindern an der Hand um ihr Leben liefen. Wie entsetzlich ein neuer Krieg in dieser Region war. Ich saß sprachlos und erstarrt vor dem Fernseher.

Die Bilder, die auf allen Kanälen flimmerten, sahen wie Ausschnitte aus Videospielen aus. Das tatsächliche Leid am Boden würden wir erst viel später zu Gesicht bekommen – und auch dann nur in zensierter Version.

Die Proteste gingen weiter. Demonstrationen und Mahnwachen weltweit. Kritische Stimmen in der Presse: Kein Blut für Öl!

Auch in der Schule diskutierten wir immer wieder. Der reguläre Unterricht wurde dafür unterbrochen. Wir lasen täglich die aktuellen Zeitungsartikel und schauten uns live Nachrichtensendungen an.

Für uns alle war es schwer zu verstehen, dass Menschenleben weniger Wert sein sollten als Öl, Macht und Einfluss.

Zum ersten Mal in unserem jungen Leben standen wir „der Realität" gegenüber und mussten einige unserer Ideale begraben.

Es ging nicht um Gerechtigkeit, um Demokratie oder um Menschlichkeit, es ging einzig und allein um politische und wirtschaftliche Interessen.

Jeden Abend saßen meine Mutter und ich angespannt vor dem Fernseher und beteten, dass die Nachrichten heute verhältnismäßig „milde" sein würden, dass es nicht so viele Opfer gäbe.

Umso glücklicher war ich, als endlich Bewegung in mein Privatleben kam. Die Diskussion, ob Khaled und ich uns nicht doch schon vor meinem Abi verloben könnten, wurde neu angestoßen.

Die Ursache dafür war die Hochzeit meines Bruders Farid in Los Angeles. Da ich Schule hatte, konnte ich nicht teilnehmen, und meine Mutter flog allein nach Amerika. Sie wollte dort noch einmal mit Muhammad über meine Heiratspläne sprechen. Meine Mutter gab viel auf seine Meinung, schließlich hatten sie über Jahre alle wichtigen Entscheidungen gemeinsam getroffen.

Doch was wäre, wenn er sich gegen eine baldige Eheschließung aussprach?

Zittrig und nervös geduldete ich mich, bis die Hochzeit – Gott sei Dank wundervoll und wie geplant – über die Bühne gegangen war, und konnte die Rückkehr meiner Mutter kaum erwarten.

Sie ließ sich aber nichts entlocken und meinte nur, Muhammad wolle mit mir persönlich sprechen.

Einige Tage später rief er an.

Ich traute mich kaum zu atmen. Er machte es kurz und sagte: „Khuaro dschan, liebe Schwester, Mama hat mir von deinem Wunsch erzählt."

Ich schluckte.

„Denkst du, dass du die Schule und eine Beziehung gleichzeitig hinbekommen kannst?"

„Ich schätze Khaled so ein, dass er mich dabei sogar unterstützen wird. Er denkt auch, dass wir beide unsere Ausbildung abschließen sollten, bevor wir andere Pläne machen. Ich möchte ihn heiraten, damit wir zusammen sein können und alles gemeinsam tun."

„Wenn es so ist, wie du sagst, dann sehe ich keinen Grund, warum ihr nicht heiraten solltet. Du weißt aber, dass Mama dschan und die anderen sich Sorgen machen, dass du deine Schule vernachlässigst." Er machte eine kurze Pause, dann fuhr er fort: „Aber ich vertraue deiner Entscheidung. Du musst wissen, wir lieben dich alle sehr! Mama dschan und Farid ebenso. Sie zeigen es nur anders."

Mein Hals war wie zugeschnürt, nur mit Mühe brachte ich ein paar Worte heraus: „Danke, Muhammad dschan, ich bin so froh!"

Jetzt wurden endlich Nägel mit Köpfen gemacht. Im Frühjahr durften wir uns verloben und im Sommer würden wir sogar heiraten.

Ich war im siebten Himmel. Schien nur noch zu schweben. All das Warten hatte sich schließlich doch gelohnt. Ich konnte mein Glück kaum fassen und war voller Hoffnung. Jetzt würde alles gut!

Khaled freute sich auch riesig. Vielleicht zeigte er seine Freude nicht so überschwänglich wie ich, aber er freute sich.

In diesen Wochen sprachen wir über uns, unsere Ansichten und Wünsche und auch viel über unseren Glauben und wie wir zu allen möglichen Themen standen.

Khaled erzählte mir, wie er am Katholizismus gezweifelt habe und dass Teile der Glaubenslehre für ihn nicht nachvollziehbar und praktikabel gewesen seien. Dann hätte er sich intensiver mit dem Koran beschäftigt.

Ich erzählte ihm von meiner Schule, meinen Lehrern, meinen Freunden, meinen Träumen.

Wir fanden immer ein Gesprächsthema, konnten stundenlang miteinander reden.

Da war eine ganz besondere Vertrautheit und das Gefühl von Wärme.
Auch unsere Briefe gewannen an Tiefe. Khaled schrieb mir zwar seltener, als mir lieb war. Aber er musste schließlich für die Uni lernen.
Und bald schon, sehr bald, würden wir endlich zusammen durchs Leben gehen.

Der Einzige, der es immer wieder schaffte, meine emotionalen Höhenflüge in eine Bruchlandung zu verwandeln, war Farid.
Bald nach der Hochzeit kam er mit seiner jungen Braut zu uns. Er musste schließlich noch sein Studium beenden und so lange sollten die beiden bei uns wohnen.
Ich liebte seine Frau Narges vom ersten Moment an. Sie hatte eine ruhige, ausgleichende Art. Man fühlte sich wohl in ihrer Gegenwart.
Farid dagegen machte keinen Hehl daraus, dass er gegen meine Ehe mit Khaled war.
Er sprach mir immer wieder ins Gewissen und versuchte, mir die Realität des Lebens vor Augen zu führen. Er sagte, dass er Khaled charakterlich für nicht geeignet halte.
Wir würden einfach nicht zusammenpassen und ich später nur enttäuscht sein.
Seine Worte trafen mich. Wie konnte er so wenig auf mein Urteilsvermögen geben? Warum musste er mich quälen mit seiner ewigen Nörgelei?
Doch je mehr er redete, desto entschlossener wurde ich. Ich hatte schon mit zwölf Jahren gewusst, dass ich meinen Ehepartner selbst suchen und finden wollte. Und waren meine Geschwister nicht auch alle ihrer inneren Stimme gefolgt und hatten sich gegen Widerstände durchgesetzt? Dann würde ich das auch schaffen!

بِ

„Magst du noch etwas Besonderes essen, Fereshta? Heute kannst du dir alles wünschen!"
„Nein danke, Mama. Alles, was du machst, schmeckt mir!" Ich küsste ihre Hand.

Dann schaute ich mich in der Küche um, ob ich Mama, Bahar und meiner Schwägerin Ingrid noch zur Hand gehen konnte, doch sie schoben mich mit einem Lachen zur Tür raus: „Ruh' dich noch etwas aus!"

Also ging ich in mein Zimmer und legte mich aufs Bett. Mit der Hand strich ich mir übers Gesicht, es war noch ganz verschwitzt. Schließlich war ich die zwei Kilometer von der Schule nach Hause schneller als je zuvor geradelt.

Ab der dritten Stunde hatte ich die Minuten bis zum Schulschluss gezählt, ich konnte mich vor Aufregung nicht mehr konzentrieren. In der Pause zwinkerten mir meine Freundinnen, zumindest die eingeweihten, verschwörerisch zu. Sie fanden das Ganze komisch und zu früh. Aber trotzdem hatten sie mir viel Glück gewünscht, als ich mit dem Klingeln losgedüst war.

Jetzt klingelte das Telefon im Flur. Ich rannte hin und hob schnell ab. Es war Muhammad, das hatte ich schon vermutet.

„Schade, dass ich heute nicht bei euch sein kann, Khuaro! Aber ich wünsche euch eine wunderschöne Feier!"

„Ich danke dir, Muhammad dschan! Du kannst dir gar nicht vorstellen, wie ich dich, Carol und die Mädchen vermisse. Hoffentlich können wir euch bald besuchen!"

Beide, Muhammad und Carol, waren herzlich, liebevoll und wunderbar einfühlsam.

Zurück in meinem Zimmer, schaute ich in den Spiegel. Heute, am 22. April 1991, würde ich mich – so Gott wollte – verloben. Ich konnte es immer noch nicht wirklich fassen, doch der Gedanke erschien mir wie ein süßer, unendlicher Traum.

Unvermittelt schaute ich auf die Uhr. Es war allerhöchste Zeit, ich musste mich fertig machen. Ich duschte schnell und zog das dunkelrote Samtkleid an, das meine Mutter mir genäht hatte. Dazu schlang ich ein goldgewirktes Kopftuch um meine Schultern. Was für ein Tag!

Wie festgefroren saß ich dann auf meinem Bett und lauschte den Tönen im Wohnzimmer.

Alle trafen sie nach und nach ein: Bahar und Kadir, Tamim und Ingrid, Farid und Narges, zwei weitere Gäste und schließlich Khaled. Ich hörte ihre Stimmen im Flur, wagte aber nicht hinauszuschauen.

Aus der Küche hörte ich weiterhin Geklapper, meine Mutter tat hoffentlich gerade die letzten Handgriffe.

Schließlich kehrte Ruhe ein und es klopfte leise an meiner Zimmertür.

Meine Mutter schob sich vorsichtig durch den Türspalt. Sie lächelte wie ein Engel und fragte vorsichtig: „Khaled ist da. Magst du jetzt kommen und ihn begrüßen?"

„Soll ich wirklich schon kommen?"

Sie nickte und streckte mir ihre Hand entgegen.

Ich stand langsam auf, rückte mein dunkelrotes Kleid zurecht, warf noch einen Blick in den Spiegel, um zu sehen, ob mein Kopftuch auch saß, und folgte ihr.

Ich hörte mein Herz schlagen, wie in einem riesigen Resonanzkörper.

Schließlich nahm ich all meinen Mut zusammen und trat ins Wohnzimmer.

Tamim und Farid beobachteten genau, wie ich Khaled begrüßte, was nicht gerade zu meiner Entspannung beitrug.

Khaled schaute auf und sah mir in die Augen. Sie strahlten. Ich las Freude und Begeisterung darin.

Ich spürte, wie ich rot wurde. Wärme stieg in mir auf. Alle schauten uns an, dabei saßen wir nur nebeneinander. Farid begann ein Gespräch, um die Situation aufzulockern. Er schien mir meine Nervosität anzumerken.

Was hätte ich dafür gegeben, zu wissen, wie es Khaled gerade ging. Was er empfand.

Ich würde ihn eines Tages danach fragen, das nahm ich mir fest vor.

Nach einigen Minuten holte Khaled eine kleine Schachtel aus seiner Tasche und reichte sie mir.

Ich schluckte. Darin befand sich ein elegantes, zartes Schmuckstück. Mein Verlobungsring!

Der Rest des Abends, die Gespräche, das Essen, die Verabschiedung der Gäste – alles rauschte an mir vorbei, als wäre ich in Trance.

Ich spürte nur den Ring an meinem Finger ... und dann war es auch schon Abend.

Khaled musste los, um seinen Zug noch zu bekommen.

Ich spürte einen Stich. Sicher, meine Verlobungsfeier war ein Traum gewesen, aber eines hatte mir gefehlt. Ich wünschte, ich hätte die Möglichkeit gehabt, mehr Zeit mit Khaled zu verbringen. Nur wir beide. Denn genau danach sehnte ich mich so sehr. Mich mit ihm auszutauschen, die Welt aus seiner Perspektive zu sehen, ihn durch und durch kennenzulernen – auch in den kleinen Dingen des Alltags.

Aber das würde noch alles kommen, tröstete ich mich selbst. Jetzt waren wir ganz offiziell verlobt, jeder durfte wissen, dass wir zusammengehörten.

Ich konnte es kaum glauben, als ich mein Zeugnis am Ende der zwölften Klasse in der Hand hielt: Ich hatte mich deutlich verbessert und stand nun im Durchschnitt bei einer glatten Zwei!

Das musste ich sofort meiner Familie zeigen. Jetzt sollte noch mal einer sagen, die Beziehung zu Khaled würde mich von der Schule ablenken.

Im Gegenteil. Die Schmetterlinge im Bauch verhalfen mir auch schulisch zu Höhenflügen.

Khaled und ich trafen uns nicht so oft, wie ich wollte, aber mindestens alle zwei bis drei Wochen. Manchmal brachte er mir eine Rose mit und manchmal hatte ich eine für ihn. Die Zeit zwischen unseren Treffen schien mir unendlich lang und manchmal fragte ich ihn, warum wir uns nicht öfter sahen. Aber er hatte viel an der Pädagogischen Hochschule zu tun und schließlich lagen vier Stunden Zugfahrt zwischen uns. Mal kam er nach Darmstadt, mal besuchte ich seine Familie in der Nähe von Schwäbisch Gmünd.

Für seine Eltern war es immer noch schwer, dass er sich für den Islam entschieden hatte. Sie fragten ihn immer wieder, warum er auch auf Festen keinen Alkohol trank, und fanden es ungesund, im Ramadan tagsüber nichts zu trinken. Sie beobachteten besorgt die Ereignisse in muslimischen Ländern und diskutierten, inwieweit diese mit dem Islam vereinbar seien. Khaleds Geschwister nahmen die Veränderung in seinem Leben schnell an und gingen ganz entspannt damit um.

Ich glaube, es tat Khaleds Eltern gut, nun auch mit mir über den Islam sprechen zu können.

Sie stellten mir viele Fragen. Ich versuchte, alle zu beantworten und ihnen auch das Gefühl zu geben, dass sie Khaled nicht verloren hätten, sondern er jetzt ein noch besserer Sohn sein würde und wir beide in engem Kontakt zu ihnen stünden.

An einem Nachmittag schauten wir uns gemeinsam den Film *Muhammad – der Gesandte Gottes* mit Anthony Quinn an.

Während wir alle zusammensaßen, spürte ich ein tiefes Gefühl der Verbundenheit. Diese Menschen waren nun auch meine Familie, bei der ich mich wohlfühlte und willkommen geheißen wurde. Es tat mir gut zu sehen, wie Geschwister, Eltern und Schwager füreinander einstanden und sich unter die Arme griffen.

Man brachte einander Forellen aus dem Weiher, half sich beim Hausbau und wenn der große Nussbaum hinten im Garten Nüsse abwarf, kamen alle Kinder der Familie zusammen, um sie einzusammeln. An den Wochenenden, an denen ich da war, machten wir meist mit der gesamten Familie lange Spaziergänge durch den Wald.

Am liebsten hatte ich Kaffee und Kuchen am Nachmittag. Khaleds Mutter machte ausgezeichnete Johannisbeer- und Rhabarberkuchen, die wir dann in großer Runde genossen.

Ich hatte fast gedacht, so einen Zusammenhalt gebe es nicht in Deutschland, und war froh, nun Teil dieser Familie zu sein.

Im Sommer 1991 feierten wir unsere Hochzeit. Mit der Familie und den engsten Freunden. Sicher brachen wir hier wieder mit der afghanischen Tradition, nach der man die gesamte Großfamilie und alle Bekannten einlädt. Aber wir wollten unsere eigenen Vorstellungen verwirklichen. Und diese Hochzeit passte zu uns. Wir feierten im Gemeindehaus, und als die meisten Gäste schon gegangen waren, tanzte und sang ich mit meinen engsten Freundinnen noch bis spät in die Nacht, während Khaled mit seinen besten Freunden im Freien herumwitzelte.

Unsere Flitterwochen verbrachten wir in den Schweizer Bergen.

Das erste Mal waren wir ganz für uns.

In diesem Sommer reifte auch meine Entscheidung heran, Lehrerin zu werden.

Als junges Mädchen war mein Traumberuf Stewardess gewesen. Ich liebte es zu reisen und schminkte mich gern.

Doch auch der Beruf der Lehrerin war mir schon mein gesamtes Leben nahe gewesen. Erst hatte ich meiner Mutter in ihrer Klasse zugesehen, dann meine Puppen „unterrichtet". Die Arbeit in der afghanischen Gemeinde machte mir Spaß und die erfolgreichen Projekttage in der Schule hatten mich beflügelt.

Und trotzdem hatte ich das Gefühl, dass ich erst in diesem Sommer – als das Abitur nur noch ein Jahr entfernt war – zum ersten Mal wirklich ernsthaft darüber nachdachte, Lehrerin zu werden. Ich besuchte eine Vorlesung an der Pädagogischen Hochschule, um mir ein Bild davon zu machen. Die Inhalte interessierten mich und der Stoff wurde auf eine angenehme Art vermittelt. Danach war ich entschlossen: Ich wollte Lehrerin werden, mit Kindern und Jugendlichen arbeiten und sie unterrichten!

Das Einzige, was mich noch immer bremste, was mir Angst machte, ich könnte scheitern, waren meine Deutschkenntnisse. Mit meinem mündlichen Ausdruck war ich immer noch nicht ganz zufrieden. Aber nun hatte ich das Gefühl, ich könnte es schaffen.

Vielleicht hatte ich auch vorher schon den Wunsch gehabt, zu studieren und Lehrerin zu werden, aber mich nicht getraut, es mir einzugestehen. Nicht mal in meinem tiefsten Innern. Wie sollte ich das auch als Flüchtling, als Hauptschülerin, die nicht einmal richtig Deutsch sprach?

Ich kann mir vorstellen, dass es vielen Migranten oder deren Nachkommen heute so geht wie mir damals. Man hat nur einen kleinen Wirkungskreis und wird zudem abgestempelt. In den Medien wird, wenn es um Migranten geht, mantraartig wiederholt, dass es unter ihnen viele Problemkinder, Schulversager und Sozialhilfeempfänger gebe.

Und zu Hause erhalten viele auch nicht die Unterstützung, die sie bräuchten. Ihre Eltern sind damit beschäftigt, die Familie zu ernähren, sie kennen das deutsche Schulsystem kaum. Man hat keine Beziehungen, das „Vitamin B" fehlt, um die richtigen Praktikums- oder Ausbildungsplätze zu bekommen.

Warum soll sich so ein Jugendlicher überhaupt anstrengen? Wie soll er es schaffen, gesellschaftliche Anerkennung zu erlangen? Alles scheint aussichtslos und bereits zum Scheitern verurteilt.

Und wenn niemand an diese jungen Menschen glaubt, geben sie sich irgendwann auf und verlieren das Wichtigste – den Glauben an sich selbst.

Kurz nach Beginn meines 13. Schuljahres wurde bei meiner Mutter eine Krebserkrankung diagnostiziert. Wir begleiteten sie durch die Behandlung.

Nach der Schule fuhr ich täglich zu ihr ins Krankenhaus. Oft erschrak ich bei ihrem Anblick. Sie sah so schwach und verletzlich aus. Ich versuchte mir nichts anmerken zu lassen und sprach ihr gut zu: „Mama dschan, alles wird gut! Vertraue auf Allah, er wird uns helfen und dich heilen. Ich weiß es!"

Ich hielt ihre Hand. Und las in meinen Büchern, während sie einschlief. Ich blätterte Seite um Seite weiter, doch ich behielt kaum etwas. Ich musste mich auf mein Abitur vorbereiten, es war mein letztes Jahr, aber ich konnte mich einfach nicht konzentrieren.

Irgendwann klappte ich mein Schulbuch zu und betrachtete meine Mutter.

Was sollte ich tun, wenn sie wirklich sterben sollte? Sie war die einzige Konstante in meinem Leben. Was wäre ich ohne sie? Ich spürte tief in mir die mächtige Angst, jetzt auch noch meine Mutter zu verlieren.

In diesen Monaten funktionierte ich nur, ich raste zwischen Schulklasse, Krankenhauszimmer und Haushalt hin und her und wollte aus diesem Albtraum nur erwachen. Und wenn ich doch einmal einen Moment hatte, um innezuhalten, kamen mir sofort die Tränen.

Gut, dass es Khaled gab, der versuchte, mich zu trösten.

Glücklicherweise gewann auch dieses Mal wieder die Kämpfernatur meiner Mutter.

Die Behandlung verlief gut, und wir hatten Hoffnung, das Gespenst des Krebses bald hinter uns lassen zu können.

Nach den Klausuren schauten Khaled und ich uns zum ersten Mal Wohnungen an. Es machte Sinn, dass wir nach Schwäbisch Gmünd zogen, schließlich wollte ich wie er an der dortigen Pädagogischen Hochschule studieren.

Eine Wohnung gefiel uns besonders. Sie lag sehr idyllisch, direkt am Wald und war großzügig geschnitten.

Ich liebte die Nähe der Bäume, der Natur, und die großen Räume gaben mir ein Gefühl von Freiheit.

Dafür nahm ich einen langen Weg zur Universität gern in Kauf.

Auch wenn Khaled und ich immer noch eine Wochenendbeziehung führten, wurde das Band zwischen uns von Tag zu Tag stärker. Wir waren nicht nur Ehepartner, sondern auch beste Freunde. Oft schlenderten wir gemeinsam über den Markt oder gingen italienisch oder griechisch essen. Dabei unterhielten wir uns stundenlang über pädagogische Themen.

Wir entwickelten gemeinsam eine Vision. Wie wäre es wohl, wenn sich junge Muslime nicht mehr über ihre Herkunft oder ihre nationale Zugehörigkeit definierten, sondern Deutschland als ihre Heimat anerkannten? Wie könnten sich die Dinge entwickeln, wenn sie sich vor Ort engagierten und Probleme lösten?

Khaled und ich wollten, dass die jungen Menschen sich endlich von den „gepackten Koffern" ihrer Eltern trennten. Sie sollten ihre Religion kennen und leben, sie im Alltag als Bereicherung und nicht als Hindernis ansehen. Und wir wünschten uns, dass die Jugendlichen sowohl in der Moscheegemeinde als auch in ihrer Schule anpackten und ihre Umwelt mitgestalteten. Diese wichtigen Jahre wollten wir nicht vergeuden!

Als der Schulleiter mir mein Abiturzeugnis überreichte, hielt ich dieses Stück Papier in meinen Händen und war einfach sprachlos.

So viele Jahre hatte ich auf dieses Ziel hingearbeitet. Nicht immer mit dem Einsatz, den ich eigentlich gern gezeigt hätte, aber immerhin.

Ich war stolz auf mich und so dankbar, dass Gott mir beigestanden hatte.

Leider musste ich diesen Tag ohne meine Familie bestreiten. Meine Mutter war gesundheitlich noch nicht wieder fit, und meine Geschwister hatte ich gar nicht eingeladen, um sie nicht in zeitliche Schwierigkeiten zu bringen.

Außerdem hatte ich gedacht, ich sei alt genug, um allein zur Verleihung zu gehen. Doch als ich jetzt meine Mitschüler mit ihren Eltern und Verwandten sah, überkam mich große Wehmut.

Dieser Tag zog äußerlich an mir vorbei, weil ich wegen der letzten Monate innerlich noch immer aufgewühlt war. Die Gefühle waren so intensiv, dass es wehtat: die Sorgen um meine Mutter, die tausend Glücksmomente mit Khaled, die Abiturprüfungen, meine Eheschließung. Ich fühlte mich innerlich gereift und dachte, ich hätte bereits viel erlebt – nicht wissend, was mich noch erwartete.

Ich meldete mich an der Pädagogischen Hochschule an und erhielt einige Wochen später eine Zusage! Die Sekretärin hatte mir erklärt, dass sie vier Plätze für ausländische Studenten hätten. Denn das war ich trotz deutschen Abiturs und deutschen Ehemanns immer noch: Ausländerin.

Glücklicherweise bekam ich einen der vier Plätze, damals gab es noch nicht viele ausländische Bewerber.

Und wir erhielten ebenfalls die Zusage für unsere Traumwohnung.

Jemand hat mal gesagt, dass wahres Glück höchstens für eine Nanosekunde anhalten würde. Doch dieser Sommer nach meinem Abitur war so ein einziger langer Glücksmoment.

Endlich hatte ich meine Liebe gefunden, wir konnten über alles sprechen, alles miteinander teilen, so fühlte ich.

Solch tiefe Verbundenheit hatte ich vorher zu keinem Menschen verspürt. Ich konnte meine Gefühle und Gedanken einfach sprudeln lassen. Das war so befreiend.

Alles schien zu stimmen und unsere gemeinsame Welt nur auf uns zu warten.

Khaled und ich arbeiteten den Sommer über in einer Fabrik – schließlich mussten wir unser gemeinsames Leben finanzieren.

Als ich dort ankam, brachte der Abteilungsleiter mich zum Fließband und zeigte mir einmal die erwarteten Handgriffe. Dann ging er wieder. Ich gab mein Bestes, merkte aber schnell, dass ich mit den Frauen rechts und links von mir nicht mithalten konnte. Später erfuhr ich, dass sie bereits seit 25 Jahren dieselben Handgriffe ausführten. Meine Gedanken drifteten immer wieder ab.

Die Arbeiterin neben mir, dem Akzent nach eine Türkin, rief mich: „Hey, neu hier?"

Ich nickte.

„Ist dein Mann Deutscher?"

Anscheinend hatte sie uns zusammen ankommen sehen.

Ich nickte erneut.

„Ist er beschnitten?"

Ich verdrehte die Augen und wendete mich wieder dem Fließband zu.

Als der Abteilungsleiter zwischendurch nach mir sah, sagte er: „Morgen bist du in der Abteilung nebenan!"

Das war die Kontrollabteilung, und von nun an musste ich täglich mehrere Tausend Maschinenteile kontrollieren, bevor sie das Werk verließen.

Nach einigen Wochen Fabrikarbeit war ich dann mehr als bereit für ein bisschen Kopfarbeit.

Mein Studium konnte beginnen …

Auf Bewährung

Es war eines meiner Hauptziele gewesen, hier in Deutschland studieren zu können. Das hatte ich schon gewusst, als wir in dem bescheidenen Asylbewerberheim in Wiebelsbach bei Frankfurt ankamen.

Und jetzt hatte ich es geschafft. Ich studierte Deutsch, Englisch und Gemeinschaftskunde/Politikwissenschaft auf Lehramt.

Ich liebte das Studentenleben: Endlich konnte ich mein Lernen selbst organisieren, meine eigenen Schwerpunkte setzen und meinen persönlichen Interessen nachgehen.

Besonders wichtig war mir der Austausch mit den anderen Studenten. Nach den Vorlesungen ergaben sich manchmal spontane Diskussionen.

Ich lernte Menschen aus ganz Deutschland kennen. Zwar betrachtete ich das Gymnasium im Rückblick als eng und langweilig, doch auch an der Hochschule einer kleinen Stadt wie Schwäbisch Gmünd hielt sich die Vielfalt in Grenzen, und so galt ich an der Uni als Exotin.

Nach mehreren Tagen kannten mich alle Kommilitonen.

Ich legte viel Wert auf mein Outfit, stimmte farblich meine Kleidung mit dem Kopftuch, Schmuck und anderen Accessoires ab. Auch traute ich mich, kräftiges Rot, facettenreiche Erdtöne und ungewöhnliche Farbkombinationen zu tragen.

Hin und wieder bekam ich Komplimente von Kommilitoninnen und Dozentinnen, die sich dann auch gleich erkundigten, ob die Farben der Kopftücher oder Schmucksteine besondere Bedeutungen hätten.

Mir gefiel allerdings nicht, dass mich alle automatisch für eine Türkin hielten.

Ich fragte mich, ob wohl alle Türkinnen gleich aussehen würden und dann zufällig auch noch wie ich. Aber dann kam ich zu der Erkenntnis, dass es wohl am Kopftuch lag.

Auch die Professoren und Dozenten überboten sich gegenseitig, mir Referats- und Hausarbeitsthemen zum Thema türkische Sprache, türkische Kultur oder türkisches Alltagsleben in Deutschland anzubieten.

Es war lustig, ihre Gesichter zu beobachten, wenn ich ihnen sagte, dass ich gar keine Türkin sei und auch nicht Türkisch spräche.

Ich las Überraschung, Unglauben, Neugierde und fast ein wenig Enttäuschung darin.

Ich schien irgendwie nicht dem Bild zu entsprechen, das sie von mir hatten. Immerhin bin ich hier für alle eine kleine Horizonterweiterung, sagte ich mir selbst, um mich zu trösten.

Aber die Dozentin Spießhof-Würzel toppte all das noch. Sie bot mittwochs die Pflichtveranstaltung „Einführung in die interkulturelle Erziehung" an.

Was sie den etwa 300 Studenten wöchentlich präsentierte, war dann allerdings weder „multi" noch pädagogisch. Vielmehr nutzte sie die Gelegenheit, um sich abwertend über „die" Ausländer, „die" Türken und „die" Muslime zu äußern. Besonders hatte sie es auf den Islam und das Leben von Muslimas abgesehen. Einmal stieg die Empörung in mir besonders hoch, und wenn nicht bald etwas passierte, fürchtete ich, wie ein Dampfkessel in die Luft zu gehen.

Zögerlich hob ich die Hand und korrigierte mit wackliger Stimme eine Aussage von ihr – das tat man eigentlich nicht als Studentin, man machte sich ja nicht freiwillig unbeliebt. Ich hatte ja auch keine Ahnung, was die anderen 300 Studenten von meinem Kommentar hielten.

Die Dozentin nickte hektisch und sagte unwirsch: „Jajaja!" Dann fuhr sie fort.

Ich atmete aus.

Sie schien sich aber nur noch mehr angestachelt zu fühlen und verschärfte den Ton ihrer weiteren Ausführungen.

Ich meldete mich ein zweites Mal. Mit etwas festerer Stimme kritisierte ich ihre pauschalen Aussagen und bat sie, sich doch etwas differenzierter zu äußern.

Viele Studenten klatschten. Ich hielt wieder die Luft an, konnte es kaum glauben. Das war kein Grölen und keine Buhrufe, sondern echte Zustimmung.

Ich verzog keine Miene, lächelte aber in mich hinein.

Nur zu gut verstand ich in den kommenden Wochen das Sprichwort: Eine gewonnene Schlacht ist noch kein Sieg!

Mittwochs hatte ich jetzt immer Bauchschmerzen.

Es tat mir körperlich weh, dieses Seminar besuchen zu müssen. Ich fühlte mich von jedem ihrer Vorträge persönlich getroffen und beleidigt.

Und die eineinhalb Stunden schienen sich ins Unendliche zu ziehen.

Trotzdem ließ ich keine einzige Vorlesung ausfallen. Ich weiß nicht, ob es mein Pflichtbewusstsein war, die Hoffnung, dass sich doch noch irgendwann etwas bei ihr änderte, oder die Angst, was sie erst erzählen würde, wenn ich nicht da wäre.

Ja, ich spürte diese Wut und Empörung in mir. In ihrer Vorlesung saßen etwa 300 Studenten, alles angehende Lehrer. Diese Lehrer würden später viele Tausend Schüler unterrichten. Wenn die Professorin nun so schlecht von Migranten und Muslimen sprach, wie sollten diese künftigen Lehrer Interesse und Empathie für sie entwickeln? Wie sollten die Lehrer so die Situation, die Gedanken und Gefühle von „ausländischen" oder muslimischen Schülern verstehen können?

Wenn ihre Schüler sich angenommen fühlten – und respektiert, so wie sie waren; wenn sie merken würden, dass da jemand war, der ihnen etwas zutraute und an sie glaubte, dann würde diese Generation eine andere werden: eine Generation voller Selbstvertrauen, Energie und Kreativität. Eine neue Generation, die das Beste aus beiden Welten nahm und unsere Gesellschaft voranbrachte.

Doch so bekamen diese zukünftigen Lehrer nur das wiedergekäut, was einem ohnehin schon viel zu oft von den Medien vorgesetzt wurde. Die Muslime würden noch im Mittelalter leben. Sie könnten andere Meinungen nicht dulden und Frauen unterdrücken. Sie wären Bildungsschlusslichter und deswegen oft Empfänger staatlicher Leistungen.

Warum sollte man Energie in Arbeit mit solchen Leuten stecken? Die angehenden Lehrer würden auch wieder vermehrt Hauptschulempfehlungen und Sonderschulüberweisungen erteilen, so wie man auch mich automatisch in die Hauptschule gesteckt hatte.

Ich hatte Frau Spießhof-Würzel sogar angeboten, an einem Tag ein kurzes Referat zu halten, wie sich der Schulbesuch aus Sicht vieler muslimischer Schüler darstellte. Ich wollte meinen Kommilitonen gern mitgeben, welche Gedanken und Wünsche die muslimischen Schüler wirklich hatten.

Sie ging nicht weiter auf meinen Vorschlag ein und gab mir noch nicht einmal eine Antwort.

In einer späteren Vorlesung stellte sie die Grundlagen des Islams dar und begann mit dem Thema „Heiliger Krieg". Ich meldete mich und sagte, dass diese Übersetzung nicht korrekt sei und man einen Krieg keinesfalls als „heilig" bezeichnen könne.

Frau Spießhof-Würzel wetterte: „Ständig unterbrechen Sie mich, Sie wissen auch alles besser!"

Als sie behauptete, die Männer stünden im Islam über den Frauen, meldete ich mich wieder. Sobald sie meine Hand sah, sagte sie giftig: „Studieren Sie eigentlich hier an der Hochschule? Ich habe Sie hier noch nie gesehen!"

Im Vorlesungssaal wurde es laut. Einige Studenten buhten. Ich packte meine Sachen und verließ aus Protest den Saal.

Innerlich kochte ich und schwor mir, nie wieder ihre Veranstaltung zu besuchen. Wie konnte man ihr solch ein wichtiges Thema überhaupt anvertrauen? Was sollte die Frage, ob ich hier überhaupt studierte?! Dachte sie etwa, ich wäre die Putzfrau, die sich heimlich in Vorlesungen schleicht?

Oder hielt sie mich für einen Eindringling, der sie bedrohte und verfolgte? Auf jeden Fall war ich unerwünscht!

Viele Studenten hatten mittlerweile ebenfalls den Saal verlassen und man versammelte sich in der Mensa. Es tat gut zu hören, dass auch viele andere nicht mit ihrer Vorlesung einverstanden waren und sich beschwerten. Einige sagten mir, dass sie mich sehr mutig fänden.

Trotzdem glätteten sich die Wogen schnell und man kehrte zum Alltag zurück – schließlich wollte ja auch jeder seinen Schein erhalten.

Frau Spießhof-Würzel fuhr in der kommenden Woche mit ihrem Skript fort – als wäre nichts geschehen.

Ein Kommilitone vom AStA schrieb für unsere Studenten-Zeitung[1] einen Artikel über die Vorlesung und was an diesem speziellen Tag vorgefallen war.

Ich war sehr glücklich über den Beitrag. Er bemängelte ebenfalls Inhalt und Form der Veranstaltung und resümierte: „Das Schlimmste für mich ist, dass es Frau Spießhof-Würzel geschafft hat, in einem Seminar, das eine Förderung der Akzeptanz und des Verständnisses anderer Kulturen und Religionen zum Ziel hat, genau das Gegenteil zu praktizieren."

Auch rief er die Studentenschaft dazu auf, nicht die Augen vor den Missständen zu verschließen und die Hochschulleitung zu bitten, die Art und Weise der Durchführung dieser Pflichtvorlesung zu überdenken.

Die Hochschulleitung nahm allerdings Frau Spießhof-Würzel in Schutz. Ihre Art zu dozieren wurde nicht infrage gestellt, ein Umdenkprozess blieb aus. Und so wurde die gleiche Veranstaltung im nächsten Semester wieder angeboten.

Bereits einige Tage nach dem Vorfall trafen Frau Spießhof-Würzel und ich uns zu einer „Aussprache".

Ich erhoffte mir viel davon. Vielleicht konnten wir auf der persönlichen Ebene aufeinander zugehen und uns gegenseitig besser verstehen.

Als ich zu ihr ins Büro kam, begrüßte sie mich mit „Na, dann schießen Sie mal los!"

Ich zögerte und lächelte. Dann sagte ich ruhig: „Nein, ich möchte gar nicht schießen."

Ich erklärte ihr dann, was ihre Vorlesung bei mir bewirkt hatte. Und wie abgeurteilt ich mich fühlte – als Muslima und Vertreterin des Glaubens, über den sie die meiste Zeit sprach. Als würde ich unterdrückt werden und wäre zu bemitleiden, weil ich anscheinend ihrer Meinung nach einer Kultur und Religion angehörte, die niemals mit der fortschrittlichen europäischen vereinbar wäre.

Das Gefühl, ungerecht behandelt und abgestempelt zu werden, machte mich wütend. Doch ich versuchte, ruhig zu bleiben.

Sie räumte ein, dass auch sie nach der letzten Vorlesung ein „nachdenkliches Wochenende" gehabt habe. Vielleicht habe sie deshalb etwas „emotional" reagiert, weil eine ihrer Freundinnen eine sehr schlechte Erfahrung mit Muslimen gemacht hätte.

Ich konnte nachvollziehen, was sie meinte. Und doch? Rechtfertigte eine schlechte Erfahrung ihrer Freundin mit Muslimen ihre Art zu dozieren?

Hatte sie als Hochschuldozentin nicht eine besondere Verantwortung? Musste sie nicht über den Dingen stehen? Oder die Vorlesung wegen Befangenheit abgeben?

Ich verließ sie mit einem unguten Gefühl im Magen. Sie hatte sich mit keinem Wort entschuldigt. Und auch eine echte Reflexion schien bei ihr nicht stattzufinden.

Auch noch an den folgenden Tagen lag mir das Gespräch schwer im Magen.

Sie war die Mächtigere – und nutzte das eiskalt aus. Sie tat Unrecht – und keiner unternahm etwas dagegen.

Ich versuchte mit der Sache abzuschließen und doch schwebte der Vorfall über mir wie ein schlechtes Omen.

„Good morning, boys and girls. How are you?" Ich schaute in zwei Dutzend verdutzte Gesichter und erhielt keine Antwort.

Es war meine allererste Unterrichtsstunde. Wir sollten als Studenten schon erste Erfahrungen sammeln und waren einmal wöchentlich in einer sechsten Klasse.

Ich überlegte, ob ich falsch angefangen hatte. Waren sie schüchtern, weil sie mich nicht kannten? Oder wollten sie mir nicht antworten?

Mir wurde heiß und ich entschied, im Stoff einfach weiter zu machen.

Später erfuhr ich von der Lehrerin, dass die Schüler noch nicht gelernt hätten, die anderen zu fragen, wie es ihnen geht. Es stehe nicht im Lehrplan. Das wunderte mich sehr, schließlich hatten sie schon viele Vokabeln und auch Reime, Lieder und Gedichte gelernt. Außerdem ist die Frage „Wie geht es dir?" eigentlich das Erste, was man in einem Gespräch braucht.

Abgesehen von dieser Situation, lief die Stunde sehr gut. Ich fühlte mich als Lehrerin wohl. Nach dem Unterricht kamen zwei Schülerinnen auf mich zu und fragten: „Sind Sie Engländerin?"

Lächelnd antwortete ich: „No, I'm not!"

„Sind Sie Türkin?"

„No, I'm German."

Die beiden schauten mich ungläubig an.

Ich nahm meine Tasche und winkte ihnen zu, während ich aus der Klasse ging: „See you next week, girls!"

Jetzt war ich gespannt auf das Feedback zu meinem Unterricht. Meine Mitstudentinnen lobten mich und sagten, dass ich sehr selbstsicher gewirkt hätte. Die Dozentin bewertete die Stunde ebenfalls positiv und hatte nur ein paar Kleinigkeiten zu bemängeln. Es schien, als wäre dies der richtige Platz für mich.

Heimweh

"Ich vermisse Afghanistan sehr. Erst heute wurde mir wirklich klar, dass ich mein Land brauche und auch das Gefühl, dass man überhaupt ein Land, eine Heimat, ein Zuhause hat." Das schrieb ich im Frühjahr 1989 aus Anlass des afghanischen Neujahrs in mein Tagebuch.

Die Bilder sahen schrecklich aus. Darauf war unser Haus zu sehen, klein und geduckt. Das Dach war eingestürzt, die Mauern größtenteils zusammengefallen. Das gesamte Haus durch Bomben unbewohnbar gemacht.

Farid hatte die Fotos mitgebracht. Er war für eine Woche in Kabul gewesen. Das erste Mal, seit wir damals das Land verlassen hatten.

Die Bilder brachten unser altes Leben wieder so nah an uns heran. Es war, als träfe man einen Freund aus Kindheitstagen.

Seit Langem hatte ich nicht darüber nachgedacht, was mir Afghanistan als Land eigentlich bedeutete.

Was es mir heute, als junge, verheiratete Frau, als Studentin, in Deutschland bedeutete.

Wie stand ich zu meiner Herkunft, meinem Geburtsort, meiner Heimat, meinem Land? Welches Wort traf meine Beziehung zu Afghanistan am besten?

Ich legte mich aufs Bett und dachte an "mein" Afghanistan. Augenblicklich durchströmte eine milde Wärme meinen Körper.

Dann sah ich Afghanistans Farben vor mir: warme, betonte, reiche Erdtöne; ocker, beige, orange.

Die berühmten afghanischen Teppiche; wärmend, karminrot und aus starker Hochlandwolle.

Ich schmeckte die reifen Früchte: saftige Melonen und Granatäpfel, Aprikosen und Pfirsiche, Trauben und Pflaumen.

Zuckersüß lagen sie noch immer auf meiner Zunge.

Ich hörte Dari, wie das Persische in Afghanistan genannt wird. Diese weiche, höfliche Sprache. Man denkt sich in sein Gegenüber hinein, zeigt Liebe und Empathie, und man versucht, den anderen in das Zentrum des Gesprächs zu stellen.

Ich wollte meinen Kindern immer Dari beibringen. Wollte ihnen diesen Reichtum schenken.

Ich denke, dass allein das Beherrschen dieser Sprache ein Stück weit hilft, einen respektvollen Umgang miteinander zu pflegen.

Vielleicht stellte sie für mich eine gute Ergänzung zum Deutschen dar, da ich in dieser Sprache mehr Grobheit erfahren hatte.

Es machte mir Freude, an die Vorzüge Afghanistans zu denken: Gastfreundschaft, Höflichkeit und Großzügigkeit zeichneten die Menschen dort aus.

Und gleichzeitig wusste ich, dass dort entsetzlich viel zerstört war – so wie unser Haus.

Witwen, Waisen, zerrissene Dorfgemeinschaften. Das Stadtbild war nun ein völlig anderes. Alle historischen Schätze waren zerstört oder von den früheren Besatzern mitgenommen worden. Die jetzigen Bewohner hatten meist keine Chance auf Bildung gehabt und waren zerrieben worden zwischen den Fronten der Weltmächte.

Und dann die uralten Traditionen. Sie waren ungeschrieben und schienen trotzdem wie in Stein gemeißelt. Manchmal hatte ich das Gefühl, dass nur die ungerechten Herrscher und schlechten Traditionen überlebt hatten:

Das durfte man als Frau nicht tun und dies bestimmten nur die Ältesten, und mit diesen Personen sollte man keinen Kontakt haben, weil sie einem anderen Stamm angehörten ...

Unser Land war durch den langen Krieg so erstarrt, dass es nicht mehr dazu kam, sich weiterzuentwickeln. Schon nach dem Abzug der Sowjets gab es bei uns das größte Minenfeld der Erde. Und jetzt herrschten die Taliban.

Farid wollte dort hinziehen, es war ihm ernst. Er wollte sich als Ingenieur am Wiederaufbau Afghanistans beteiligen und arbeitete an verschiedenen Projekten in Kooperation mit der Gesellschaft für Technische Zusammenarbeit (GTZ).

Er empfand dies als seine Verantwortung, er wollte seinem Land etwas zurückgeben.

Und mit ihm wurden auch wir in diesen Gedanken- und Gewissensstrudel gerissen.

Hatten auch wir eine Verpflichtung Afghanistan gegenüber – gar eine Schuld? Mussten wir das politische und soziale Erbe unserer Eltern dort antreten?

Ich verstand Farid. Auch ich fühlte mich oft entwurzelt. Und die intensivsten Gefühle zu Afghanistan hatte ich empfunden, wann immer ich die Kriegsbilder im Fernsehen anschauen musste. Das ist *mein* Land, *meine* Heimat, die da zerstört wird, habe ich in solchen Momenten gedacht.

Afghanistan erschien mir dann wie ein kleines, unschuldiges Kind, das seit Jahren misshandelt wurde, weil es in die Pranken der Weltmächte geraten war.

Konnten wir jetzt dabei helfen, dieses Kind zu retten? Sollten wir nach all den Jahren zurückkehren und versuchen, es zu befreien?

Wie würde das Leben dort sein? Kämen wir dort überhaupt zurecht? Konnte man sich in einem durch Krieg zerstörten, männerdominierten Land als Frau auch frei bewegen? Könnten wir dort wirklich einen Beitrag leisten?

Würden wir dort glücklicher sein? Konnte es sein, dass unsere ungeplante und schier unendlich lange Odyssee durch die Länder dieser Welt endlich ein Ende fand?

Ich wälzte mich hin und her, fand es schwer, mit diesen Gedanken im Kopf zur Ruhe zu kommen. Andere hatten nicht diese Gefühle des Zerrissenseins zwischen zwei Ländern, zwei Welten. Sie lebten einfach an einem Ort und waren glücklich. So ein Leben wirkte auf mich damals sehr anziehend – so übersichtlich und unkompliziert.

Und doch hatte ich keine Wahl. Das war nun mal mein Platz, und anscheinend gab es noch mehr Menschen, die so fühlten wie ich, etwa die aus Bolivien stammende Dichterin Guadalupe Bedregal, deren Lyrik ich hier zitiere.[2]

Liebeslied

*Möglich, dass der Sand meine Sprache vergräbt
und ich in deiner Sprache
dir Sonnenblumen auf die Lippen male.*

*Möglich, dass die Windrose
ihre Richtung verliert, und ich
mein altes Land nie wieder finde.*

*Dass ich in deiner Sprache dir ein Wiegenlied singe,
während vor deiner Tür meine Kindheit
verlassen weint und trauert.*

*Möglich, dass mir das nie gesagte Wort einen Mund aus Stein
meißelt,*

dass ich in deinem Garten das Wörterbuch vergrabe,
auf dem Weg zu deinem Herzen meine Sprache verliere.

Möglich, dass ich in deiner Sprache
hoffe und träume, erinnere und vergesse,
schweige und Abschied nehme,
dass ich vor deiner Tür meinen Pass verbrenne …

Unmöglich, dass ich jemals aufhöre,
geteilt zwischen zwei Welten,
dich zu lieben.

Wenn *wir* schon litten, wie entsetzlich zerrissen musste sich dann meine Mutter fühlen. Sie sagte nichts. Aber ich wusste, wie viele schlaflose Nächte sie hatte und wie die Heimatlosigkeit an ihrer Gesundheit zehrte.

Für sie war es sowieso schon schwer, dass ich jetzt in einer anderen Stadt wohnte. Schließlich waren wir immer zusammen gewesen.

Sicher hatte sie Tamim und Bahar in ihrer Nähe und ihre Enkelkinder.

Was würde es für sie bedeuten, nun mit Farid wieder nach Kabul zu ziehen, nach so vielen Jahren?

Und wie wäre es für mich, so weit von ihr entfernt zu leben?

Meine Mutter hatte ein Leben voller Abschiede geführt – zuerst von Afghanistan, dann vom Diplomatenleben, von meinem Vater und dann von Muhammad, als er nach Amerika zog.

Sie hat alles mit Fassung getragen und ist stets die Säule unseres Lebens gewesen.

Und gleichzeitig hatte sie genug von der Reiserei, der immer neuen Umgebung, den immer neuen Umständen. Sollte man ihr noch eine weitere Veränderung zumuten?

Ich war mir sicher, sie wollte nicht in ein zerstörtes Land zurückkehren und Tränen über die Vergangenheit vergießen. Viel lieber wollte sie Afghanistan, ihr Land aus glücklicheren Tagen, für immer im Herzen bewahren.

So wie meine Mutter eine Entscheidung getroffen hatte, wollte auch ich eine fällen. Ich wollte nicht mehr länger einem Land hinterherweinen, das mir mittlerweile ganz fremd geworden war. Denn es existierte nicht mehr so, wie ich es in Erinnerung hatte. Ich beschloss, einen Cut zu machen. Ich wollte mich loslösen von dem Land, das ich verlassen hatte, als ich vier Jahre alt war.

Deutschland sollte meine Heimat sein. Hier wollte ich leben und hatte sogar schon beschlossen, mich einbürgern zu lassen. In Deutschland sollte meine Zukunft liegen.

Es war, als wäre ich mit einem Mal von Fesseln befreit und könnte loslaufen.

Khaled und ich sprachen manchmal mit anderen jungen Muslimen darüber, dass es viel zu wenig deutschsprachige Angebote in den Moscheen oder bei muslimischen Veranstaltungen gebe.

In den meisten Moscheen standen die Prediger erhöht auf einem Podest und sprachen auf Türkisch, Arabisch oder Urdu.

Unsere Generation verstand nicht nur diese Muttersprachen nicht mehr in ausreichendem Maße, sondern wir empfanden auch viele Gedanken und Denkansätze als nicht nachvollziehbar, teilweise sogar als falsch.

Und vor allem fühlten wir anders als unsere Eltern oder die Prediger. Wir wollten etwas Junges, Frisches. Wir wollten etwas Eigenes. Etwas, das mitten in der deutschen Gesellschaft verankert war, ohne dass wir unsere eigene Identität aufgeben müssten.

Also gründeten wir mit anderen jungen Muslimen, die ich aus meiner Schulzeit und verschiedenen Treffen kannte, die „Muslimische Jugend in Deutschland". Von Jugendlichen für Jugendliche wollten wir – ähnlich den Pfadfindern oder christlichen Jugendorganisationen – die muslimische Jugendarbeit etablieren. Wir träumten von Freizeitcamps, Sportevents, Info- und Dialogveranstaltungen und vielem mehr.

Mir war es wichtig, dass wir für alle Seiten transparent waren und sich besonders Mädchen und junge Frauen von Anfang an einbringen konnten.

Wir wünschten uns, dass die Jugendlichen ihre Religion als etwas Positives kennenlernten – und als etwas, das sich problemlos mit Deutschland und unserem Leben in Schule, Ausbildung oder Studium verbinden ließ.

Und wir wollten auch selbst Spaß an der Sache haben.

Da es in Schwäbisch Gmünd kaum muslimische Jugendliche gab, die wir für diese Sache begeistern konnten, suchten wir den Kontakt zu anderen, die wir aus unserem Freundeskreis kannten.

So lernte ich allmählich andere junge Muslime aus dem gesamten Bundesgebiet kennen. Das inspirierte mich. Wir hatten gemeinsam, dass wir mit zwei oder drei Kulturen aufgewachsen waren, dass uns der Islam und Bildung im Allgemeinen am Herzen lagen und wir uns in Deutschland gesellschaftlich einbringen wollten. Der Erfahrungsaustausch gab uns ein Bild davon, wie die „muslimisch geprägte Szene" in Berlin oder Hamburg aussah.

Khaled und ich waren noch in anderer Hinsicht elektrisiert. Wir interessierten uns durch unser Studium für pädagogische Fragen und diskutierten diese gemeinsam manchmal bis spät in die Nacht.

Doch der gesamte pädagogische Bereich war in der muslimischen Gemeindearbeit bisher absolutes Brachland.

In den meisten Moscheen gab es zwar Unterricht, dieser wurde allerdings meist von Ehrenamtlichen gegeben, die selten kritische Fragen zuließen und selbst oft weit entfernt von der Lebensrealität der Jugendlichen waren.

Von islamischem Religionsunterricht an Regelschulen wagte man zu dieser Zeit noch nicht einmal zu träumen.

Manchmal hatte eine Gemeinde Glück und einen Hodscha oder Imam, also einen Vorbeter oder Religionslehrer, der sich als ein pädagogisches Naturtalent erwies. Dann füllte sich die Moschee sofort. Doch das war leider reiner Zufall und nicht die Regel.

In der praktischen Arbeit sprachen mich immer wieder junge Mädchen an. Sie erzählten mir von ihren Problemen mit Lehrern oder Mitschülern. Sie fragten mich aber auch, wie sie am besten ihre Eltern von gewissen Dingen, die ihnen wichtig oder zu Unrecht verboten waren, überzeugen konnten. Außerdem wollten sie sich beraten lassen, welche Ausbildung oder welcher Studiengang für sie sinnvoll ist. Eine junge Frau beispielsweise wollte Medizin studieren, hatte allerdings nur einen Studienplatz 500 Kilometer von ihren Eltern entfernt erhalten. Diese wollten sie nicht allein in eine fremde Stadt ziehen lassen. Durch verschiedene Kontakte konnte ich ihr eine Wohngemeinschaft mit anderen muslimischen Mädchen empfehlen und ihre Eltern stimmten dem Studium zu.

Der Kontakt mit Jugendlichen oder anderen jungen Muslimen erfüllte mich und ich wollte diese wichtige Arbeit voranbringen. Also engagierte ich mich im Vorstand unseres Vereins und für die nächsten Jahre war meine ehrenamtliche Tätigkeit bei der „Muslimischen Jugend" ein wichtiger Teil meines Lebens. Und all die Erfahrungen und praktischen Fähigkeiten, die ich in der Jugendarbeit sammelte, bereicherten wiederum mein Studium und meine Arbeit als Pädagogin.

Khaled und ich arbeiteten in den Semesterferien wieder in der Fabrik. Wir mussten gut haushalten, damit unsere kleine Familie ein Auskommen hatte.

Parallel schrieben wir unsere Hausarbeiten für die Uni und bereiteten uns abends noch auf unsere Prüfungen vor. Dann war da auch noch unser ehrenamtliches Engagement, das einige unserer Wochenenden in Anspruch nahm.

Es war ein ganz schönes Pensum und meine Kräfte erschöpften sich zusehends.

Wahrscheinlich waren das die Erfahrungen, vor denen mich meine Familie bewahren wollte, als sie mich vor einer frühen Heirat warnte.

Aber wir waren zufrieden. Wir verstanden uns gut und fühlten uns als Team – nicht nur weil uns der gemeinsame Beruf und das gemeinsame ehrenamtliche Engagement verband.

Manchmal träumten wir von unserer Zukunft. Wir beide würden Lehrer sein und Spaß und Erfüllung in unserem Beruf finden.

Ich wollte eine engagierte, gute Lehrerin werden, eine, an die sich die Kinder noch als Erwachsene gern erinnerten.

Ich wollte diesen Beruf meistern, Erfahrungen sammeln und diese später weitergeben. Vielleicht würde ich in die Erwachsenenbildung gehen und irgendwann sogar Professorin werden. Das war mein Traum.

Und wir hatten auch materielle Wünsche: Ich wollte irgendwann gern ein Haus mit eigenem Swimmingpool und ich wollte reisen, andere Länder und Kulturen kennenlernen, die Welt erforschen. Ja, vielleicht würde es uns auch wieder so gut gehen wie einst, als mein Vater noch lebte.

Vielleicht würde ich mir diese Wünsche aber auch nie erfüllen können. Letztlich war mir am Wichtigsten, mit meiner Umgebung in Harmonie zu leben.

Ich hatte damals noch keine Ahnung, wie bitter die Realität schmecken konnte.

Keine Türkenschule

Ich saß im Lehrerzimmer und wartete. Gerade klingelte es zur Pause und einige Momente später kamen die ersten Lehrer hinein. Sie grüßten allgemein in die Runde, schauten mich für einen Moment neugierig oder desinteressiert an und gingen zu ihrem Platz. Wer von den Kolleginnen wohl meine Mentorin war? Ich spürte eine dumpfe Aufregung in mir aufsteigen. Ich hoffte, sie wäre mir gleich sympathisch, schließlich würde sie mich für die gesamten vier Wochen des Blockpraktikums betreuen.

Jetzt trat eine Kollegin ein, die mich länger und prüfender betrachtete als die anderen. Sie hatte eine braune Dauerwelle und war von kräftiger Statur. Auch sie grüßte in die Runde, behielt mich dabei weiter im Auge und marschierte dann mit schnellen Schritten zur Kaffeemaschine in der einen Ecke des Lehrerzimmers.

Mit der Kaffeetasse ging sie an ihren Tisch und nahm immer wieder schnelle, große Schlucke, während sie Hefte und Ordner aus ihrer Tasche auspackte und andere hineintat. Dann atmete sie tief durch, griff nach ihrer Tasche und ging auf mich zu.

„Guten Tag. Dann wollen wir mal!" Ihr Gesicht war emotionslos, ihre Stimme laut und rau. „Folgen Sie mir bitte zum Klassenzimmer!" Sie ging mit schnellen Schritten und zackigen Armbewegungen voran, und ich musste fast laufen, um dicht hinter ihr bleiben zu können. Vor einer Klassentür blieb sie plötzlich stehen und sah mich herausfordernd an: „Sie wollen doch wohl nicht so in die Klasse treten?!"

„Ich verstehe nicht, was Sie meinen."

„Sie wollen doch nicht allen Ernstes mit einem Kopftuch in diese Klasse gehen?!" Sie sprach immer noch laut und sehr schnell. „Hier, in dieser Klasse, haben wir erst kürzlich einer Schülerin nicht erlaubt, ein Kopftuch zu tragen, nachdem sie nach den Ferien plötzlich mit einem Tuch in die Schule kam. In der Schule hat Religion nichts zu suchen!"

Mein Herz pochte immer lauter und mein Mund war trocken. Ich fühlte mich wie eingesperrt und musste zweimal ansetzen, um zu antworten: „Ich kann mein Tuch aber nicht einfach an der Klassentür ablegen, denn es gehört zu meiner Persönlichkeit und meiner religiösen Identität. Außerdem habe ich mich letzte Woche bei der Schulleitung vorgestellt und die hatte nichts zu beanstanden!"

Ich sah an ihrem Gesicht, dass sie nicht von ihrer Meinung abrücken würde: „Sie haben ja keine Ahnung, wie die Schüler auf Sie reagieren werden!"

„Bisher haben die Schüler immer gut reagiert. Und natürlich bin ich auch gern bereit, auf Fragen und Kommentare einzugehen."

Sie schaute mich an, als käme ich von einem anderen Stern. Ich erkannte, dass sie in mir keinen Menschen, sondern nur ein einziges, großes Problem sah.

„Hören Sie zu, was soll denn diese Schülerin, die ein Kopftuch tragen wollte, denken, wenn sie es nicht durfte, aber jetzt auf einmal eine Lehrerin mit Kopftuch in der Klasse steht?" Sie hatte sich in Rage geredet, ihre kratzige Stimme überschlug sich fast: „Wir sind hier im Westen, in einer christlichen Gemeinschaftsschule. Wir sind eine deutsche Schule und keine ... keine Türkenschule!"

Sie wusste zwar, dass ich nicht aus der Türkei, sondern aus Afghanistan stammte, aber das hinderte sie nicht daran, unbeirrt fortzufahren. Schließlich schickte sie mich nach Hause. Den gesamten Tag war mir übel und ich hatte starke Kopfschmerzen.

Schlechter hätte unsere erste Begegnung wohl kaum ablaufen können. Was hatte ich ihr getan? Warum hasste sie mich so?

Wie sollte sie jemals meine Leistungen als angehende Lehrerin fair beurteilen können?

Ich hatte schon verloren, und dabei hatte ich noch keine einzige Minute unterrichtet.

Am nächsten Morgen musste ich zum Direktor. Er war sehr höflich und sprach beschwichtigend auf mich ein: „Sie müssen meine Kollegin verstehen. Wir haben in letzter Zeit häufiger mit Kopftuchmädchen zu tun. Nehmen Sie das Tuch doch ab! In der Türkei ist es doch auch verboten, wieso erwarten Sie also, dass Sie es hier tragen dürfen?"

„Ich bin gar keine Türkin. Abgesehen davon, ist das gegen die Religionsfreiheit. Ich bin Deutsche und Sie können hier keine türkischen Gesetze anwenden!"

„Mmh." Er sah mich an und sagte mit weiterhin ruhiger Stimme: „Wir werden mit Ihrer Hochschule sprechen und versuchen, eine Lösung zu finden. Aber vorerst können Sie nicht mit dem Tuch unterrichten."

Fast benommen ging ich aus seinem Büro. Jetzt wurde ich schon den zweiten Tag nach Hause geschickt. Das hatte ich mir anders vorgestellt.

Der Schulleiter kontaktierte dann den Schulpraxisleiter, um mit ihm „eine Lösung zu finden".

Ich weiß nicht, was sie miteinander besprochen haben, doch ich durfte meine ersten Stunden halten.
Ich versuchte, alle Kräfte zu mobilisieren. Die Diskussionen zu Beginn lagen mir noch auf der Seele. Es fiel mir schwer, dieses Gefühl, nicht erwünscht zu sein, einfach beiseitezuschieben und mich vor die Klasse zu stellen.
Doch die Kinder halfen mir dabei. Mit ihnen gab es keinerlei Probleme. Einige sahen mich am ersten Tag etwas überrascht an. Wahrscheinlich wunderten sie sich. So eine Lehrerin hatten sie ja noch nie gehabt. Aber ab der zweiten Stunde war das verflogen.
Ich stellte mir vor, wie schön es wäre, wenn diese neue Generation diese Unbefangenheit beibehalten könnte.

Am Ende des Blockpraktikums hatte ich 23 Unterrichtsstunden abgehalten – und das unter erschwerten Bedingungen.
Ich war erschöpft, aber glücklich.
Mein Ziel, Lehrerin zu werden, rückte immer näher. Langsam fühlte ich mich nicht mehr wie ein bibbernder Neuling, sondern wurde immer sicherer.
Dann bekam ich mein Gutachten von meiner Mentorin.
Es enthielt Aussagen, die ich nicht für möglich hielt: Ich sei ein „distanziertes Wesen", das sich nicht anpassen könne und keinerlei Flexibilität zeige. Meine didaktischen Vorüberlegungen seien unzureichend und ich würde nicht genug reflektieren.
Also hätte ich das Praktikum nur „bedingt abgeschlossen".
Was „bedingt" genau bedeutete, wusste ich nicht. Auch der Schulpraxisleiter konnte mit dieser Formulierung nicht viel anfangen und wollte sich mit meiner Mentorin in Verbindung setzen, um Näheres zu erfahren.

Ich meldete mich eine ganze Weile nicht bei ihm, ich brauchte Ruhe und Abstand. Es musste etwas heilen in mir. Immer wieder weinte ich und Khaled gab sein Bestes, mich zu trösten. Auf langen Spaziergängen versuchte ich, über die Erlebnisse hinwegzukommen. Ich wollte mein nächstes Praktikum unbelastet antreten können. War das aber überhaupt noch möglich?

Um mich abzulenken, ging ich auf Wohnungssuche. Noch immer hatte ich den Wunsch nicht ganz aufgegeben, dass meine Mutter zu uns zog. Also suchte ich nach zwei Wohnungen im gleichen Haus oder nach einer Fünf-Zimmer-Wohnung, in die wir gemeinsam einziehen konnten. Meine Mutter beteuerte zwar immer wieder, dass sie ihre Freunde rund um Darmstadt nicht zurücklassen wollte, und wenn sie schon umziehen müsste, dann doch lieber nach Kabul. Aber vielleicht änderte sie ja ihre Meinung, wenn ich etwas Passendes fand.

Khaleds Abschlussprüfungen standen an und wir fieberten alle mit. Er setzte sich selbst sehr unter Druck und schnitt häufig in Prüfungssituationen schlechter ab, als es seinen Leistungen entsprach.

Seine Eltern, die gesamte Familie und besonders ich warteten nervös nach jeder Prüfung auf seinen Bericht, und dann folgte das große Bangen, wie wohl die Ergebnisse sein würden.

Es war eine schwere Zeit.

Dann die Gewissheit: Khaled hatte bestanden.

Aufatmen, durchatmen.

Und für mich hieß es dann auch gleich weiterlaufen: Ich hatte noch knapp zwei Jahre vor mir.

Oft fragte ich mich in dieser Zeit, ob ich es bis dahin schaffen oder mir nicht zwischendurch die Puste ausgehen würde.

؋

Mit dem neuen Semester begann das Tagespraktikum bei Professor Rot. Er hatte den Ruf, streng zu sein und schlecht zu benoten, aber fair zu bleiben.

Immer freitags war ich mit einer Gruppe von Studenten in einer Schule eingeteilt. Jeder von uns hielt regelmäßig eine Stunde ab, dabei wurden wir von verschiedenen Dozenten betreut.

Hier lernte ich zum ersten Mal Herrn Hoffmann kennen. Er war für das Fach Politikwissenschaften/Gemeinschaftskunde zuständig.

Gleich in meiner ersten Unterrichtsstunde saß er mit drin. Er beobachtete mich intensiv. Er schien auf meine Sprache zu achten, auf meine Art und wie ich den Kindern den Stoff vermittelte.

Doch in seinen Augen las ich keine Wertung und erst recht keine Herabwürdigung, wie ich es so oft erlebte. Er schien schlichtweg neugierig zu sein.

Nach der Stunde gab er mir ein freundliches, sachliches Feedback. Er lobte mich, nannte aber auch Bereiche, an denen ich noch arbeiten sollte.

Im Laufe der Wochen und Monate lernte ich viel von Prof. Rot und Herrn Hoffmann. Ich fand meinen eigenen Stil als Lehrerin, versuchte, freundlich und offen, aber nicht kumpelhaft zu sein, und verbesserte meine Methodenwahl und ihre Umsetzung.

Es war ein befreiendes Gefühl, sich unabhängig von jeder Diskussion über Herkunft, Einstellung und Kopftuch einfach auf das Wesentliche konzentrieren zu können.

Endlich konnte ich das tun, wofür ich hier war: eine gute Lehrerin werden.

Nach meiner letzten Unterrichtsstunde bat mich Prof. Rot zum Abschlussgespräch.

Er sagte mir, dass er sehr zufrieden mit meiner Entwicklung sei.

Er gratulierte mir zu meinen guten Ergebnissen und ermutigte mich, so weiterzumachen.

Am Ende fragte er mich, ob meine Eltern aus Afghanistan kämen. Er freute sich über meine Antwort und erzählte mir, dass er und seine Frau eine besondere Beziehung zu dem Land hätten, da sie seit vielen Jahren über eine Hilfsorganisation Flüchtlinge dort finanziell unterstützten.

Dann fügte er mit einem Lächeln hinzu: „Ich glaube, Sie sind auch so mutig wie Ihre Landsleute. Schließlich haben die ja gegen eine Weltmacht gekämpft."

Unser Umzug stand an. Ende Juli 1995 war es so weit, wir zogen mit meiner Mutter zusammen in ein Dorf in der Nähe von Schwäbisch Gmünd. Unsere Wohnung war etwas kleiner als geplant, aber ganz neu, sehr gut geschnitten und wir hatten ein großes Bad und eine eigene Dachterrasse. Vor allem aber machte der Ausblick auf die Berge der Schwäbischen Alb die Raumgröße wieder wett.

Den Sommer über arbeiteten Khaled und ich erneut in der Fabrik, ich in der Kontrollabteilung und er in der Fertigung. Wir hatten mittlerweile schon Übung, waren aber trotzdem jedes Mal froh, wenn die Schicht geschafft war.

Im Herbst folgte mein zweites Blockpraktikum und Khaled begann sein lang ersehntes Referendariat. Als Mann, noch dazu mit deutschem Namen und deutschem Aussehen, würde er keine Probleme haben – nur viel Arbeit.

Glücklicherweise waren wir ein eingespieltes Team. Wir organisierten unsere Klausuren, unsere Unterrichtsvorbereitung, den Haushalt, unser ehrenamtliches Engagement, unsere familiären Verpflichtungen ...

Doch obwohl wir zusammen kochten, gemeinsam Fahrradtouren und Bergwanderungen unternahmen und auch gern ins Kino oder Restaurant gingen, gab es zwischen uns eine fast unheimliche Distanz. Wir konnten nicht bis zum Innersten des anderen vorstoßen.

Oft saß ich an warmen Sommerabenden allein auf unserer Dachterrasse. In der Ferne knieten die Berge wie einsame Riesen und über mir spannte sich das Himmelszelt mit Hunderten von Sternen.

Dann fragte ich mich, ob das für immer so bleiben oder ob es noch eine Chance geben würde, dass wir zueinanderfanden.

Farid war wieder da. Zwar nur auf der Durchreise, aber wir waren für jede Minute mit ihm dankbar. Er arbeitete meistens in Afghanistan und koordinierte Wiederaufbauprojekte mit verschiedenen Hilfsorganisationen.

In den drei Tagen, die er sich bei uns aufhielt, hielt er noch zwei Vorträge bei uns in der Uni. Ich hatte das mit meinen Dozenten Hoffmann und Henning abgesprochen. Farid sollte in der Veranstaltung „Internationale Konflikte" den Krieg in Afghanistan darstellen.

Natürlich war es eine ganz besondere Chance sowohl für die Professoren als auch für die Studenten, mit jemandem zu sprechen, der direkt vor Ort war und die nötigen politischen und kulturellen Einblicke besaß.

Farid erzählte, dass mit dem Einmarsch der Sowjets 1979 eine schwarze Zeit für Afghanistan begonnen habe. Während ihrer zehnjährigen „Politik der verbrannten Erde" seien mehr als eine Million Afghanen getötet worden. Etwa ein Drittel der Bevölkerung sei verletzt oder verkrüppelt, schätzungsweise neunzig Prozent der Dörfer seien ganz oder teilweise zerstört worden – Witwen und Waisen überall.

Die Sowjets waren jahrelang nicht in der Lage, Afghanistan zu erobern. Sie sind daraufhin 1989 abgezogen und haben das Land wie einen Schwerverwundeten einfach liegengelassen.

Und die Spätfolgen zeigten sich rasch: Auf einen Einwohner kamen etwa zwei Landminen. Täglich verloren spielende Kinder auch Jahre später noch Arme und Beine.

In der Presse wurde über die Zustände in der Region kaum berichtet: Der Krieg war schnell vergessen – ebenso wie Afghanistan.

Farid erzählte lebendig und war in der Lage, auch komplizierte Sachverhalte anschaulich und nachvollziehbar darzustellen. Er zog das Resümee, dass in Afghanistan noch viel Aufbauarbeit zu leisten sei und für eine dauerhafte friedliche Zukunft die Konflikte zwischen den verschiedenen Bürgerkriegsparteien rasch gelöst werden müssten.

Seine Worte machten nachdenklich und schenkten trotzdem Hoffnung. Ich war richtig stolz auf meinen Bruder. Tränen stiegen mir in die Augen und ich schluckte.

Die letzten zwei Jahre war meine Beziehung zu Farid nicht gut gewesen. Wir beschränkten unsere Unterhaltungen auf das Notwendigste und telefonierten selten. Sein Veto gegen meine Ehe mit Khaled hatte mich tief verletzt.

Doch während dieses Vortrags änderte sich etwas in mir. Er hätte in den USA einen tollen Job haben können, aber er nahm familiäre und finanzielle Nachteile in Kauf, um seine Fähigkeiten für den Wiederaufbau Afghanistans einzusetzen.

Als ich abends im Bett lag, ließ ich den Tag noch einmal an mir vorüberziehen. Heute war auch mir selbst erst bewusst geworden, wie zerstört mein Land tatsächlich war.

Wie viel Wärme hatte meine Heimat mir und meiner ganzen Familie während meiner Kindheitstage geschenkt. Doch wir hatten alles zurücklassen müssen: unser Haus, den wunderschönen Garten, die geliebten Tanten und Onkel, Cousins und Cousinen.

Mein Atem ging schwerer.

Ich hatte diese Heimat für immer verloren. Ich würde nie wieder dorthin zurückkehren. Könnte nie wieder dort glücklich sein!

Wahrscheinlich würde man es zu meinen Lebzeiten nicht mehr schaffen, unser Land wiederaufzubauen. Und hier gab es nicht nur Häuser und Straßen zu errichten, vor allem musste die Gesellschaft neu aufgebaut werden.

Nach dem Abzug der Sowjets waren nun die Taliban an der Macht. Doch wie konnte man ihnen vertrauen, wenn ihnen häufig Bildung und die Erfahrung eines Lebens in Verantwortung und Sesshaftigkeit fehlte? Wie konnte man ihnen vertrauen, wenn sie Frauen- und Kinderrechte mit Füßen traten?

Tränen stiegen mir an diesem Abend in die Augen, und ich weinte heftig, als ich an meine verlorene Heimat dachte. Der Schmerz brannte in mir und ich verstand, dass ich ihn nur loswerden konnte, wenn ich mich innerlich von Afghanistan löste.

Farid und ich waren Kinder der gleichen Eltern, waren über so viele Jahre zusammen aufgewachsen und spürten beide diese Sehnsucht und diesen Schmerz.

Und doch fand jeder von uns seine ganz eigene Lösung. Farid engagierte sich, setzte sein Wissen, seine Zeit und Energie daran, Afghanistan wiederaufzubauen.

Ich dagegen löste mich davon – zumindest mit dem Kopf, denn über sein Herz war man nie vollkommen Herr.

Miteinander reden

„Wenn man in diesem Land lebt, hat man sich hier auch anzupassen!" Der Mann baute sich auf und schaute mich vorwurfsvoll an. Er war um die fünfzig und sehr stämmig.

Ich atmete tief durch, versuchte, mein Lächeln nicht ganz zu verlieren, und setzte zu einer erneuten Erklärung an: „Aber hat nicht jeder Mensch die Freiheit, sein Leben selbst zu gestalten, solange er niemandem schadet?"

„Und was sagen Sie dazu, wie Frauen in ... in Afghanistan oder ... im Iran behandelt werden? Die werden als Kinder verheiratet und dann geknechtet!"

Ich seufzte. Ich war es so leid, mich immer wieder für Dinge verteidigen zu müssen, für die ich persönlich nichts konnte und die irgendwo auf der Welt passierten.

Fast in jeder Gruppe, die wir durch die Moschee führten, gab es eine Person wie diesen Herrn, der eine sachliche Diskussion unmöglich machte. Anscheinend war er nicht gekommen, um eine andere Sichtweise auf die Dinge kennenzulernen, sondern nur um seine Meinung kundzutun und vielleicht etwas Dampf abzulassen. Immerhin, so kann man einwenden, kam er überhaupt.

Dass die Fragen sich meist um die „üblichen Themen" drehten, daran hatte ich mich schon gewöhnt:

„Warum beten die Frauen hinter den Männern?"

„Warum ist euer Gott strafend?"

„Warum gibt es so strenge Regeln im Islam?"
„Was bedeutet Dschihad?"
„Warum tragen Frauen schwarze Gewänder und verschleiern ihr Gesicht?"

Bei besonders hartnäckigen Fällen, wie diesem Herrn, überlegte ich schon, warum ich die Moscheeführungen in Schwäbisch Gmünd weiter anbot. Hatte ich mit meinem Studium, den Stundenvorbereitungen und Klausuren und meiner Familie nicht schon genug zu tun? Musste ich mir zusätzlich noch den Stress mit wöchentlichen Führungen mit bis zu vierzig Teilnehmern und Fragerunden oder Vorträgen zu Themen wie „Frauen im Islam" in Kirchengemeinden und SPD-Ortsverbänden machen?

Doch ich hatte wichtige Gründe, mit meiner Arbeit fortzufahren. In der Berichterstattung wurde der Islam immer als etwas Fremdes oder Eigenartiges dargestellt. Dies hatte über die Jahre verschiedene Ausprägungen: Bevor es vermehrt Muslime in Europa gab, wurde der Islam von Reisenden häufig als etwas Exotisches verklärt. In den Siebziger- und Achtzigerjahren war er eine „Ausländer- oder Gastarbeiterreligion" und nach dem 11. September betitelte man ihn vielerorts als „Gefahr für den Frieden" und als „politische Bedrohung". Und es scheint immer schlimmer zu werden.

Gemeinsam mit einigen Freundinnen aus meiner Frauengruppe wollten wir dem entgegenwirken und überlegten, wie wir die Fragen der Besucher und Zuhörer kurz, aber präzise beantworten könnten. Als wir dann unsere Vorträge vorbereiteten, wurde uns bewusst, dass sich viele Themen nicht in einem Satz behandeln ließen, sondern im geschichtlichen Kontext oder im Zusammenhang mit einem Offenbarungsanlass zu betrachten waren.

Und viele Missstände in islamisch geprägten Ländern hatten und haben auch heute geopolitische und soziale, aber keine religiösen Gründe. So zumindest sehe ich das.

Nach einiger Zeit waren wir Freundinnen ein eingespieltes Team. Manchmal war uns die ehrenamtliche Arbeit zwar zu viel. Doch dann fragten wir uns, wohin sonst die Menschen mit ihren Fragen gehen sollten? Und wer konnte ihnen ein realistisches Bild vom Islam geben, wenn nicht wir, muslimische Frauen aus der Umgebung?

Und wie viele unbeantwortete Fragen es gab, das erlebten wir jeden Tag aufs Neue. Selbst Menschen mit Hochschulabschluss wussten häufig kaum etwas über den Islam. Uns wurden Fragen gestellt, die uns manchmal grotesk, dumm oder vorurteilsbeladen erschienen. Aber es war wichtig, dass diese Fragen gestellt und beantwortet wurden.

Auch wir haben die Diskussionsrunden als Bereicherung empfunden und erhielten regelmäßig neue Denkanstöße. Wir erfuhren so auch mehr über die Sorgen und Ängste der Besucher und was sie am Islam befremdlich fanden.

Ich denke, dass es unsere Verantwortung als Muslime war und ist, diese ernst zu nehmen und darauf einzugehen. Ich sehe dies als meinen Weg an, Brücken zu bauen.

Manchmal habe ich darüber nachgedacht, wie es wäre, wenn ich mit den Teilnehmern nicht immer die gleichen Themen besprechen müsste. Wie es wäre, wenn sie noch nie etwas vom Islam gehört hätten und ganz unbefangen zu uns kämen.

Dann könnte ich die Zeit nutzen, ihnen zu erklären, was mir meine Religion bedeutet und wie viel sie mir gibt. Ich hätte ihnen am liebsten gezeigt, wie schön es ist, mit Gott direkt verbunden zu sein. Diese Nähe entstand nicht aufgrund von Verhaltensregeln und Pflichten, sondern entsprang einer tiefen Spiritualität. Durch diese Bindung zu Gott hatte ich das Gefühl, in keinem Konflikt alleingelassen zu sein. Gott stärkte mich täglich und gab mir Halt, besonders wenn ich mich von allen anderen Menschen im Stich gelassen und ungeliebt fühlte, wenn ich einsam und allein war.

Ich hätte den Moscheebesuchern gern von den schwarzen Stunden erzählt, in denen plötzlich ein heller Funke, sprühend vor Hoffnung, entzündet wurde.

Und wie gern hätte ich ihnen nahegebracht, dass sich Gott hinzugeben für mich absolute Freiheit bedeutete.

Nur selten reichte dafür die Zeit – nach all den Fragen über Frauenrechte und das Kopftuch.

Achterbahn

Unvorstellbar. Traumgleich. Hart erarbeitet.
Ich hatte mein Erstes Staatsexamen bestanden. Das bedeutete mir so viel!
Und ich freute mich so sehr auf die zweite Studienphase, das Referendariat.
Mein bisheriges Studium hatte meine Erwartungen erfüllt: Ich liebte es, mich mit pädagogischen Fragen zu beschäftigen. Ging es hierbei doch um die ersten Jahre eines Menschen: Was beeinflusste ihn? Wie konnte man seine Entwicklung fördern? Wie konnte man ihm helfen, Schwierigkeiten zu überwinden? Ich wollte Konzepte nicht nur nachahmen, sondern auch selbst welche entwickeln.
Doch jetzt begann die Feuerprobe: Hielten meine Konzepte der schulischen Praxis auch stand? Würde ich in der Lage sein, das Gelernte umzusetzen? Und vor allem fragte ich mich, ob ich es schaffen könnte, meine eigenen Idealvorstellungen umzusetzen: Würde ich eine Lehrerin werden, die ihren Schülern ein besonderes Geschenk für ihr gesamtes Leben mitgab?

Im November 1996 – einige Wochen nach der letzten Prüfung meines Ersten Staatsexamens – fiel ich in ein tiefes Loch.

Ich war müde, erschöpft und hatte das Gefühl, einfach zu viel gegeben zu haben.

Auf meinem Schreibtisch stapelten sich Bücher und Aufsätze. Ich hatte in diesem Semester ein halbes Dutzend Hausarbeiten zu schreiben. Wie sollte ich die nur schaffen? Zumal ich fürs Formulieren der wissenschaftlichen Texte immer noch länger brauchte als jemand, der seine gesamte Kindheit und Jugend in Deutschland verbracht hatte.

Freunde riefen mich an, aber ich ging gar nicht mehr ans Telefon. Auf dem Anrufbeantworter hörte ich dann ihre besorgten Stimmen: „Fereshta, wo steckst du? Melde dich und lass hören, wie es dir geht!"

Aber ich hatte keine Zeit für private Treffen. Wenn ich das Pensum bewältigen wollte, musste ich mich voll und ganz auf die Arbeit konzentrieren, schärfte ich mir selbst immer wieder ein.

Die dicken, dunklen Novemberwolken schienen immer tiefer zu sinken und ich fühlte mich auch schon grau. Und unendlich matt und schwer.

In den letzten stressigen Monaten hatte ich den Bezug zu meinen Gefühlen verloren. Vielleicht hatte ich sie auch immer nur zur Seite geschoben, um weiter voranschreiten zu können. Es gab ja immer etwas zu tun. Immer jemanden, um den man sich kümmern konnte: seien es die Schüler in der Klasse; die Besuchergruppen, die durch die Moschee geführt werden wollten; Khaled und seine Sorgen im Referendariat oder die Frage, wie es meiner Mutter gesundheitlich ging. Ich machte mir immer wieder Vorwürfe: Sie wurde älter und ich hatte seit Beginn meines Studiums kaum noch Zeit für sie.

Und wo stand ich eigentlich?

Ich sehnte mich nach menschlicher Wärme, nach strahlenden und freundlichen Gesichtern, deren Augen voller Liebe waren.

في

Kaum hatte ich mich wieder ein bisschen erholt und innerlich aufgebaut, da erhielt ich *die* Nachricht, die mein Leben für die nächsten Jahre bestimmen sollte.

„Es tut mir leid, aber wir können Ihnen keine Referendariatsstelle anbieten", hörte ich die Stimme meines Seminarleiters durch den Telefonhörer.

Ich schluckte und versuchte zu verstehen, da sprach er auch schon weiter: „Wir haben alles versucht, aber konnten beim besten Willen keine Schule finden, die bereit ist, Sie mit Kopftuch bei sich aufzunehmen. Und wir können die Schulen schließlich nicht zwingen."

Seine Stimme klang entschlossen. Zuweilen hatte sie auch einen mitleidsvollen Unterton, aber gegen Ende war sie wieder ganz kühl.

Ich entnahm seinem Ton nach Folgendes: Entscheide dich für oder gegen das Kopftuch und trage die Konsequenzen! Ich werde keine weiteren Anstrengungen unternehmen und mir deinetwegen noch das gute Verhältnis zu den Schulleitern verbauen. Ich betreue noch so viele andere Studentinnen, die nicht so ein Problemfall sind wie du. Deshalb ist das Thema für mich hiermit beendet!

Ich hielt den Telefonhörer immer noch fest umklammert, obwohl er schon lange aufgelegt hatte.

Konnte das wahr sein? Keine Schule wollte mich?

Ich schluckte. Dabei kannten sie mich noch nicht einmal. Hatten mich als Person noch nie gesehen.

Wie konnte man einen anderen Menschen einfach so blind ablehnen, so zurückstoßen – und das wegen eines Stück Stoffs?

Ich ließ mich auf den Stuhl neben mir fallen.

Was ging in ihren Köpfen vor? Was hatten sie gegen ein Tuch?

Ich hatte mir noch nie etwas zuschulden kommen lassen, keinem etwas getan. Hatte ich denn nicht die gleichen Chancen verdient?

Es interessierte sie nicht einmal, dass ich gute Noten und Englisch als Unterrichtsfach hatte. Dieses Fach wählten nur verhältnismäßig wenige meiner Kommilitonen. Und fast niemand sprach so fließend Englisch und war besonders im Mündlichen so selbstsicher und geübt wie ich. Aber ich brachte ja noch mehr mit: meine internationalen Erfahrungen, meine interkulturellen Kompetenzen, die vielen Sprachen, die ich beherrschte ... All das schien niemanden zu interessieren.

Jetzt wurde mir schwindelig. Ich hielt kurz inne, versuchte ruhig zu bleiben und regelmäßig zu atmen.

Doch spürte ich eine enorme Wut. Sie stieg langsam in mir auf, ging aber nicht mehr weg.

Wenn sie mich nicht wertschätzen wollten, war das eine Sache, aber mir jetzt den Weg zu meinem Beruf zu versperren!

Ich hatte schon vier Jahre in mein Studium investiert und das Erste Staatsexamen gemacht. Doch ohne das Referendariat würde ich nicht als Lehrerin arbeiten können.

Und die vergangenen vier Jahre meines Lebens wären – zumindest für meinen beruflichen Werdegang – umsonst gewesen.

Wenn sie mir jetzt ein Ausbildungsverbot auferlegten, würden sie mir damit meine zukünftige Lebensgrundlage entziehen.

Überall um mich herum, so nahm ich es nun wahr, wurden Muslimas diskriminiert. Eine Freundin arbeitete in einer Boutique, und die Chefin hatte ihr gesagt, dass sie sofort gehen müsse, wenn sie sich fürs Kopftuch entschied. Eine andere Freundin bekam trotz bester Noten keinen Ausbildungsplatz als Apothekerin, denn das konnte man der Kundschaft ja nicht zumuten!

Eine Sozialpädagogin fand mit oder ohne Kopftuch keinen Arbeitsplatz, weil alle Träger in ihrer Wohnnähe kirchlich waren und nur Arbeitnehmer gleicher Konfession einstellten.

Mein eigener Seminarleiter würde mir wahrscheinlich später noch raten, mich doch „beruflich umzuorientieren".

Aber als was?

Boten sich für uns „Kopftuchfrauen" als einzige Berufe Putzfrau oder Fabrikarbeiterin an?

Nach einigen Stunden konnte ich wieder etwas klarer denken:

Ich wollte Lehrerin werden, dazu brauchte ich das Referendariat.

Ich würde nicht aufgeben, meinen Traum nicht an den Nagel hängen. Ich würde kämpfen. So viel wusste ich schon einmal.

Aber was sollte ich tun?

So einen Fall wie mich hatte es anscheinend noch nie gegeben.

Ein Präzedenzfall, schoss es mir durch den Kopf.

Also würde ich auch meinen ganz eigenen Weg finden müssen.

Ich rief meinen Dozenten Herrn Hoffmann an, um mich mit ihm zu beraten. Er hatte mich während des Praktikums betreut und kannte mich persönlich.

Außerdem war er jemand, der sich auch außerhalb des Klassenzimmers immer Zeit für seine Studenten nahm, und ich mochte seine positive Art.

Auch er war bestürzt, als er die Nachricht hörte. Ich spürte sein aufrichtiges Mitgefühl, gleichzeitig machte er mir Mut: „Sicher wird sich eine Lösung finden!"

Er riet mir, mich an die Gewerkschaft Erziehung und Wissenschaft (GEW) zu wenden, und versprach, selbst einen unterstützenden Brief an den Rektor der Pädagogischen Hochschule zu schreiben und eine Unterschriftenaktion zu starten.

Da ich auch noch Mitglied beim Verband Bildung und Erziehung (VBE) war, wollte ich mich dort ebenfalls beraten lassen.

Das Gespräch mit einem Juristen verschaffte mir nicht wirklich Klarheit. Aber man sagte mir juristische Unterstützung zu, falls ich mich für eine Klage entschied. Das war gut zu wissen. Und doch, den juristischen Weg wollte ich unbedingt vermeiden. Der erschien mir lang und belastend. Ich wollte mich keiner Behörde entgegenstellen, sondern zügig mein Referendariat beginnen.

Auch meine Dozenten und Professoren an der Hochschule diskutierten untereinander.

Schließlich riet mir einer von ihnen, Professor Flemming, an die Öffentlichkeit heranzutreten.

„Ohne den Druck der Medien wird es nicht gehen", höre ich seine Worte noch heute. „Das ist die einzige Möglichkeit, wenn Sie so schnell wie möglich mit Ihrem Referendariat beginnen wollen."

Ich war skeptisch. Sollte ich das wirklich tun?

Ich zögerte und konnte mich mit dem Gedanken nicht recht anfreunden. Der Umgang mit den Medien erschien mir ein wenig wie das Spiel mit dem Feuer. Es war aufregend und furchteinflößend zugleich. Und ich wusste, es konnte ganz schnell gefährlich werden.

Ein paar Tage später stellte mir eine Freundin einen Lokaljournalisten der *Gmünder Tagespost* vor, der schon einige Male über Muslime in Schwäbisch Gmünd berichtet hatte.

Ich tastete mich vorsichtig heran: Ganz nebenbei erzählte ich ihm, dass ich wegen meines Kopftuchs Probleme habe, eine Referendariatsstelle zu bekommen.

Er war sofort am Thema dran. Während ich zögerlich und vorsichtig antwortete, um ja nicht zu viel preiszugeben, beobachtete er jede Regung in meinem Gesicht.

Schließlich einigten wir uns darauf, dass er einen kurzen sachlichen Artikel für sein Blatt schreiben würde.

Dieser Artikel erschien im Februar 1997 dann aber nicht nur in der *Gmünder Tagespost*, sondern auch in anderen Teilen Baden-Württembergs.

Nun war das Thema in Umlauf und zog täglich neue Kreise. Die Deutsche Presse-Agentur (dpa) nahm die Geschichte auf und versorgte bundesweit die Redaktionen mit Informationen. Es folgte ein Schwall von Berichten. Die *Stuttgarter Zeitung* fragte: „Gilt die Demokratie nur für Christen?"

Ich habe erst im Nachhinein erfahren, dass in diesen Tagen beim Kultusministerium die Leitungen nicht mehr stillstanden. Dutzende Journalisten aus der ganzen Bundesrepublik stellten Anfragen und baten um Stellungnahmen.

In den anderen Bundesländern reagierte man größtenteils mit Unverständnis: „Gegen ein Kopftuch im Unterricht ist nichts einzuwenden", ließ das hessische Kultusministerium verlauten. Es gebe ja auch Lehrer, die ein Kreuz auf der Brust tragen. Auch in Bayern wussten die zuständigen Behörden nicht, was gegen ein Kopftuch spräche. Vollkommen undenkbar war ein solches Verbot auch in Berlin. „Das wäre eindeutig eine Verletzung der persönlichen Freiheit", hieß es vonseiten der Berliner Senatsverwaltung für Schule, Jugend und Sport. „Wir fordern sogar Lehrer von der türkischen Regierung an. Denen können wir doch nicht ihre kulturelle Identität nehmen."³

Dagegen wandte sich der Sprecher des Kultusministeriums von Baden-Württemberg: „Die Religionsfreiheit hat Schranken, die keiner völlig ausleben kann ... Das Tuch gilt als Symbol für eine bestimmte Glaubensauffassung."

Weiter hieß es vonseiten des Ministeriums, die „Neutralitätspflicht der Lehrer in weltanschaulichen Fragen werde durch das Tragen eines Kopftuches verletzt". Deshalb sei es im Unterricht ebenso wenig zulässig wie Abzeichen, die für politische Ziele werben, da es die Schüler beeinflussen könne.⁴

Ich habe mich durch die Äußerungen des Kultusministeriums bereits zu diesem Zeitpunkt sehr auf mein Kopftuch reduziert gefühlt. Nie wurde ich gefragt, was ich als Muslima beitragen und welchen Nutzen mein familiärer Hintergrund für die Arbeit mit den Schülern bringen könnte. Stattdessen konfrontierten mich Journalisten wieder und wieder mit dem vom Ministerium geäußerten Vorwurf, das Kopftuch sei auch ein „politisches Zeichen".⁵ So nach dem Motto: Wir sehen das Kopftuch auf ihrem Kopf, also wissen wir automatisch, was in ihrem Kopf steckt!

Ich weiß nicht, wie es mir damals ergangen wäre, wenn ich gewusst hätte, dass dies die sachlichsten und fairsten Artikel für die nächsten Jahre sein würden. Und dass manche Medien sogar auf meiner Seite standen.

So einen plötzlichen Umschwung hatte ich nicht erwartet.

Das Staatliche Seminar für schulpraktische Ausbildung in Schwäbisch Gmünd lud mich ein. Man hatte seine Meinung geändert und ich dürfte nun doch meinen Diensteid ablegen und meinen Referendariatsvertrag unterschreiben.

War der Druck der Medien am Ende doch zu stark gewesen? Hatte das Ministerium sich deshalb umstimmen lassen? Wie von Zauberhand hatte sich sogar eine Schule gefunden, die bereit war, mich bei sich aufzunehmen: die Grund- und Hauptschule Plüderhausen.

Der Direktor des Staatlichen Seminars ließ es sich nicht nehmen, die Vertragsunterzeichnung persönlich vorzunehmen. Er begegnete mir kühl und abweisend und zeigte mir offen seinen Ärger über meinen Gang an die Öffentlichkeit. Das sei ein falscher Schritt gewesen, sagte er. Ich versuchte ihm daraufhin zu erklären, dass ich niemand persönlich habe angreifen wollen, aber mir auch nicht das Recht auf meine Ausbildung nehmen lassen könne.

Er ging nicht weiter darauf ein. Ich spürte, dass er mich für eine aufmüpfige und uneinsichtige Problemmacherin hielt. Wortlos legte er mir schließlich die Eideserklärung vor.

Jetzt stieg Panik in mir auf. Was würde noch auf mich zukommen, wenn schon der Beginn so furchteinflößend war? Was für Schikanen erwarteten mich wohl? Sollte ich diesen Schritt wirklich gehen?

„Entschuldigen Sie, aber ich muss kurz raus an die frische Luft, bevor ich unterschreibe."

„Ja, machen Sie das! Überlegen Sie sich das genau!", knurrte er mir hinterher.

Ich rannte raus und setzte mich auf eine Bank. Die ersten Tränen flossen schon und jetzt erwischten mich meine Gefühle wie eine unerwartet hohe Welle: Ich wusste nicht, ob ich diesem Druck standhalten konnte. Ich hatte Angst, benachteiligt zu werden und vom ersten Tag an einen Stempel zu tragen, den ich nie wieder loswerden konnte.

Es dauerte einige Minuten, bis ich mich wieder gefasst hatte. Ich trocknete meine Tränen und sprach mit mir selbst:

„Meine Ausbildung werde ich schaffen. Die ist wichtiger als alles andere!"

Ich ging zurück und unterschrieb. Ohne ein weiteres Wort verließ ich den Raum.

In den nächsten Tagen titelte die *Rems-Zeitung* in Schwäbisch Gmünd: „Der große Streit um ein kleines Tuch ist beendet."[6]

Allgemein sprach die Presse von einem „Sinneswandel des Kultusministeriums".

Annette Schavan (CDU), die damalige Ministerin für Kultur, Jugend und Sport in Baden-Württemberg, gab zu meinem Fall eine Erklärung ab. Nach dem Grundgesetz stünde jedem ein Recht auf Ausbildung und freie Berufswahl zu. Da bei Lehrern der Staat das Ausbildungsmonopol besäße, müsse er dieser Verantwortung auch nachkommen. Deshalb würde mir ein Referendariatsplatz angeboten.

In den nächsten Tagen durchdachte und plante ich meinen neuen Lebensabschnitt. Ich wusste von anderen, wie groß die Belastungen während des Referendariats waren.

Also legte ich alle meine Ämter bei der Frauengruppe und bei der Muslimischen Jugend nieder. Ich fuhr meine Treffen mit Freunden und Bekannten auf ein Minimum herunter und wollte auch die Arbeit in der Fabrik nicht wieder aufnehmen.

Nur so konnte ich mein wichtiges Ziel erreichen.

Ich kannte meine künftige Schule nicht und hatte sie mir deshalb auf der Karte herausgesucht. Vom Bahnhof in Plüderhausen sollten es noch etwa zehn Minuten Fußweg sein.

Schon im Zug hatte ich feuchte Hände und hörte mein Herz laut in meiner Brust klopfen.

Wie würde man mich wohl in der Schule aufnehmen?

An diesem Tag fand kein regulärer Unterricht statt, sondern es war ein Pädagogischer Tag angesetzt, an dem Fortbildungen für alle Lehrer der Schule durchgeführt wurden. Herr Olschewski, der Schulleiter, wollte mich dem gesamten Kollegium vorstellen.

Ich schluckte.

Der Zug hielt und ich stieg aus. Nur zögerlich trugen mich meine Beine in Richtung Ausgang.

Dort blieb ich stehen und schaute mich um. Ich hatte mir den Weg ganz genau auf der Karte herausgesucht, aber jetzt wusste ich nicht, welche Straße ich nehmen musste. Schließlich sprach ich zwei Passanten an, sie wiesen mir die Richtung.

Dann lief ich los. Jetzt mit schnellen Schritten. Immer wieder spürte ich das starke Verlangen, mich umzudrehen. War da jemand hinter mir? Beobachtete mich jemand?

Ich hatte die fixe Idee, dass vielleicht einige Journalisten herausgefunden hätten, dass heute mein erster Tag an der Schule war. Sicherlich würden sie einiges für ein exklusives Foto geben.

Mein Herz raste, als hätte ich gerade einen Sprint hinter mir. Ich atmete tief ein. Der kalte Winterwind blies mir ins Gesicht.

Der Weg schien unendlich lang. Lief ich überhaupt in die richtige Richtung? Jetzt stand ich vor einer breiten, steilen Steintreppe. Mein Gefühl sagte mir, dass es da hoch zur Schule ging. An der Bushaltestelle vor der Treppe stand niemand, den ich fragen konnte.

Ich nahm die ersten Stufen und blieb erschöpft stehen. Meine Beine waren schwer und auf meinen Schultern schien eine Zentnerlast zu liegen.

Ich hatte das Gefühl, keinen Schritt weiterlaufen zu können, und bat Gott um Hilfe. Ich bat ihn darum, dass er mir alles leicht machte und ich endlich eine Schule fand, die erkannte, dass ich keine Radikale war, sondern einfach meinem Beruf nachgehen wollte, weil mir Bildung eine Herzensangelegenheit war.

Ich atmete tief durch und drehte mich um. Von hier aus hatte ich einen wunderbaren Blick auf die Hügel in der Umgebung. Alles war schneebedeckt. Die Landschaft strahlte Anmut, Ruhe und Frieden aus. Ich liebte Schnee und auch in diesem Moment hatte das glitzernde Weiß eine besondere Magie.

Ich nahm die restlichen Stufen und stand einige Momente später vor dem Eingang der Schule. Meine Aufregung schien verschwunden zu sein. Ich öffnete die Tür und trat ein. Es war nicht weit bis zum Sekretariat. Mit entschlossenen Schritten ging ich auf die Sekretärin zu und stellte mich mit einem Lächeln und fester Stimme vor.

Die Sekretärin setzte sich die Brille auf die Nasenspitze und musterte mich intensiv von oben bis unten: „Guten Morgen."

Sofort danach sprang sie auf und eilte ins Büro des Schulleiters.

Er kam mir wenige Augenblicke später mit schnellen Schritten entgegen. Er lächelte freundlich, stellte sich als Herr Olschewski vor und bat mich höflich in sein Büro.

Während unseres ersten Gesprächs sagte er mir geradeheraus, dass er nichts gegen das Kopftuch habe und die ganze Aufregung darum auch nicht verstehe.

Dann lächelte er: „Wissen Sie, ich bin gläubiger Christ und ich finde, Nächstenliebe muss auch gelebt werden!"

Ich spürte in diesem Moment eine Leichtigkeit in mir aufsteigen. Und der Grauschleier, der die letzten Wochen über allem gelegen hatte, war mit einem Mal verschwunden.

Herr Olschewski nahm mich dann gleich mit in einen großen Saal. Hier sollte offenbar die Einführung zum Pädagogischen Tag stattfinden.

Fast der gesamte Raum war voll mit Stuhlreihen, kaum ein Platz frei. Viele Augenpaare waren auf mich gerichtet, doch die Blicke wirkten eher neugierig als feindselig.

Herr Olschewski stellte mir den stellvertretenden Schulleiter Herrn Meyer vor. Dieser saß in der vordersten Reihe und begrüßte mich lächelnd. Er sagte mir, dass der Platz neben ihm für mich reserviert sei.

Eine andere Referendarin, die ich vom Sehen schon kannte, saß ebenfalls dort.

Ich setzte mich mit einem Lächeln neben sie, atmete dreimal tief durch und dachte: Jetzt bin ich bereit, jetzt kann meine Ausbildung beginnen!

Herr Olschewski begann seine Rede. Mit einem weiten Blick über den gesamten Saal erklärte er, dass er es als eine Ehre betrachte, in diesem Jahr eine Referendarin mit einem Kopftuch an seiner Schule zu haben. Sicherlich habe es einige Diskussionen gegeben, da dies in der Umgebung zum ersten Mal der Fall sei.

Er erklärte, dass auch er eine ähnliche Situation erlebt habe. Noch vor dem Mauerfall sei er aus der DDR geflohen. „Ich weiß aus eigener Erfahrung, wie schwer es ist, sich in einer neuen Umgebung mit seiner persönlichen Meinung zu behaupten!" Er hielt kurz inne, atmete tief ein und sprach dann langsamer weiter: „Eine wahrhaftig authentische Persönlichkeit hat man dann, wenn man in der Lage ist, seine Überzeugung nach außen und gegen Widerstände zu behaupten!"

In diesem Moment konnte ich das erste Mal an diesem Tag wirklich frei durchatmen.

Vielleicht würde doch noch alles gut!

Die erste Arbeitsgruppe, der ich zugeordnet war, behandelte das Thema Angst. Als Erstes lasen wir gemeinsam ein Gedicht.

Wie gut das passte, dachte ich bei mir. Ich frage mich bis heute, ob das Thema und die Gruppenzusammensetzung Zufall, Fügung oder bewusst geplant waren.

Ich erkannte mich in dem Gedicht sofort wieder. Ja, ich hatte Angst, sogar große! Vor dem Referendariat, vor der Situation als Ganzer; ich hatte Angst, nicht verstanden, ausgegrenzt und angefeindet zu werden.

Und die Kollegen in meiner Gruppe schienen Angst zu haben – vor mir, vor der Fremden, der Unbekannten.

Während der Diskussion schauten die meisten an mir vorbei. Als wäre es gefährlich, mir in die Augen zu blicken. Umso lebhafter und engagierter war ich. Ich wollte das Eis zwischen uns brechen. Wollte, dass sie mich als normalen Menschen erlebten.

In der Mittagspause kam ich mit einigen Kollegen ins Gespräch. Sie gingen freundlich und interessiert auf mich zu. Einige waren schon längere Zeit im Ausland gewesen. Sie erschienen mir besonders offen.

Dann kam Herr Meyer, der stellvertretende Schulleiter, noch einmal auf mich zu und sprach mich dieses Mal auf Dari an. Ich glaubte zu träumen und sagte ihm das auch. Er lachte herzlich und erzählte mir, dass er bereits vor dem Krieg in Afghanistan gewesen sei. Jetzt sei er zwar ein bisschen in die Jahre gekommen, und dabei fasste er sich an die leicht ergrauten Schläfen, aber in den Sechzigerjahren habe er seine ersten Berufsjahre an einer deutsch-afghanischen Schule in Kabul verbracht. Diese Zeit habe ihn sehr geprägt und Afghanistan besäße einen festen Platz in seinem Herzen.

So etwas Unglaubliches! In diesem kleinen Dorf mitten im Schwabenland sprach der stellvertretende Schulleiter Dari und hatte in Afghanistan gelebt. Es erschien mir unwirklich, fast wie ein Wunder.

Abends konnte ich lange nicht einschlafen.

Die Erlebnisse des Tages zogen immer wieder durch meine Gedanken. Und ich fragte mich, was die nächsten Tage und Wochen wohl bringen würden.

Die positiven Erlebnisse heute hatten mir zwar wieder Hoffnung gegeben, aber ich traute dem Frieden nicht wirklich. Ich hatte das Gefühl, meine Zukunft nicht selbst in der Hand zu haben, sondern für immer dem Kultusministerium ausgeliefert zu sein.

Ich war nun mal keine „normale" Referendarin – und würde es in den Augen der anderen auch niemals sein.

Ich würde die gesamte Zeit auf dem Prüfstand stehen. Man würde mich beobachten. Dessen musste ich mir bewusst sein.

Und wehe, ich erlaubte mir den kleinsten Fehler ...

Adrenalin

Die ersten Wochen meines Referendariats waren aufreibend.

Noch immer erschienen täglich Artikel und Leserbriefe, vor allem in der lokalen Presse. Jeder schien zu wissen, „was für eine" ich wäre.

Herr Olschewski riet mir nach einigen Tagen, keine Zeitung mehr zu lesen. Ich folgte seinem Ratschlag und merkte, dass ich mich deutlich besser auf die schulischen Belange konzentrieren konnte.

Das war eine Erleichterung. Und doch spürte ich gleichzeitig eine mächtige Wut auf Annette Schavan und ihr Ministerium.

Sie hatten mir in ihrer Gnade zwar die Ausbildung erlaubt, aber jetzt hatte ich es besonders schwer. Ich war eben für die meisten Menschen keine ganz normale Lehrerin.

Ich konnte nie in der Masse untertauchen: Jeder Kollege wusste, wann ich im Lehrerzimmer war, jeder merkte sich sofort „mein Gesicht". Bei manchen Treffen wurde ich sogar angesprochen mit „Ach, sind Sie die Kopftuchlehrerin?"

Da gab es noch eine andere Nuance. Manche Kollegen machten mir – oft subtil und trotzdem deutlich – klar, dass ich keine Ansprüche zu stellen hätte. Nein, vielmehr hätte ich für alles dankbar zu sein. Schließlich wäre ich ja nach Deutschland gekommen und hätte hier die Schule und ein Studium absolvieren können. Jetzt sollte ich bitte problemlos funktionieren, nicht aufmucken, bescheiden sein und mich glücklich schätzen, dass meine Tätigkeit über einen Handlangerjob hinausging.

Trotz der Artikelflut, der Haltung des Kultusministeriums und des Verhaltens einiger Kollegen war meine Freude auf die kommende Zeit groß. Besonders gespannt war ich auf meine Klassen. Ich würde bei ihnen anfangs hospitieren und sie so allmählich kennenlernen. Später sollte ich dann auch selbstständig unterrichten dürfen.

Eine meiner ersten Klassen war die 4d, die Herr Meyer, der stellvertretende Schulleiter, unterrichtete. Die Klasse war recht „international" und, was Verhalten und Leistungen anging, sehr unterschiedlich.

Trotzdem fiel es mir überraschend leicht, eine Beziehung zu den Schülern aufzubauen. Manche kulturelle, sprachliche oder religiöse Besonderheiten verstand ich aufgrund meiner eigenen Erfahrungen leichter. Ich wusste, wie man sich fühlte, wenn man die Sprache nicht richtig beherrschte. Und ich wusste auch, welche Hilfe man benötigte und wie man schneller lernen konnte.

Ich spürte, dass ich hier richtig war.

Oft sind es nicht die weltbewegenden Dinge, die einem das Herz schwer machen. Es können Kleinigkeiten sein.

Mein Kollege Herr Strahl stellte mich seiner achten Klasse in Gemeinschaftskunde vor.

Er kündigte mich als neue Referendarin an und bat mich, ein wenig über mich zu erzählen.

Ich nannte meinen Namen, schrieb ihn an die Tafel, erzählte der Klasse, an welchen Schulen ich bereits unterrichtet hatte und dass ich früher selbst auf der Hauptschule gewesen sei.

Ich dachte, das würde gleich eine Nähe zu den Schülern herstellen.

In der folgenden Stunde teilte der Kollege einen Brief an die Eltern aus, der sie über die neue Referendarin informierte. Auf der Rückseite war eine Kopie eines Interviews mit mir, das vor Kurzem erschienen war.

Dieses Interview wurde laut vorgelesen. Natürlich wurde darin das Kopftuch problematisiert. Die Schüler hörten sich das kommentarlos an, sie hatten keine Fragen.

Ich fühlte einen starken Druck in der Magengegend. Warum hatte er dieses Interview hinzugefügt? Warum hat er mich nicht einfach als Referendarin angekündigt wie alle anderen auch?

Musste ich gleich als Jahrmarktsattraktion vorgeführt werden?

So konnte es ja zu gar keiner normalen, unbeschwerten Beziehung zu den Schülern und Eltern kommen!

Warum nutzte er die Zeit, die ich da war, nicht, um mit mir zu sprechen oder die Schüler zu einem Gespräch zu ermutigen? Stattdessen ließ er den Artikel vorlesen und diesen unkommentiert im Raum stehen.

Das war viel zu abstrakt und widersprach jeder Pädagogik! Und welch vergebene Chance, wenn ich, quasi zum Anfassen, vor ihnen stand.

Noch immer koche ich vor Wut, wenn ich an diese Stunde denke. Mit meiner heutigen Erfahrung hätte ich das Wort ergriffen und einfach die Dinge gesagt, die mir wichtig waren. Ich hätte nicht machtlos und verschreckt daneben gestanden.

Doch damals fühlte ich mich eingeschüchtert. Spürte in meinem Inneren, ich müsse froh sein, überhaupt geduldet zu werden.

Als ich einer dritten Klasse vorgestellt wurde, fragten mich die Schüler, ob ich in der Türkei geboren sei. Ich sagte, dass ich ursprünglich aus Afghanistan stamme, und schrieb meinen Namen ebenfalls auf Persisch an die Tafel.

In derselben Stunde fragten mich noch drei weitere Schüler, ob ich aus der Türkei komme.

Am liebsten hätte ich ihnen entgegnet: „Nein, ich bin Deutsche." Aber wie sollte ich damit durchkommen, wenn nicht mal die Erwachsenen mich als richtige Deutsche anerkannten?

Am nächsten Tag kam eine Schülerin aus der Klasse in der Hofpause auf mich zu und fragte: „Frau Ludin, sind Sie aus der Türkei?"

Ich atmete tief durch: „Nein, du weißt doch, dass ich aus Afghanistan komme. Das ist ein ganz anderes Land."

Die Schülerin lächelte: „Ist das dort, wo die Kängurus leben?!"

Ich schmunzelte: „Nein, nicht wirklich."

In den ersten Wochen merkte ich auch, wie wichtig es war, das Alter der Schüler zu berücksichtigen.

Die Schüler der dritten und vierten Klassen wollten noch ein wenig bemuttert werden. Sie waren sehr süß, anhänglich und teilweise noch verspielt. Mir gegenüber waren sie sehr aufgeschlossen. Ich liebte ihre Offenheit und ihre Begeisterung für Neues. Daran ließ sich beim Lernen gut anknüpfen.

Die Älteren, besonders wenn sie schon in der Pubertät waren, stellten eine größere Herausforderung dar.

Obwohl ich spürte, dass die Jugendlichen mich mochten, weil ich ihnen mit meinen 24 Jahren viel näher war als meine älteren Kollegen, musterten sie mich kritisch und auch ein wenig herausfordernd. Da ich aber durch meine ehrenamtliche Jugendarbeit während des Studiums schon viel Erfahrung mit dieser Altersgruppe gesammelt hatte, fiel es mir leicht, das richtige Maß zwischen Nähe und Distanz zu finden.

Nach etwa einem Monat durfte ich dann eigene Stunden geben.

Jetzt begann der eigentliche Stress. Gleich nach der Schule setzte ich mich an meinen Schreibtisch und begann mit der Konzeption der nächsten Stunden. Mir fehlte natürlich noch die nötige Routine und außerdem wollte ich meine Arbeit besonders gut machen.

Sicherlich war auch ich vom allgemeinen Leistungsdruck der Referendare infiziert. Schließlich wollte jeder mit sehr guten Noten abschließen, um später eine begehrte Stelle zu ergattern. Aber vor allem versuchte ich, meinen eigenen Ansprüchen gerecht zu werden. Ich wollte perfekt sein. Und natürlich niemals hören: „Naja, die mit dem Kopftuch hat sich wohl hierher verirrt."

Ich war auch eine Idealistin. Ich wollte alles dafür geben, dass diese Kinder – und zwar jedes einzelne – eine gute Zukunft hatten.

Wenn es um Lernschwierigkeiten oder Verhaltensprobleme eines Schülers ging, las ich oft bis spät in die Nacht in Fachbüchern und versuchte, Zusammenhänge zu verstehen und Lösungsmöglichkeiten zu erarbeiten.

Auch wenn eine Unterrichtsstunde im Konzept noch nicht rund war, brütete ich häufig lange darüber.

Eines Vormittags sah ich während meiner Hofaufsicht viele Kinder mit blauen und grünen Zetteln in der Hand herumgehen. Ein paar dieser Blätter wehten auch schon über den Schulhof.

Ich dachte mir nicht viel dabei, hob aber schließlich ein Blatt auf, das mir vor die Füße geweht war und erschrak.

Das war ein Hassbrief. Und es ging um mich!

In dem Brief wurde ich verunglimpft und aufgefordert, wieder zurück nach Afghanistan zu gehen.

Geschockt schaute ich auf und sah Herrn Olschewski schon auf mich zukommen. Er sagte mir, dass Unbekannte diesen Hassbrief vor der Schule verteilt hätten. Er würde sich umgehend um Aufklärung bemühen. Dann befreite er mich von der weiteren Aufsicht.

Einige Wochen später wurde ein außerordentlicher Elternabend einberufen. Es ging um meinen „Fall".

Ich konnte es nicht fassen. Was war das Problem an einem Stück Stoff, das ich mehr trug als die anderen?

Ging es nicht um meine Leistungen und wie ich mit den Schülern umging?

Erst im Nachhinein wurde mir bewusst, dass auch hier wieder Herr Olschewski seine schützende Hand über mich hielt.

Er sagte einfach, ich müsse mir diesen Elternabend nicht antun.

Er wolle sich um alles Nötige kümmern.

Es waren erneut einige Wochen vergangen, als mich Herr Olschewski zu sich ins Büro bat. In ruhigem Ton sagte er mir, dass in der Schule an mich gerichtete Drohbriefe eingegangen seien. Der Haupttenor sei, dass ich in Deutschland nichts zu suchen hätte und zurück in meine Heimat gehen solle.

Er hielt es für seine Pflicht, mich darüber aufzuklären, wolle mir aber – mein Einverständnis vorausgesetzt – die Briefe nicht vorlegen, um mich zu schonen.

Ich konnte mich kaum bewegen. Wann würden diese Menschen endlich aufhören? Wann würde ich ein normales Leben führen können?

Ich vertraute Herrn Olschewskis Urteil, schaute mir die Briefe nicht genauer an und ging nach Hause – äußerlich erstarrt und innerlich zitternd.

Am Nachmittag begann das Kopfkino: Waren diese Drohungen ernst gemeint? Wer steckte dahinter? Was wollte man mir antun? Kannte ich diese Menschen? War es möglich, dass ich ihnen begegnete? Würden sie mir vielleicht sogar auflauern?

Herr Olschewski hatte erwähnt, dass einige Briefe aus dem Ausland stammten. Was hatte das zu bedeuten? Hatte man mich mittlerweile schon international im Visier? Oder waren das Menschen, die ihre vergifteten Botschaften aus dem Ausland schickten, um keinesfalls von der Polizei ausfindig gemacht zu werden?

Sie kannten mein Gesicht durch die Medien, doch sie selbst hatten nicht genug Mut, ihres zu zeigen.

Von diesem Tag an hatte ich keine Ruhe mehr.

Auf dem Schulweg hatte ich das zwanghafte Bedürfnis, mich immer wieder umzusehen. Im Zug zur Arbeit mied ich den Blickkontakt mit den anderen Fahrgästen. Keiner sollte mich erkennen.

Am schlimmsten war es in unserem Seminargebäude. Die langen Gänge hallten und ich hörte hundertfach Schritte hinter mir.

Albträume, die ich in den Nächten zuvor hatte, kamen mir wieder in den Sinn. Da stürmten Menschen aus der Dunkelheit auf mich zu und rissen mir das Kopftuch herunter.

Regelmäßig hatte ich noch Kontakt zu meinem Dozenten Herrn Hoffmann. Wir organisierten gemeinsam Informationsveranstaltungen und hatten ein Hochschulseminar über die „Situation muslimischer Kinder und Jugendlicher an unseren Schulen" erarbeitet.

Aber es ging bei unseren Treffen nicht nur um Organisatorisches. Ich freute mich jedes Mal, ihn zu sehen. Ich brauchte jemanden, an dem ich mich orientieren konnte und der an mich glaubte. Es tat so gut, sich einfach auszusprechen. Ihm von den aktuellen Vorkommnissen zu erzählen und seine Meinung zu hören. Er unterstützte mich immer und machte mir Mut, den Kopf nicht hängen zu lassen.

Wenn er und seine Frau bei uns zum Abendessen waren, konnten wir bis spät in den Abend über die große Weltpolitik und gleich danach über die Meinung der Gmünder Nachbarn diskutieren. Uns ging der Stoff niemals aus.

Oft sprachen wir auch über das Thema Säkularismus. Wie sollte eine Gesellschaft strukturiert sein? Und welche Rolle wollte man in ihr der Religion zusprechen? Wie konnte man verhindern, dass Religion politisiert und missbraucht wurde? Und andererseits, dass Menschen wegen ihrer Religion oder kulturellen Zugehörigkeit diskriminiert und unterdrückt wurden?

Herr Hoffmann betrachtete sich selbst nicht als religiösen Menschen, sondern als Humanisten.

Er hatte oft andere Ansätze oder Vorstellungen als ich, wie das Zusammenleben in unserer Gesellschaft besser gelingen könnte.

Aber die Gespräche mit ihm inspirierten mich, und ich dachte darüber nach, wie eine Gesellschaft offen mit Unterschieden umgehen könnte, ohne von einer religiösen Haltung bestimmt zu sein. Und ich kam zu dem Schluss, dass eine Trennung zwischen Staat und Religion am Sinnvollsten sei. In Saudi-Arabien hatte ich ja erlebt, was für Folgen eine Vermischung der beiden Bereiche haben konnte.

Nach knapp zwei Monaten Schulalltag fand der erste Unterrichtsbesuch statt. Meine beiden Seminarbetreuer wollten sich eine Stunde anschauen.

Ich war recht nervös. Zwar hatte mein Mentor mich bei der letzten Fachkonferenz sehr gelobt – die Klasse insgesamt und vor allem die Mädchen seien sehr aufgeblüht –, doch jetzt musste ich mich noch einmal ganz anders beweisen.

Ich sollte die Klasse in Gemeinschaftskunde an die Mediennutzung heranführen. Wir verglichen unterschiedliche Formen der Nachrichtenvermittlung in Zeitungsausschnitten und Fernsehbeiträgen.

Von Zeit zu Zeit schaute ich zur Stuhlreihe an der Rückwand des Klassenzimmers hinüber. Dort saßen meine Betreuer und zwei andere Referendare. Konnte ich ihrer Mimik entnehmen, wie sie meinen Unterricht bewerteten?

Zum Glück hatte ich die Stunde recht handlungsorientiert geplant und die Schüler waren aktiv bei der Sache.

Nach der Unterrichtsstunde wartete ich gespannt auf das Feedback. Man sagte mir, wie ich die Ergebnissicherung noch verbessern könnte. Ansonsten wurde ich sehr gelobt. Alle waren sich einig, dass diese Stunde lehrprobenreif gewesen sei.

Glücklich lächelte ich in mich hinein – jetzt mussten Deutsch und Englisch nur noch genauso gut laufen!

Die Sache mit Ben und Anna

„Sind Sie im *Focus*, Frau Ludin?!"

Ich war gerade durch das Schultor getreten, als mir ein Schüler entgegentrat.

Ich blieb wie schockgefroren stehen. „Das könnte schon sein!", brachte ich schließlich heraus.

Gleich darauf kam eine andere Schülerin angelaufen. Was denn passiert und warum ich denn im *Focus* sei, wollte sie wissen.

„Anscheinend ärgern sich einige Menschen über meine Kleidung."

„Ach so", sagte sie nur. Und fügte dann schnell hinzu: „Meine Mutter hat heute Morgen gleich die Zeitschrift gekauft, damit sie alles genau nachlesen kann."

„Na, dann wird deine Mutter ja super informiert sein!", sagte ich mit zusammengekniffenen Lippen.

Das fing ja gut an!

Im Lehrerzimmer ging es weiter. Kaum trat ich an meinen Platz, legte eine Kollegin los: „In mehreren Zeitschriften sind Artikel über dich und dein Kopftuch erschienen, sogar bundesweit!"

Ich setzte ein Lächeln auf und sagte ironisch: „Na, das wurde ja auch mal wieder Zeit, oder?"

Meine Kollegen starrten mich mit offenem Mund an, brachten aber nichts weiter heraus.

Zum Glück klingelte es. Kopflos eilte ich in die Klasse.

Ich fragte mich, was die Journalisten jetzt wieder fabriziert hatten, was sie dieses Mal über mich erzählten. War ich die heimliche Islamistin, die das System unterwanderte? Oder eine Vorkämpferin der Scharia in deutschen Schulen? Wahrscheinlich stellten sie mich als stur und aufmüpfig dar, auf jeden Fall als eine, die nicht ins System passte. Ich hoffte, sie hatten nicht behauptet, ich würde indoktrinieren!

Wie lange würde es wohl dauern, das alles wieder richtigzustellen? Konnte es jemals gelingen?

So oft machten mich die Medien zu jemandem, von dem ich mich selbst distanziert hätte.

Die Eltern dachten nach solch einer Lektüre wahrscheinlich, ich würde ihre Kinder im Deutschunterricht Koranverse auswendig lernen lassen.

Und im Kollegium flüsterte man in einigen Ecken, dass ich dieses Tuch nur trug, um mich in den Mittelpunkt zu drängeln.

Diese Artikel! Ich empfand sie wie einen bösen Eindringling, der immer größere Bereiche meines Privatlebens und meiner Arbeit einnahm und besetzte.

Jetzt hatten einige Journalisten sogar damit begonnen, über Khaled zu schreiben und Dinge über ihn zu behaupten, die gar nicht stimmten.

Der Schulleiter, meine Mentoren und viele andere meinten es gut mit mir, aber würden sie diesem Schlagzeilenregen standhalten?

Würde ich mein Referendariat beenden können?

Irgendwie brachte ich den Schultag hinter mich, eilte nach Hause und konnte dort endlich in Tränen ausbrechen. Ich spürte den Druck wie ein Gewicht auf meinen Schultern.

Khaled tröstete mich und machte mir etwas zu essen. Wenigstens hatte ich ihn!

Stunden später saß ich dann mit verquollenen Augen an meinem Schreibtisch, um den Unterricht für den nächsten Tag vorzubereiten.

Ich zog einen kleinen Briefumschlag aus meiner Tasche, den mir eine Schülerin heute in einer Pause zugesteckt hatte.

Ich öffnete ihn und faltete ein Bild mit einer lachenden, strahlenden Sonne auseinander. „Die Sonne ist für dich!" stand auf dem Bild.

Wieder stiegen mir Tränen in die Augen.

Es gab tatsächlich Geschenke, die direkt aus dem Himmel kamen.

Am nächsten Morgen wäre ich am liebsten im Bett geblieben. Was hätte ich dafür gegeben, nicht zur Schule gehen zu müssen, aber ich wollte die Klasse und die Kollegen nicht im Stich lassen.

Kraftlos brachte ich den Vormittag hinter mich, bastelte mit der dritten Klasse Sterne und Weihnachtskerzen und zählte die Tage bis zu den Ferien.

Ich fühlte mich in dieser Zeit schwach und deprimiert.

Ich wollte den Jahreswechsel einfach als „normaler Mensch" verbringen: mich in Ruhe auf meine Prüfungen vorbereiten und ein paar schöne Stunden mit meiner Familie und meinen Freunden haben.

Was ich nicht wollte, waren Schlagzeilen, falsche Behauptungen und Anklagen.

Fast täglich fühlte ich mich jetzt verfolgt. Überall, so kam es mir vor, waren mein Name und mein Bild veröffentlicht worden. In der *Bild* sogar der Ort meiner Ausbildungsstätte. Sicherlich erkannten Menschen mich wieder. An der Bushaltestelle sagte mir ein älterer Herr, ich solle zurück in meine Heimat gehen. Eine Dame mit Hut zischte mir schnippisch entgegen: „Wir sind doch hier in Deutschland!"

Augen, Blicke, Geflüster, Stimmen – überall.

Wie konnte ich sicher sein, dass mir die Passanten in der Fußgängerzone wohlgesonnen waren?

Ich wusste nie, ob mir nicht jemand in meinem Hauseingang auflauerte.

Einmal stand ein unbekannter dunkler Wagen ein paar Meter von unserem Haus entfernt. Darin saß ein großer, südländischer Typ mit Sonnenbrille. In mir stieg ein mulmiges Gefühl auf.

Sobald er mich sah, stieg er aus und sprach mich an. Er wolle mir ein paar Fragen stellen.

Ich sagte sehr deutlich, dass ich jetzt nicht für Interviews zur Verfügung stünde. Er hakte noch einmal nach und gab mir schließlich seine Visitenkarte. Ein freier Journalist.

Mein Herz raste, und ich war froh, als sich die Haustür hinter mir schloss. Oben verriegelte ich die Wohnungstür. Drehte den Schlüssel – so oft es ging.

Erschöpft sank ich in einen Sessel. Versuchte meinen Atem zu kontrollieren.

Wie gut, dass ich bereits mit Fahrstunden begonnen hatte. Obwohl ich mit dem Referendariat schon mehr Arbeit hatte, als mir lieb war, nahm ich mir die Zeit für den Führerschein.

Ich wollte den Situationen auf dem Schulweg nicht mehr ausgesetzt sein. Wollte mich vor den Blicken und Worten der Passanten schützen.

Doch was sollte ich tun, wenn man mir jetzt schon vor der eigenen Haustür auflauerte?

An einem anderen Tag klingelte es an der Tür. Laute, langgezogene Klingeltöne. Ich wunderte mich, da ich niemanden erwartete.

Durch die Gegensprechanlage hörte ich die Stimme eines Reporters schreien. Er sei von einem großen deutschen Wochenmagazin und wolle mir ein paar Fragen stellen. „Ich stehe für Fragen nicht zur Verfügung", sagte ich nüchtern.

„Okay! Dann schreibe ich eben IRGENDETWAS. Aber ich kann Ihnen versprechen, das wird Ihnen nicht schmecken!"

Ich versuchte, meine Stimme ruhig zu halten: „Ich sagte bereits, für Fragen stehe ich nicht zur Verfügung." Dann knallte ich den Hörer auf die Sprechanlage, drehte mich um und versuchte, ruhigen Schrittes wieder an meinen Schreibtisch zu gehen. Doch in meinem Inneren bebte es. Was für eine Unverschämtheit! Was bildeten sich diese Leute ein?! Das war knallharte Erpressung!

Ich fragte mich, ob der normale Bürger wusste, mit welchen Methoden auch manche renommierte Medien arbeiteten.

An diesen kalten, nassen Wintertagen hatte ich oft das Gefühl, nur Millimeter vor einem Nervenzusammenbruch zu stehen. Wie schön wäre es, einfach krank zu sein. Die offizielle Erlaubnis zu haben, zu Hause zu bleiben. Mich einzuschließen!

Aber so wollte ich mich nicht kleinkriegen lassen. Ich hatte bisher keinen Tag an der Schule gefehlt und wollte das auch nicht ändern. Ich würde das schaffen!

Liebe Seelen um mich herum bauten mich auf. Meine Familie war für mich da. Khaled sprach mir immer wieder Mut zu und umsorgte mich liebevoll. Für tiefe Gespräche und echten Austausch fehlte uns allerdings meist die Zeit.

Im Rekordtempo machte ich den Führerschein. Wir liehen uns von Bekannten Geld und kauften ein kleines, gebrauchtes Auto.

Jetzt konnte ich mich wenigstens auf dem Schulweg sicherer fühlen.

Und auch wenn ich nach einem langen Tag erschöpft war – ich nahm mir Zeit für meine Gebete. Danach saß ich noch lange auf meinem kleinen Teppich, pries Gott und bat ihn um Beistand. Ich spürte dann seine Gegenwart und manchmal trieb mir das Tränen in die Augen.

In mir breiteten sich wieder Vertrauen und Zuversicht aus: Auch wenn es momentan schwer war, alles würde gut werden. Das war eine Prüfung und mit Gottes Hilfe würde ich sie bestehen.

Ich blieb noch ein wenig sitzen, um die Vertrautheit und Verbundenheit mit ihm zu genießen, die ich seit meinen Kindertagen so liebte.

Die Weihnachtsferien wurden mir gleich zu Beginn vermiest. Der *Spiegel* brachte eine Spezialausgabe zum Thema „Rätsel Islam" heraus. In einem der Artikel ließ der Autor sich über das Kopftuch und dessen Irrwitz aus, berichtete dann über meinen Fall und zitierte den CDU-Bundestagsabgeordneten Otto Hauser: „Wenn Sie bei Ludin das Kopftuch gestatten, dann müssen Sie morgen auch das Tragen des roten Sterns oder anderer neofaschistischer Symbole erlauben."[7]

Daneben mein Foto.

Die gesamten Ferien über ging es mir sehr schlecht. Ich fühlte mich kraftlos und erschöpft, mein gesamter Körper schmerzte.

Der Schulbeginn im neuen Jahr rückte von Tag zu Tag näher wie eine Stahlwand, die mich zu erdrücken drohte.

Am Vorabend fühlte ich mich ganz elend. Ich merkte, dass ich unmöglich zur Schule gehen konnte.

Ich rief den stellvertretenden Schulleiter, Herrn Meyer, an und meldete mich für die drei Tage bis zum Wochenende ab.

Er war sehr ruhig und meinte nur, ich solle mir keine Sorgen machen. Er würde das mit den Kindern schon schaffen. Dann lachte er herzlich und auch auf meine Lippen legte sich ein leichtes Lächeln.

Zwei Tage später entdeckte ich einen dicken braunen Umschlag in meinem Briefkasten. Er kam aus der Schule. Neugierig öffnete ich ihn:

Als ich den kleinen Berg an Briefen vor mir sah, stiegen mir Tränen in die Augen. Ein warmes Gefühl breitete sich in meinem Inneren aus.

Die Kleinen erzählten mir in ihren manchmal holprigen und manchmal fast gemalten füllerblauen Briefchen, was sie an Silvester gemacht hatten. Sie vermissten mich und hofften, dass ich bald gesund und wieder bei ihnen sein würde.

Es war ein Wunder, doch die schweren Gedanken und die Schmerzen waren mit einem Mal verschwunden. Was für liebe und einfühlsame Menschen ich doch um mich hatte. Und diese Kinder waren es wert, dass ich alles dafür tat, eine gute Lehrerin zu werden. Ich wollte mir von niemandem mehr Steine in den Weg legen lassen.

Es war mein Ziel, jungen Menschen einen guten Start ins Leben zu geben. Und sie zu motivieren, nicht so schnell aufzugeben. Davon würde mich niemand abbringen!

Ich war auch Herrn Meyer unendlich dankbar. Er hatte genau verstanden, wie es mir ging. Ohne viele Worte hatte er einfach etwas Wunderschönes getan.

Für mich war das wahre Menschlichkeit!

Unsere Seminarleiterin Frau Lorenz hatte uns einige Wochen später, im Frühjahr 1998, für den Deutschunterricht in der vierten Klasse einige Lektüren vorgestellt.

Neugierig blätterte ich ein Buch nach dem anderen durch und stieß auch auf den Titel *Ben liebt Anna* von Peter Härtling.

Ich hatte ein paar Wochen davor das Pendant zu diesem Buch von einer muslimischen Autorin namens Nida Anette Aslan gelesen: *Ali liebt Fatima*.

Das Buch wollte einen Weg aufzeigen, wie junge Muslime mit dem Gefühl der ersten Liebe umgehen könnten.

Mir persönlich hatte es nicht wirklich gefallen. Ich mochte den Schreibstil nicht sonderlich und die Stereotypisierung von Jungen und Mädchen war mir zu ausgeprägt.

Da unsere Seminarleiterin sagte, wir könnten auch noch weitere Lektüren mitbringen, beschloss ich, sie nach ihrer Meinung zu *Ali liebt Fatima* zu fragen. Mich interessierte besonders die „nichtmuslimische Sicht" auf das Buch.

Eine Woche später erhielt ich das Buch von meiner Seminarleiterin zurück.

Sie war recht wortkarg, erwähnte nur kurz, dass sie einige Rechtschreibfehler entdeckt hätte und den Schreibstil nicht ansprechend fände. Mehr schien sie dazu nicht sagen zu wollen.

Ich wunderte mich, dass sie so kurz angebunden war und sich gar nicht inhaltlich zu dem Buch äußerte. Schließlich hatte ich sie ja explizit nach ihrer kritischen Meinung gefragt. Ihre Reaktion stimmte mich nachdenklich.

Etwa zwei Wochen später sprach mich eine Mitreferendarin an. Es gebe Gerüchte, dass ich ein „islamisches Buch" im Unterricht verwendet hätte.

Ich fiel aus allen Wolken und forschte nach. Tatsächlich hatte die Schulaufsichtsbehörde meine Schule angeschrieben, „um der Sache auf den Grund zu gehen".

Sogar Herr Hoffmann sprach mich an und sagte, dass er von mehreren Kollegen gehört habe, dass ich ein Buch, in dem muslimische Mädchen mit Kopftuch in ihrer Haltung gestärkt werden, im Unterricht benutzt hätte.

Ich wusste sofort, dass der Vorwurf vonseiten der Seminarleiterin kommen musste. Doch wie kam sie auf die Idee, ich hätte das Buch im Unterricht benutzt? Nur sie und eventuell die anderen Referendarinnen hatten das Buch überhaupt zu Gesicht bekommen.

Wie konnte sie das – ohne ein Wort mit mir darüber zu sprechen – der Schulaufsichtsbehörde melden? Das war Rufmord!

Ich sprach Herrn Olschewski an. Er bestätigte, dass er Post diesbezüglich erhalten habe. Ich erzählte ihm aufgeregt meine Version der Dinge. Er war selbst betroffen und versuchte gleichzeitig, mich zu beruhigen. Er sagte, er könne es wirklich nicht leiden, wenn Menschen ihre persönlichen Ansichten – wie beispielsweise ihre Haltung gegenüber dem Islam – mit beruflichen Angelegenheiten vermischten.

Er würde einen sachlichen Brief an die Schulaufsichtsbehörde schicken. Ich solle mir keine Sorgen machen und mich lieber auf meine anstehenden Lehrproben konzentrieren.

Ich hätte ihn am liebsten gedrückt, weil er so viel Rückgrat zeigte und zu mir stand.

Trotzdem blieb ein Nachgeschmack.

Immer wieder stieg eine entsetzliche Wut in mir auf und trieb mir die Tränen in die Augen. Für mich gab es kaum etwas Schlimmeres, als wenn einem Unrecht angetan wurde.

Fast noch dramatischer war allerdings, wie schnell sich dieses Gerücht verbreitet hatte; ein richtiges Lauffeuer war entstanden. Man unterstellte mir „falsche Spielchen" und eine „versteckte Agenda". Nicht in den Medien, sondern ganz direkt in meinem eigenen Seminar.

Wie sollte ich da ein normales Verhältnis aufrechterhalten? Wie sollte mir ein ungezwungener, freier Umgang mit anderen Menschen möglich sein, wenn jedes Wort gegen mich verwendet werden konnte?

Und dann war ich auch noch so naiv gewesen, ihr das Buch zu geben!

Ich fragte mich oft, was jemanden wie meine Seminarleiterin dazu bewog, so etwas zu tun? Was wollte sie damit erreichen?

War ich denn als ihre Studentin nicht eigentlich ihrem Schutz unterstellt? Sollte sie mich denn nicht auf meinem Weg begleiten? Unterstützend und wohlwollend?

Oder war das ein Versuch gewesen, mich aus der Schule zu mobben? Konnte man sich so der Auseinandersetzung mit dem Thema Kopftuch entziehen, indem ich irgendwann die Schule einfach verließ. „Kein Kopftuch = Kein Problem", so einfach schien die Formel für manche zu sein.

Ich wusste nicht, wie es mit unserer Zusammenarbeit weitergehen sollte. Wie sollte ich noch Ratschläge oder konstruktive Kritik von meiner Seminarleiterin annehmen? Wie wollte sie meine Unterrichtsleistung gerecht bewerten?

Wie konnte sie mir je wieder in die Augen schauen?

Als ich mich wieder etwas beruhigt hatte, dachte ich zynisch: Hielten die mich wirklich für so dumm? Ich stand doch so unter Aufsicht. Würde ich da wirklich irgendwelche „islamischen" Materialien benutzen?

Gleichzeitig für falsch *und* dumm gehalten zu werden – das tat weh!

Meine letzten zwei Unterrichtsbesuche waren nicht zu meiner Zufriedenheit verlaufen. Der Stress und der Druck durch die Artikel hatten mir einfach die Konzentration geraubt.

Jetzt wollte ich das durch besonders gute Prüfungen wieder gerade biegen.

Ich spürte den enormen Leistungsdruck. Immer musste ich mich beweisen. Und ständig stand ich unter Beobachtung: meine Prüfer, meine Kollegen, die Eltern, die Presse.

Ich hatte diesen Druck schon so verinnerlicht, als wäre er mir implantiert worden.

Und jetzt musste ich die Prüfungen gut bestehen.

Ein absolutes Horrorszenario war es für mich, mit einer Drei oder Vier abzuschließen:

„Kopftuch heißt eben doch: nichts in der Birne!"

„Frau Ludin, glücklicherweise ist es uns gelungen, allen Referendaren aus unserem Seminar eine Anstellung zu vermitteln. Ihre Noten waren allerdings einfach zu schlecht!"

„Sie behauptet, sie würde wegen des Kopftuchs nicht eingestellt. In Wirklichkeit ist sie einfach fachlich ungenügend!"

Solche Stimmen nisteten sich in meinem Kopf ein und verschwanden weder tagsüber noch nachts.

Ich dachte mir, der einzige Weg, sie wieder loszuwerden, wäre, meinen Kopf mit prüfungsrelevantem Wissen vollzustopfen.

Aber das musste ich auch. Denn die erste Prüfung verlangte, viel trockene Theorie auswendig zu lernen, und war somit die schlimmste für mich: Schulrecht.

Ich torkelte fast aus dem Seminargebäude.
Ich hatte soeben die letzte mündliche Prüfung abgelegt. In allen Fächern hatte ich mit gut oder sehr gut bestanden – selbst in Schulrecht war ich durchgekommen.

Es war mir schwergefallen, meiner Seminarleiterin Frau Lorenz im Fach Deutsch entgegenzutreten, nachdem sie diese falschen Vorwürfe über mich in Umlauf gebracht hatte. Bei der Bekanntgabe der Note hatte sie vor allen gesagt: „Frau Ludin, Sie haben eine gute Prüfung abgelegt. Die Note wird zwar für eine Anstellung nicht ausreichen, ist aber dennoch gut."

Dann hatte sie mich gespielt wohlwollend angelächelt.

Ich sagte nichts, von ihr hatte ich nichts Gutes zu erwarten. Sie war für mich kein Vorbild, keine überzeugende Pädagogin.

Wie konnte sie Vermutungen über meine Einstiegschancen anstellen, wenn die Lehrproben noch nicht einmal abgeschlossen waren?

Waren sie nicht der eigentliche Beleg, inwieweit sich jemand für den Lehrerberuf eignet?

Ich fieberte meinen Lehrproben entgegen. Ich gab mir sehr viel Mühe, versuchte kreative und innovative Ansätze auszuarbeiten und gleichzeitig eine solide Stunde zu konzipieren. Ich wollte niemandem eine Angriffsfläche bieten. Alles sollte perfekt sein. Ich wusste, dass bei mir jeder Blick, jedes Wort und jede Bewegung doppelt und dreifach kritisch beobachtet wurde.

So war ich entsetzlich nervös, spürte aber auch eine tiefe Zuversicht.

Und tatsächlich: Alle Lehrproben liefen glatt.

Alles fiel von mir ab vor Erleichterung. Ich dankte Gott, dass er mir die Kraft gegeben hatte, trotz der Schwierigkeiten vieles doch so gut zu schaffen.

Die gute Beziehung, die ich über das Schuljahr zu den Schülern aufgebaut hatte, zahlte sich aus. Sie waren eifrig bei der Sache gewesen.

Nach der letzten Lehrprobe hatte ich das Gefühl zu schweben. Ich hatte es geschafft!

Ich fühlte mich wie eine Gipfelstürmerin. Noch vor anderthalb Jahren war mir das Referendariat wie ein unüberwindbarer Berg erschienen. Und jetzt hatte ich ihn bezwungen.

Ich war glücklich, stolz und dankbar. Denn das Referendariat war für mich in vieler Hinsicht selbst eine Schule gewesen.

Ich habe in den anderthalb Jahren als Lehrerin meinen eigenen Stil gefunden und viel Selbstsicherheit dazugewonnen.

Jetzt trat ich vor eine Klasse und wusste, ich würde sie unterrichten können und die Lehrziele erreichen.

Ich hatte Eltern in Erziehungsfragen beraten und gelernt, dass ich meine Herkunft nicht verstecken oder verleugnen musste, denn sie nützte mir und machte mich zu einer authentischeren Lehrerin.

Und ich hatte viele großartige Menschen kennengelernt.

Besonders Herr Olschewski hatte mir vorgelebt, was christliche Nächstenliebe wirklich bedeutet. Seine ruhige Art, Probleme, Missverständnisse und Vorurteile anzugehen, imponierte mir.

Talfahrt

Einige Wochen vor den Sommerferien, im Juni 1998, erhielt ich am frühen Abend einen Anruf von Herrn Bauer vom Oberschulamt Stuttgart. Er war für die Anliegen der Referendare zuständig.

Ich atmete tief ein, spürte sofort die Anspannung in meinen Gliedern.

Er bat mich, noch in dieser Woche zu einem Einstellungsgespräch ins Oberschulamt zu kommen. Er sagte, in dem Gespräch gehe es primär um die Frage meiner Eignung als Lehrerin.

Ich erkundigte mich, wie denn meine Chancen stünden, noch zum neuen Schuljahr in den Schuldienst übernommen zu werden.

Er sagte, theoretisch könne ich noch im Nachrückverfahren berücksichtigt werden.

Sogleich stieg Freude und Hoffnung in mir auf. Sicherlich würde doch noch alles gut!

Drei Tage später saß ich zwei Damen von der Schulaufsichtsbehörde gegenüber, Frau Heberle und Frau Metzel. Beide Damen waren etwa fünfzig Jahre alt und hatten blonde Haare.

Der Raum war frisch renoviert. Es fehlte an Wärme. Alles war weiß. Es gab viel silbernen Stahl und farbloses Holz.

„Bitte nehmen Sie Platz!", sagte Frau Heberle, die etwas kürzere Haare hatte, und wies mir einen Stuhl zu. Sie und Frau Metzel nahmen ebenfalls Platz, jetzt saßen wir im Dreieck.

Frau Metzel begann direkt: „Es wurde ja viel über Sie gesprochen und geschrieben!"

Beide Damen hatten einen recht starken schwäbischen Dialekt und ich lächelte in mich hinein. War ich die Einzige hier, die Hochdeutsch sprach?

„Das Oberschulamt Stuttgart möchte Sie nicht weiter im Unklaren lassen", sagte Frau Heberle freundlich, aber bestimmt.

Frau Metzel ergänzte zügig: „Dieses Gespräch soll Ihnen helfen. Sie sollen bei einer eventuellen Ablehnung die Möglichkeit haben, sich ohne Zeitverlust beruflich umzuorientieren."

„Eine Sache möchten wir auch noch klarstellen. Herr Bauer hat sich geirrt: Zum kommenden Schuljahr können Sie auf keinen Fall mehr berücksichtigt werden."

Ich entgegnete nichts, spürte nur, wie sich mein Magen zusammenzog. Mir wurde wieder übel. Schon mehrmals hatte ich mich gestern und heute früh übergeben müssen.

Mir wurde heiß und ich legte meine feuchten Handflächen auf meine Oberschenkel.

Sie wollten mir die Umorientierung erleichtern?

Man brauchte kein zu Genie sein, um daraus zu schließen: Meine Chancen standen schlecht.

Wozu dann das Gespräch? Konnte ich sie noch davon überzeugen, dass ich mich als Lehrerin eignete? Würden sie mir wirklich zuhören? War das meine Chance, meinen Standpunkt zu vertreten? Ihnen zu zeigen, wer ich wirklich war?

Ich versuchte, mich auf das Gespräch einzulassen. Atmete noch einmal ein, dann begannen sie auch schon mit ihren Fragen:

„Warum tragen Sie ein Kopftuch?"

„Es ist mein Wunsch, den Islam in den verschiedenen Bereichen meines Lebens zu praktizieren. Und Teil meiner islamischen Bekleidung ist meiner Überzeugung nach auch das Kopftuch."

„Wären Sie bereit, das Kopftuch im Unterricht abzunehmen?"

Ich hatte mir einige Antworten vorher zurechtgelegt. „Für mich ist die Art, mich zu kleiden, Teil meiner Identität und meiner Persönlichkeit.

Ich habe in meinem Studium gelernt, dass es wichtig ist, als Lehrerin ehrlich zu sein und sich so zu geben, wie man ist. Ich käme mir nicht authentisch vor, wenn ich das Tuch im Unterricht abnehmen müsste.

Ich würde es als Entblößung und Entwürdigung empfinden, wenn ich es in der Öffentlichkeit abnehmen müsste.

Meine Kleidung hat mit meiner inneren religiösen Überzeugung zu tun, für die ich mich entschieden habe.

Ich verlange von niemandem das Gleiche. Ich bin seit meiner Kindheit aus meiner Verwandtschaft und dem Bekanntenkreis Vielfalt gewohnt und betrachte sie als natürlich."

„Sie wissen, dass andere Strömungen im Islam das Ablegen des Kopftuchs zulassen. Warum schließen Sie sich nicht dieser Meinung an?"

„Es mag sein, dass manche Strömungen im Islam diese Meinung vertreten, aber die Mehrheit der sunnitischen Rechtsgelehrten ist der Ansicht, dass es wünschenswert sei, die Haare zu bedecken.

Ich bin auch dieser Überzeugung, respektiere aber auch andere Ansichten."

Innerlich dachte ich mir, was sie sich eigentlich einbildeten. Musste ich jetzt die Ansicht annehmen, die den Behörden am liebsten war? Verstanden sie das unter Religionsfreiheit?

Und warum musste ich meinen Glauben überhaupt so detailliert erläutern? Mussten andere Bewerber das auch?

Ich fühlte mich von den Damen auseinandergenommen und empfand das Verhör als unfair.

„Das Kopftuch wird in unserer Gesellschaft als ein Symbol der Unterdrückung gesehen – und es ist ein religiöses Symbol.

Die Schule sollte ein neutraler Ort sein. Wie verstehen Sie die Neutralität der Schule in unserem säkularen Staat?"

„Es mag sein, dass viele Menschen in unserem Land denken, dass das Tragen eines Kopftuchs mit der Unterdrückung der Frau gleichzusetzen wäre. Aber dem ist nicht so.

Man kann nicht ein Bild oder eine Idee, die man von etwas hat, als Realität bezeichnen.

Es mag Frauen geben, die zum Tragen des Kopftuchs gezwungen werden.

Aber meine Realität und die von ganz vielen anderen muslimischen Frauen sieht so aus, dass wir uns freiwillig und aus Überzeugung dafür entschieden haben. Sollen wir alle jetzt unter den Einzelschicksalen leiden?

Auch in den islamischen Quellen wird das Kopftuch nie mit Unterdrückung oder Unterordnung in Verbindung gebracht. Viele Frauen empfinden es als eine Befreiung von gesellschaftlichen Schönheitszwängen und fühlen sich sehr wohl mit ihrer Kleidung."

Frau Heberle schaute mich perplex an und fragte mich, wie ich mit Vätern umgehen würde, die ihre Töchter aufgrund häuslicher Pflichten, wie etwa im Haushalt zu helfen oder auf die jüngeren Geschwister aufzupassen, nicht zur Schule schickten.

Und ob ich Sport-, Schwimm- und Sexualkundeunterricht geben würde?

Ich war über die Frage sehr verwundert. Wieso gingen sie automatisch davon aus, dass ich als Muslima etwas gegen diese Fächer hätte? Gerade aufgrund meiner Erfahrungen in Saudi-Arabien befürwortete ich sie sogar sehr. Ich war schon damals als Jugendliche der Überzeugung, dass nicht nur Jungen, sondern genauso auch Mädchen Sport machen und Schwimmen gehen sollten, um sich gut zu entwickeln.

Trotz meiner Verärgerung über die indirekte Unterstellung versuchte ich ruhig und höflich zu bleiben: „Ich habe in Bezug auf den Sportunterricht keinerlei Bedenken. Ich selbst habe schon an verschiedenen Geräten mit einem Kopftuch geturnt."

Diese Aussage schien ihnen zu gefallen. Ich sah ein Aufleuchten in den Augen der beiden Damen.

„Auch was den Sexualkundeunterricht angeht, habe ich mit den Inhalten in keinem einzigen Punkt ein Problem."

Die Damen nickten wieder im Gleichtakt und schrieben fleißig weiter.

Am Ende fragte ich sie, wann ich das Protokoll erhalten würde. Sie versprachen, mir eine Kopie zukommen zu lassen.[8]

Sie wollten ihre Vorgesetzten vom Oberschulamt informieren, damit die Entscheidung über meine Aufnahme in den Schuldienst getroffen werden könne.

Ich fragte noch, welche Rolle Annette Schavan, die zuständige Kultusministerin, bei der Entscheidungsfindung spielte.

Beide schauten sich gegenseitig an und waren sehr zurückhaltend. Ich spürte, dass sie mir nichts sagen wollten.

Ich wusste von meinem Schulleiter, dass Annette Schavan schon zu Beginn meines Referendariats eine Gruppe von Eltern eingeladen hatte, um ihre Meinung zu einer Lehrerin mit Kopftuch einzuholen. Sie hatte die Eltern beruhigt und ihnen gesagt, dass es noch keine endgültige Entscheidung gebe, ob ich bleiben darf.

Mit mir hat sie nie gesprochen. Und das, obwohl sie über einen wichtigen Teil meines Lebens entschied. Nachdem ich zum Referendariat zugelassen worden war, hatte ich ihr geschrieben und sie um ein persönliches Gespräch gebeten, doch sie lehnte ab. Es sei den anderen Referendaren und Referendarinnen gegenüber unfair, wenn sie sich mit mir treffen würde und mit anderen Bewerbern nicht, hatte es im Brief geheißen.

Und warum saß ich dann jetzt hier und alle anderen Bewerber nicht?

Ich verstand Annette Schavan nicht. Von ihr als gläubiger Katholikin, die ein Theologiestudium absolviert hatte und immer in engem Kontakt zu verschiedenen kirchlichen Institutionen stand, hatte ich etwas anderes erwartet. Ich dachte, sie könne mich in meinem Glauben sogar besser verstehen als andere.

Doch die Reaktion der beiden Damen von der Schulaufsichtsbehörde stimmte mich nicht zuversichtlich. Sie begleiteten mich noch zur Tür und verabschiedeten mich recht kühl. Im Gang saß ein kräftiger Herr von etwa sechzig Jahren, der mich grimmig musterte und mir feindselig hinterherstarrte.

„Nur noch raus hier!", dachte ich. Schnell lief ich die Treppen hinunter, nahm immer zwei Stufen auf einmal. Was sollte das Ganze? Warum sagten sie mir nicht einfach ab, sondern versuchten jetzt, bei mir Fehler und Schwachstellen zu finden?

Und warum nahm sich Annette Schavan nicht die Zeit, einmal persönlich mit mir zu sprechen und sich selbst ein Bild von mir und meiner Haltung zu machen?

Unten wartete Khaled im Auto. „Und?", fragte er nur.

Aber ich musste nichts sagen, er verstand auch so. Wie froh war ich, als wir losfuhren. Einfach weg hier!

Selten hat ein Gespräch für mich solch einen Nachgeschmack gehabt.

Mein Gesicht zog sich noch Tage später zusammen, wenn ich nur daran dachte.

Die beiden Damen hatten es geschafft, sämtliche Energie aus mir herauszusaugen.

Immer wieder fasste ich mir an den Kopf. Ich hätte viel bestimmter auftreten sollen! Ach, hätte ich doch nur anders geantwortet! Hatte ich irgendeinen Anlass geboten, mich misszuverstehen und Aussagen gegen mich zu verwenden?

Und überhaupt! Warum musste ICH solche Fragen beantworten und die anderen Referendare nicht? Wie würden andere junge Lehrer mit diesem Druck klarkommen, zwei distanzierten Damen vom Oberschulamt Rede und Antwort stehen zu müssen? Und das, wenn es um ihre Zukunft, ihre Existenz ging.

Nach und nach wurde mir dann klar, dass es in diesem Gespräch nie darum gegangen war, meine wahren Positionen zu erfahren, um danach zu entscheiden, ob ich als Lehrerin arbeiten durfte.

Dieses Gespräch hatte nur stattgefunden, um Argumente gegen mich zu sammeln oder den Anschein einer fairen Behandlung zu wecken.

Doch ich spürte, dass die eigentlichen Entscheidungen in der Politik gefällt wurden – nicht beim Oberschulamt in Stuttgart.

Ausgebremst

Man hatte mich ins Schulleiterbüro gerufen.
Wie an meinem ersten Tag an der Schule geleitete mich die Sekretärin herein. Herr Olschewski würde gleich kommen.
Ich setzte mich auf das Sofa. Zu meiner Rechten stand sein Schreibtisch vor dem großen Fenster, das zum hinteren Schulhof hinausging. Der Himmel war wolkenverhangen, grau in grau.
Mein Herz klopfte. Ich schaute auf das Bücherregal neben mir. Versuchte meinen Blick zu fokussieren. Las mir die Titel auf den Buchrücken selbst vor.
Dann öffnete sich die Tür. Herr Olschewski trat ein. Er trug tiefe Sorgenfalten auf der Stirn und setzte sich auf den Stuhl neben mir. „Ich habe den Auftrag erhalten, Ihnen offiziell diesen Bescheid des Oberschulamtes zu übergeben." Er hielt einen gelben Umschlag in der linken Hand. Seine Worte stockten.
„Bevor ich dies tue, möchte ich Ihnen aber noch etwas sagen: Man hat mich nicht danach gefragt, aber ich würde Sie sehr gern bei mir in der Schule anstellen. Ich halte Sie für eine ausgezeichnete Lehrerin. Das haben Sie immer wieder unter Beweis gestellt. Ich würde dies auch jederzeit wieder so gegenüber dem Schulamt vertreten. Ich möchte Sie einfach wissen lassen: Ich stehe hinter Ihnen, wie der Bescheid auch ausfällt."

Dann überreichte er mir den Umschlag, murmelte etwas von „Ich solle mir ruhig Zeit lassen" und verließ den Raum.

Mit zittrigen Händen öffnete ich den Umschlag, zerriss ihn fast. Hastig faltete ich das Papier auseinander.

Meine Augen liefen über die Zeilen. Ich verstand die Worte nicht wirklich.

Dann las ich „mangelnde persönliche Eignung".

Jetzt verschwamm alles vor mir. Ich ließ den Brief fallen. Hielt die Hände vors Gesicht und kämpfte damit, nicht all das rauszulassen, was in mir war.

Ich brauchte einige Minuten, um mich etwas zu sammeln. Dann stand ich auf. Jetzt wollte ich nur noch weg.

In diesem Moment klopfte es leise und Herr Meyer, der stellvertretende Schulleiter, kam herein. Er war auch mein persönlicher Mentor in der Schule gewesen.

Ich konnte das Mitgefühl in seinen Augen sehen. Er griff nach meiner Hand und drückte sie lang und fest.

Er sagte auch noch ein paar tröstende Worte. Doch keines davon ist mir in Erinnerung geblieben.

Meine Tränen liefen immer stärker, ich wollte weg. Schämte mich. Er spürte das und ließ mich gehen.

Ich stürmte ins Lehrerzimmer, grüßte keinen und sprach nicht.

Ich packte meine Sachen. Hektisch und kopflos.

Dann lief ich zum Parkplatz. Mein roter VW-Polo bot mir ein erstes Obdach, einen kleinen Schutzraum.

Noch immer hatte ich die Worte des Direktors im Ohr: „Wenn Sie Schleichwege nach Hause kennen, Frau Ludin, dann nehmen Sie sie! Die Presse wird Ihnen schon auflauern!"

Ich fuhr los. Alles schien auf Autopilot geschaltet zu sein: mein Fahren und meine Gedanken.

Immer wieder blickte ich in den Rückspiegel. Vor meinem Haus schaute ich mich um, bevor ich ausstieg.

Ich wusste, dass Khaled nicht da war, also klingelte ich direkt bei meiner Mutter.

Sie öffnete mir die Tür und ich fiel ihr gleich in die Arme.

Sie hielt mich fest und streichelte mir über den Kopf. Ich wusste, dass sie mich verstand wie niemand sonst.

Es war der Moment, in dem ich mich meiner Mutter näher fühlte als je zuvor. Und ich wusste auch, wie sehr es sie schmerzte, dass ich all die Demütigungen und Qualen durchmachen musste.

Sie nahm mein Gesicht in ihre Hände und schaute mich an: „Weißt du, mein Kind, das Leben erteilt jedem seine Lektion – auch denen, die dir das antun."

Meine Mutter und ich saßen schweigend auf der Couch, bis ich mich wieder beruhigt hatte. Dann machte sie den Fernseher an – wahrscheinlich um mich auf andere Gedanken zu bringen, solange sie das Essen kochte.

Nach ein paar Minuten begannen die Nachrichten. Man sah Annette Schavan, wie sie auf einer Pressekonferenz verkündete, dass ich zwar die fachliche Qualifikation zum Lehramt erworben hätte, mir aber die persönliche Eignung fehlte, da ich darauf „beharrte", das Kopftuch weiterhin im Unterricht zu tragen.

Und sie richtete weiter über mich und andere: „Das Tragen des Kopftuchs gehört nicht zu den religiösen Pflichten einer Muslima. Das ist unter anderem daraus erkennbar, dass eine Mehrheit muslimischer Frauen weltweit kein Kopftuch trägt. Das Kopftuch wird vielmehr in der innerislamischen Diskussion auch als Symbol für kulturelle Abgrenzung und damit als politisches Symbol gewertet. […]

Frau Ludin hat erklärt, dass sie im Fall ihrer Übernahme in den Staatsdienst als Lehrerin an einer öffentlichen Schule darauf bestehe, auch zukünftig im Unterricht das Kopftuch zu tragen. Dies sei ein Merkmal ihrer Persönlichkeit, nicht Ausdruck ihres Glaubens."

Annette Schavan beendete ihre Erklärung dann mit folgenden Worten: „In einer öffentlichen Schule muss eine Lehrerin als erzieherisches Vorbild, als Repräsentantin des Staates und seiner Werte und Normen wirken. Dazu gehört an entscheidender Stelle auch die Toleranz. Wer dazu erziehen will, muss sie auch vorleben ..."[9]

Wenige Wochen später wurde mir klar, dass ich damals nur eine Zusage für das Referendariat erhalten hatte, weil Annette Schavan und ihre Mitarbeiter im Kultusministerium und dem Oberschulamt Stuttgart befürchtet hatten, dass ich – einem internen Rechtsgutachten zufolge – mit einer Klage auf einen Referendariatsplatz wahrscheinlich Erfolg gehabt hätte.[10] Das wollte man um jeden Preis verhindern. Deshalb hatte man schließlich doch eingelenkt und mir das Referendariat ermöglicht.

Jetzt hatten sie ihren Trumpf ausgespielt.

Zeugnisverleihungen haben normalerweise etwas Feierliches an sich. Es ist ein Tag der Freude. Ausdauernde Arbeit und langjährige Mühe werden belohnt. Man teilt diesen Moment mit der Familie. Eltern wischen sich Tränen der Rührung und des Stolzes mit Taschentüchern weg. Erinnerungsfotos werden gemacht und später an die Wand gehängt. Daneben das eingerahmte Zeugnis.

Nun, im Juli 1998, war ich offiziell Grund- und Hauptschullehrerin und hatte das Referendariat mit einer 1,3 bestanden.

Trotzdem ging ich nicht zur Zeugnisverleihung.

Worüber sollte ich mich freuen? Wozu ein Stück Papier mit Wasserzeichen entgegennehmen, wenn man mir meine Fähigkeiten und meine Eignung als Lehrerin wegen eines Kleidungsstücks wieder aberkannte?

Ich konnte an diesem Tag meinen Kommilitonen, meinen Dozenten und Mentoren nicht ins Gesicht blicken. Dafür fehlte mir die Kraft und wahrscheinlich tat ich mit meinem Wegbleiben auch ihnen einen Gefallen.

So konnte man ganz entspannt feiern – nur unter sich.

Einige Tage nach der Zeugnisverleihung klingelte das Telefon bei uns zu Hause fast ununterbrochen.

Es kamen Anfragen von Journalisten aus ganz Deutschland.

Khaled und ich gingen nicht mehr ans Telefon, bis wir auf dem Anrufbeantworter hörten, wer dran war.

All diese Menschen, die etwas von mir wollten – das war einfach zu viel für mich.

Ich war immer noch wie gelähmt von der Entscheidung des Kultusministeriums.

Und doch musste ich funktionieren.

Ich konnte nicht einfach untertauchen. So verlockend der Gedanke auch war, aber mir war es wichtig, auch selbst Gehör zu finden.

So viele Menschen veröffentlichten abstruse Vermutungen, gemeine Unterstellungen und schlichtweg falsche Fakten über mich.

Ich wollte das ändern. Es musste doch möglich sein, von den Medien fair behandelt und dargestellt zu werden.

Ich gab nur noch Interviews, wenn ich die Zitate vor der Veröffentlichung gegenlesen durfte. Trotz schriftlicher Abmachung hielten sich viele Journalisten – gerade auch der großen renommierten Blätter – nicht daran. Und so wurden meine Zitate oft falsch wiedergegeben oder aus dem Zusammenhang gerissen.

Zum Teil griff man sogar zu unfairen Methoden: Als beispielsweise die Journalisten eines Magazins erfuhren, dass ich dem *Spiegel*, ihrem Konkurrenzblatt, ein Interview gegeben hatte, versuchten sie mich zu einer Stellungnahme zu erpressen.

Mir wurde angedroht, dass sie in der folgenden Ausgabe abdrucken würden, dass ich Kontakte zu fundamentalistischen Kreisen hätte, wenn ich ihnen ein Interview verweigerte.

Diese Drohungen fand ich lächerlich und unseriös. Ich hatte ja keine Leichen im Keller und tat auch sonst nichts, was irgendwie bedenklich gewesen wäre. Also was sollte das?

Damals wusste ich nicht, wie sehr man Menschen durch Verdächtigungen und falsche Behauptungen zur Strecke bringen konnte.

Ein anderes Mal meldete sich eine Journalistin bei mir – angeblich von der *Stuttgarter Zeitung*. Ihre Interviewmethoden waren so unhöflich und unverschämt, dass ich das Interview verweigerte und mich gleich nach dem Gespräch bei der Redaktion beschwerte. Dort sagte man mir, dass sie keine Mitarbeiterin unter besagtem Namen hätten.

Später fand ich heraus, dass es sich offenbar um eine Mitarbeiterin einer bekannten feministischen Zeitschrift handelte, die bei mir unter einem falschen Namen und mit falschen Angaben angerufen hatte.

Immer wieder trat nun Alice Schwarzer als „Fereshta-Ludin-Expertin" in Medien auf und positionierte sich auch so. Dabei hatte sie nie auch nur ein einziges Wort mit mir persönlich gewechselt.

Ich war entsetzt und schockiert über diese Art von Journalismus.

Die Beiträge und Interviews in verschiedenen Nachrichtensendungen der öffentlich-rechtlichen Rundfunkanstalten waren dagegen meist sachlich. So empfand ich es.

Mir wuchsen die Medienanfragen über den Kopf.

Ich versuchte, die verschiedenen Redaktionen und Journalisten in Kategorien einzuteilen, wie: zuverlässig, seriös, ausgewogen und das Gegenteil davon.

Doch auch das half nicht wirklich weiter.

Ich war ja auch keine Kennerin der Medienszene. Noch nie hatte ich ein Medientraining absolviert oder eine entsprechende Beratung erhalten.

Dazu fehlten mir die finanziellen Mittel und die Kontakte.

Auch hatte ich keine Kraft, in einen Rechtsstreit zu treten und auf Unterlassung oder eine Gegendarstellung zu klagen.

Trotzdem versuchte ich mich auf jedes Interview, dem ich zustimmte, gut vorzubereiten. Ich wollte mich so zeigen, wie ich wirklich war, merkte aber, dass man in viele Aussagen etwas hineininterpretierte, Dinge absichtlich falsch darstellte und nicht in der Lage oder willens war, meinen Standpunkt nachzuvollziehen.

Wie sehr ich das Gefühl hasste, die Zeitung aufzuschlagen und Lügen über mich zu lesen!

Und das, obwohl ich stets versuchte, meine Worte gut zu wählen, damit sie eindeutig waren.

Dann hieß es in einigen Medien, ich hätte eine Agentur zur Unterstützung beauftragt. Und wäre sicherlich geschult – was auch wieder mit Misstrauen beäugt wurde.

Ich sammelte alle Artikel, die ich selbst las oder von Freunden und Bekannten zugeschickt bekam. Bald hatte ich mehrere Aktenordner gefüllt. Jeder schien eine Meinung zu mir zu haben und mich und meine Beweggründe wie seine Westentasche zu kennen.

Und trotz der vielen Interviews, Porträts und Features habe ich nur in wenigen Texten akkurate Darstellungen darüber gefunden, wie ich als praktizierende Muslima in Deutschland lebte und warum mir das Kopftuch wichtig war. Doch genau das war mir wichtig, deshalb rang ich mich zu den Interviews durch, obwohl jedes einzelne mich belastete.

Erst Wochen später verstand ich in vollem Ausmaß, was diese Entscheidung des Oberschulamtes für mich bedeutete: Ich würde wahrscheinlich niemals an einer öffentlichen Schule in meiner Heimat Baden-Württemberg unterrichten können. Dieses Urteil schob sich wie eine Stahlwand zwischen mich und meine Berufung.

Ich hing gedanklich in Endlosschleifen: Soll es das jetzt gewesen sein? War meine Berufstätigkeit zu Ende, bevor sie überhaupt richtig begonnen hatte?

Sie nannten das Kopftuch ein „Symbol der Unterdrückung". Doch eigentlich waren sie die Unterdrücker. Sie verboten mir zu arbeiten. Und sie sprachen mir ab, eine mündige und fähige Lehrerin zu sein, nur weil ich ein Kopftuch trug.

Ich hatte den Gedanken daran verdrängt. Gehofft, dass sich die Einsicht irgendwann einstellen würde. Gehofft, dass ich durch meine Leistung überzeugen könnte. Gehofft, dass sie sich erst einmal ein Bild von mir machen würden. Ich dachte, wenn sie mich erst einmal als Mensch kennengelernt hätten, würde alles anders.

Doch jetzt musste ich erkennen, dass ich von Anfang an ein „Fall" für sie gewesen war.

Ein lästiger, unschöner Präzedenzfall.

Und doch kein Einzelfall.

Ich spürte anhand der Leserreaktionen, dass Menschen dieses „offizielle Verbot" als ihre Chance sahen, den Muslimen endlich mal ihre Grenzen aufzuzeigen.

„Reicht es nicht schon, dass ihr hier leben dürft?! Könnt ihr euch dann nicht wenigstens ein kleines bisschen anpassen?"

„Jetzt wollen die auch noch das Recht haben, DAMIT zu unterrichten! Wollen zukünftige Generationen formen und für sich gewinnen!"

„Die wollen ja nur allen kleinen Mädchen Kopftücher verpassen und alle kleinen Jungen zu Paschas erziehen!"

„So eine lass ich nicht auf meine Kinder los!"

Es tat weh, wenn solche Worte in meinem Kopf hallten – wieder und wieder. Zum Teil malte ich sie mir auch selbst aus.

Auch Wochen später empfand ich das Urteil wie einen Schlag ins Gesicht. Regelmäßig stieg eine nicht abebbende Empörung in mir auf.

Solche Erfahrungen hatten sicherlich auch Menschen gemacht, die später radikal geworden sind. Auch wenn das als Entschuldigung natürlich nicht zählt.

Was passiert dann mit einem Menschen, der eigentlich eine positive Einstellung hat, der sich engagieren und die Welt voranbringen möchte?

Immer waren es die persönlichen Kontakte mit dem deutschen Teil meiner Familie, mit deutschen Freunden, aber auch mit meinen Dozenten und Mentoren, die mir wieder Mut machten. Sie berieten und unterstützten mich. Sie nahmen selbst Unannehmlichkeiten in Kauf, um mir zu helfen.

Auch das ist Deutschland, dachte ich oft.

Mein Interesse vertreten

Ich habe mir die Entscheidung nicht leicht gemacht. Ich beschloss, Widerspruch gegen den Bescheid des Kultusministeriums von Baden-Württemberg einzulegen.

Ich wollte Gerechtigkeit, also würde ich mich mit meiner gesamten Kraft dafür einsetzen.

Der Weg war hart. Aber ich wollte nicht aufgeben, um mir später Selbstvorwürfe zu machen. Ich wollte nicht, dass es mich von innen heraus zerfraß und ich irgendwann in Selbstmitleid verfiel.

Es ging um meine Würde. War das nicht das höchste Gut, das man hatte?

Es gab viele Stimmen – vor allem in Politik und Medien –, die Widerstand leisteten gegen Lehrerinnen, die ein Kopftuch trugen. Die politische Diskussion hatte ihren Ursprung sogar im baden-württembergischen Landtag. Dort hatten die Republikaner im Juli 1998 für ein flächendeckendes Kopftuchverbot plädiert.[11] Ihr Antrag wurde von den Fraktionen der CDU, SPD, Grünen und der FDP zwar abgelehnt, aber bis auf die Liberalen befürworteten alle anderen Parteien Schavans Entscheidung gegen mich völlig. Ihre Argumente gegen das Tragen des Kopftuchs klangen ähnlich: Durch meine äußere Erscheinung wäre nicht garantiert, dass ich die Werte der christlich-abendländischen Kultur, der Aufklärung, in der Schule auch vermitteln würde; das Kopftuch wäre frauenfeindlich und Zeichen eines fundamentalistischen Islams; junge muslimische Frauen würden durch mein Vorbild von ihren Familien unter Druck gesetzt, ebenfalls ein Kopftuch zu tragen, was ihre Integration erschweren würde.

Warum haben sich die anderen Parteien nicht entschlossener gegen die Republikaner ausgesprochen? Wie konnte eine rechte Partei mit ihren menschenfeindlichen Vorstellungen solch einen Einfluss nehmen?

Oder waren das nur Wahlkampftaktiken? Im Oktober 1998 fanden schließlich Bundestagswahlen statt. Wie weit würde man in unserer Gesellschaft mit solchem Gedankengut kommen?

Nein, ich glaubte an den Rechtsstaat. Nicht umsonst trägt Justitia – die Personifizierung der Gerechtigkeit – eine Augenbinde. Sie steht für Unparteilichkeit und fällt ihr Urteil, ohne die Person, ihre Herkunft oder ihren sozialen Stand einzubeziehen. Daran glaubte ich.

Auch glaubte ich an unsere pluralistische Gesellschaft. Ich war der Überzeugung, dass sich Vielfalt auch im Schulleben widerspiegeln, dass Schule auf das reale Leben vorbereiten sollte. Und ich dachte, dass die meisten Menschen in Deutschland das ebenso für richtig hielten.

Und ich wusste, dass ich nicht nur für mich selbst sprach. Diskriminierung war und ist Alltag für viele Menschen in Deutschland – und im besonderen für muslimische Mädchen und Frauen. Sie stehen mitten im Leben, haben sich aus den unterschiedlichsten Gründen für das Kopftuch entschieden und befinden sich in der Ausbildung, im Studium oder wollen in den Beruf einsteigen.

Ihre Eltern haben oft noch Fabrik- oder Montagejobs nachgehen müssen, um die Familie durchzubringen. Doch die neue Generation ist in Deutschland geboren und aufgewachsen, spricht die Sprache, kennt die Anforderungen und strengt sich an.

Die vielen jungen Muslima können auf der Grundlage aufbauen, die ihre Eltern geschaffen haben.

Und ich besaß die Möglichkeit, etwas für sie zu tun, etwas an der Diskriminierung zu ändern! Das war mir mehrfach von Juristen bestätigt worden.

Dr. Hansjörg Melchinger war mir vom Verband Bildung und Erziehung (VBE) als Fachanwalt für Verwaltungsrecht empfohlen worden und hatte mich schon während des Referendariats telefonisch beraten.

Nun trafen wir uns zum ersten Mal. Ich mochte seine positive, aufgeschlossene Art und konnte mir eine Zusammenarbeit mit ihm gut vorstellen.

Dr. Melchinger sagte mir, dass der Weg kein einfacher sein würde und es verschiedene Möglichkeiten der Auslegung gebe. Es sei schwirig einzuschätzen, wie das Gericht urteilen würde.

Er wolle sich aber umgehend an die Arbeit machen, die Schulleitergutachten zu prüfen.

Durch meine Mitgliedschaft beim VBE genoss ich Berufsrechtsschutz.

Zu Beginn meines Studiums hatte sich der Verband mit einem Infostand an der Pädagogischen Hochschule präsentiert und ich war mit einem seiner Vertreter ins Gespräch gekommen. Als Berufsverband setzte sich der VBE bundesweit für die verschiedenen Interessen der Lehrer ein.

Damals hätte ich natürlich nie für möglich gehalten, dass ich den Rechtsschutz jemals brauchen würde.

In anderen Umständen

Manchmal passieren Dinge, wenn man sie am wenigsten erwartet: Ich war schwanger!

Khaled und ich hatten vor einigen Monaten besprochen, dass wir uns nun bereit für ein Kind fühlten. Zwar mochten wir unser Studentenleben zu zweit sehr, aber gleichzeitig fehlte uns etwas. Wir hatten das Gefühl, dass es da noch eine wesentliche Erfahrung gäbe, etwas, das unseren Blick auf die wirklich wichtigen Dinge im Leben lenken könnte.

Wir wünschten uns ein Kind. Trotzdem hatten wir beide nicht damit gerechnet – vor allem nicht so schnell.

Über den Prüfungs- und Medienstress habe ich erst spät von der Schwangerschaft erfahren, sie auch später zeitweise fast vergessen.

Aber sobald ich auch nur etwas zur Ruhe kam, wurde mir bewusst, dass da ein neues Leben in mir heranwuchs. Bei dem Gedanken spürte ich eine tiefe Freude und ein seliges Lächeln überzog mein Gesicht.

Jetzt fühlte ich mich wirklich bereit. Ich war inzwischen Mitte zwanzig.

Ich hatte schon oft darüber nachgedacht, wie es wohl wäre, Kinder zu haben. Drei wünschte ich mir. Zu ihnen wollte ich eine innige, ehrliche Beziehung aufbauen. Es sollte kein autoritäres Gefälle geben. Trotzdem wünschte ich mir, dass sie mich respektvoll behandeln und als ihre Mutter achten. Ich wollte die Tradition meiner Eltern weitergeben: Die Familie war das Zentrum, hier wurde man geliebt und fühlte sich geborgen.

So bunt und vielseitig wie meine eigene Kindheit sollte auch die meiner Kinder sein. Sie sollten offen und selbstbewusst auf Menschen und neue Situationen zugehen. Ihre kulturellen Wurzeln sollten ihnen Halt im Leben geben und sie festigen.

Auch wollte ich, dass meine Kinder ein friedvolles Leben führen: in Achtung vor Gott, sich selbst und der gesamten Schöpfung. Sie sollten darauf bedacht sein, niemandem zu schaden und ihr Leben ohne Gewalt und Profitdenken zu meistern.

Ich wünschte mir Kinder, die empathisch waren, menschliche Werte und ihren eigenen Standpunkt vertraten und sich für andere einsetzten.

Doch jetzt genoss ich erst einmal so gut es ging die Schwangerschaft.

Ich stellte mir vor, wie ich bald mit meinem Kind im Arm auf einem Schaukelstuhl in einem hellen, lichtdurchfluteten Zimmer sitzen würde.

Ein wohliges Gefühl von tiefer Zufriedenheit breitete sich in mir aus. Noch vor einem Jahr hätte ich es mir absolut nicht vorstellen können, tatsächlich ein Kind zu bekommen. Aber nun sollte es genau so sein und ich war überwältigt.

Ich machte mir viele Gedanken, warum Gott gerade jetzt beschlossen hatte, mir ein Kind zu schenken.

Als Ersatz für meinen Arbeitsantritt? War das der perfekte Zeitpunkt? Jetzt, wo ich solch eine Niederlage ertragen musste, es oft so schwer hatte, empfand ich dieses kleine Wesen als besonders großes Geschenk.

Oder sollte ich den klaren Blick für die wirklich wichtigen Dinge im Leben zurückerhalten?

Seit Monaten drehte sich alles um *mich* und *meinen Fall*.

Mein Referendariat, das Schulamt, die Klassen, die Presse, unzählige Artikel, das Telefon, das selten stillstand, die Prüfungen. Das alles war etwa anderthalb Jahre meine Welt gewesen.

Mittlerweile fühlte ich mich richtig schwanger. Mein Körper veränderte sich, mein Bauch wurde immer runder und ich war schneller erschöpft.

Dennoch machte ich regelmäßig Schwangerschaftsgymnastik, manchmal sogar mit Khaled zusammen, und noch nie in meinem Leben ging ich so regelmäßig spazieren wie in dieser Zeit. Ich wollte mich freilaufen.

Khaled und ich schauten uns immer wieder zusammen die Ultraschallbilder an.

Wie unser Kind wohl aussehen würde? Bestimmt schön, diese afghanisch-deutsche Mischung.

Wir wollten beide von Anfang an für unser Kind da sein, es gemeinsam erziehen.

Trotzdem spürte ich, dass ich mich als Mutter in einer besonderen Rolle sah. Kam das, weil ich meine eigene Mutter praktisch als Alleinerziehende erlebt hatte?

Ich konnte mich nicht mehr davor verstecken, dass ich jetzt *recht bekannt* war. Ich sagte allerdings lieber, dass mich einfach mehr Menschen *erkannten*.

Mein Anwalt hatte mir erklärt, dass ich nun als „Person des öffentlichen Lebens" gelten würde. Das bedeutete, dass ich die öffentliche Diskussion und damit auch eine gewisse Einschränkung meiner Privatsphäre in Kauf nehmen musste.

Ich war mit Sicherheit kein Star und auch kein Sternchen, das über rote Teppiche lief und haufenweise Designerklamotten zugeschickt bekam.

Aber ich konnte auch nicht mehr unbedarft durch die Fußgängerzone bummeln.

Die Menschen schauten mich an. Ihr Blick verweilte länger auf mir. Einige folgten mir und tuschelten miteinander: „Ist das nicht die aus der Zeitung?"

Wenn Menschen durch Reality- oder Castingshows bekannt werden, dann können sie sich auch nicht mehr frei in der Öffentlichkeit bewegen. Aber zumindest treffen sie meist auf freundliche, lachende Gesichter. Ihnen wird gesagt, wie toll man sie findet, und man bittet sie um ein Autogramm.

Ich aber schaute in prüfende, manchmal sogar misstrauische Mienen. Ich bin ihnen nicht geheuer, dachte ich. Irgendetwas an mir müsse krumm, nicht normal sein, so glaubten wohl viele.

Und manchmal schaute ich offener Feindschaft ins Gesicht. Selbst in einem voll besetzten Bus setzte sich niemand auf den freien Platz neben mir, mein Gruß wurde nicht erwidert, oder man sprach laut, wenn ich vorbeiging: „Die mit ihren Lumpen auf dem Kopf!"

Ich kam immer schlechter mit dieser Situation klar und versuchte, alle potenziell schwierigen Situationen zu vermeiden. Ich zog mich immer mehr zurück und ging immer seltener aus dem Haus.

Jetzt, wo ich schwanger war, ging es nicht mehr „nur" um mein Leben. Ich war für noch jemand anderen verantwortlich. Ich wollte dieses Kind beschützen.

Ich hatte kaum jemandem mitgeteilt, dass ich schwanger war. Das fühlte sich für mich besser an.

Sicherer.

Ich wünschte mir in dieser Zeit öfter, eine Maschine zu sein.

Wie sie wollte auch ich funktionieren, meine Arbeit tun, mir aber keine Gedanken machen müssen über Diskussionen, Anfeindungen und falsche Behauptungen.

Und noch mehr als meine Gedanken hätte ich am liebsten meine Emotionen abgeschaltet: meine Angst vor der täglichen Ungewissheit; die Panik in der Öffentlichkeit; der Druck, all dem nicht standhalten zu können; das Erschrecken über meine eigene Schwäche und wieder Angst, dass alles umsonst sein könnte und meine Hoffnungen für die Zukunft zerschmettert würden.

Der öffentliche Druck, die Medienbelagerung und der Verlust unserer Freiheit hingen wie schwarze Wolken über Khaled und mir.

Wir kannten keinen unbeschwerten Alltag mehr.

Ständig diskutierten wir, welche Anfragen von Journalisten ich annehmen sollte oder welche Punkte mit meinem Anwalt noch zu klären seien.

Und dann war da unsere ungewisse Zukunft: Wie gut hätten wir mein Gehalt jetzt gebrauchen können! Doch wir konnten nicht einmal planen: Würde ich arbeiten können? Wo? Und vor allem, wann?

Wie lange dauerte das Verfahren? Wie viel Kraft würde ich dafür brauchen?

Wann konnte ich mit einer Entscheidung rechnen? Und die wichtigste Frage: Wie würde diese aussehen?

Wir spielten alle Möglichkeiten durch: Vielleicht sollten wir einfach in ein anderes Bundesland ziehen. Baden-Württemberg schien hier besonders engstirnig zu sein. Ich kannte mehrere Fälle, bei denen Lehrerinnen ohne Probleme mit einem Kopftuch arbeiten konnten. Dies waren meist Frauen, die vorher schon Lehrerinnen gewesen waren und sich dann zu einem gewissen Zeitpunkt für das Kopftuch entschieden hatten.

Ich war mit meinem Kopftuch im Referendariat ein Novum. Und jetzt stand ich unter bundesweiter Beobachtung.

Selbst wenn ich alles zusammenpackte und in ein anderes Bundesland ginge, würde man mich erkennen, und vielleicht fing die gleiche Diskussion an anderer Stelle von Neuem an.

Auch war mein Fall noch nicht abschließend geklärt. Ich war davon überzeugt, dass niemand mich einstellen würde – besonders, wenn er mich nicht kannte und den Medienberichten glaubte. Mich, die vermeintlich fundamentalistische, provozierende und engstirnige „Kopftuchlehrerin" aus Afghanistan.

Meine Hoffnung war schon lange verflogen.

Traurigkeit, Nachdenklichkeit und Frustration machten sich bei Khaled und mir breit. Wir hatten finanzielle Sorgen und mussten ebenfalls eine Entscheidung wegen meiner Mutter treffen. Zogen wir um, hieße das, dass auch sie erneut aus ihrem vertrauten Umfeld gerissen werden würde.

Es gab zu diesem Zeitpunkt für uns so viele Fragezeichen, so viel Ungewissheit.

Und dann würde bald unser Kind kommen. Wir freuten uns wahnsinnig. Aber uns war auch bewusst, dass es unseren Alltag noch einmal durcheinanderwirbeln würde. Wir mussten uns als Eltern erst einmal finden, eine neue Routine und einen neuen Teamgeist entwickeln. Würden wir das schaffen? Oft schlichen sich Zweifel bei mir ein.

Khaled hatte mich in den letzten Jahren so gut er konnte unterstützt. Er hatte noch nicht angefangen, als Lehrer zu arbeiten, stand aber auf der Warteliste und konnte jeden Moment ein Anstellungsangebot bekommen. In der Zwischenzeit hatte er Nebenjobs und kümmerte sich zum großen Teil auch um den Haushalt, um mich zu entlasten. Seine Familie unterstützte uns teilweise finanziell, aber wir gaben uns Mühe, aus eigener Kraft über die Runden zu kommen.

Unsere schwierigen Lebensumstände nagten an uns.

Ich spürte, dass Khaled sich immer öfter zurückzog, immer verschlossener wurde.

Wir sprachen weniger, organisierten mehr.

Ich dachte, das sei nur eine Phase. Sicherlich wäre sie bald vorüber.

Sieben Tage hatte ich bereits im Krankenhaus verbracht und dabei waren es noch drei Monate bis zu meinem Entbindungstermin.

Ich fühlte mich vom vielen Liegen erschöpft. Und das Baby drückte permanent auf meinen Magen und meine Lunge.

„Jeder Tag zählt!", hatte der Arzt gesagt.

Und deshalb würde ich um jeden Tag kämpfen.

Nach und nach kam ich zur Ruhe: Das Referendariat war beendet, die Entscheidung erst einmal verdaut, die wichtigsten Fragen mit meinem Anwalt geklärt.

Jetzt wollte ich eigentlich für ein paar Wochen mein Leben genießen, Freunde treffen und einfach entspannen.

Doch nun lag ich im Krankenhaus und machte mir Sorgen um das Baby.

Forderte mein Körper jetzt sein Recht, das ich ihm so lange verwehrt hatte? Kam jetzt alles nach, was ich verdrängt hatte?

Hatte ich diese Zwangspause vielleicht dringender nötig, als ich ahnen konnte?

So viele Dinge hatte ich eigentlich noch vor der Geburt erledigen wollen: Die Babyecke einrichten, Kleider und einen Autositz kaufen …

Dabei hatte der Tag, an dem ich ins Krankenhaus musste, so schön angefangen.

Meine Schwester Bahar und eine Cousine waren zum Frühstück zu Besuch gewesen.

Ich spürte ein leichtes Ziehen im Unterleib, aber nahm das nicht weiter ernst. Irgendwo zog es doch eigentlich immer, wenn man im sechsten Monat schwanger war.

Später fuhr ich beide in die Stadt und ging dann noch zu einem Mädchen, dem ich Nachhilfe gab.

An Nachmittag trafen wir uns wieder bei meiner Mutter.

Khaled war noch nicht da.

Das Ziehen im Unterleib wurde immer stärker. Es ließ auch nicht nach, nachdem ich mich hingelegt hatte. Bahar meinte, ich solle unbedingt ins Krankenhaus.

Sobald Khaled kam, fuhren wir los. Ich hatte ein ungutes Gefühl und war sehr nervös.

Der Arzt in der Notaufnahme erklärte mir, dass ich auf jeden Fall dableiben müsse und eine wehenstillende Infusion erhalten würde.

Natürlich tat ich, was mir geraten wurde. Da sich mein Zustand aber nur leicht stabilisierte, musste ich länger bleiben.

Die Tage krochen an mir vorüber.

Es fiel mir schwer, längere Zeit einfach so dazuliegen. Alle interessanten Bücher und Zeitschriften hatte ich schon durchgelesen. Ich wollte wieder in mein normales Leben zurück. Die Zeit vor der Geburt noch nutzen.

Nach und nach erkannte ich aber, dass es besser sei, jetzt einfach zu entspannen. Alle Treffen mit Freundinnen, die Führungen durch die Moschee, die Vorträge an der Uni oder meine Jugendarbeit konnte man verschieben oder absagen.

Jetzt ging es einfach um das Baby und mich. Wir mussten gesund bleiben.

Glücklicherweise bekam ich viel Besuch. Das war eine wohltuende Abwechslung und heiterte meine Stimmung auf. Auch riefen mich Freunde und Bekannte an. Endlich hatte ich einmal Zeit, mit allen zu sprechen.

Dann verbrachte ich auch noch meinen 26. Geburtstag im Krankenhaus.

Khaled und meine Mutter kamen mit einem Kuchen, auf dem Kerzen brannten, in mein Krankenzimmer.

Ich habe mich selten so sehr über einen Geburtstagskuchen gefreut.

Herr Meyer, der stellvertretende Schulleiter, rief mich ebenfalls aus der Schule an und gratulierte mir auf Persisch. Die Kinder sangen mir ein Geburtstagslied und er begleitete sie auf der Gitarre. Danach konnte ich sogar noch mit einigen Kindern aus der Klasse sprechen.

Die Tränen standen mir in den Augen. Oh, wie hatte ich die Kleinen vermisst. Sie waren mir ans Herz gewachsen. Anderthalb Jahre ihres so jungen Lebens hatte ich sie begleiten dürfen. Das bedeutete mir unendlich viel.

Ich weiß nicht, wie viele siebte Sinne Herr Meyer besaß. Doch er hatte feine Antennen. Und er hatte immer eine Medizin, die mir wieder auf die Beine half.

So viel Mitgefühl hätte ich mir nicht einmal erträumen können.

Ich spürte, wie ich plötzlich entspannen und besser atmen konnte.

In der Zwischenzeit hatte mir die Redaktion der Talkshow *Jürgen Fliege* ein Fax geschickt. Sie wollten mich zum Thema

„Deutsche Ausländer" in die Sendung einladen. Ebenfalls angefragt war Cem Özdemir, der schon für die Grünen im Bundestag saß.

Ich konnte mir in meinem gesundheitlichen Zustand beim besten Willen nicht vorstellen, in der Sendung zu sitzen. Und natürlich wollte ich nichts riskieren.

Aber das Thema hörte sich reizvoll an.

Während ich versuchte, in meinem Krankenhausbett eine bequeme Liegeposition zu finden, und dem regelmäßigen Atem meiner Zimmernachbarin lauschte, dachte ich über mich als „deutsche Ausländerin" nach.

Sofort schlug mein Herz schneller und ich spürte nun plötzlich wieder Empörung in mir aufsteigen.

Was bildeten sich diese Menschen nur ein?! Egal, wie lange man hier lebte, wie gut man Deutsch sprach, wie viele deutsche Freunde und Vereinsmitgliedschaften man besaß – man war immer noch „Ausländer". Und irgendwie hatte ich das Gefühl, man würde es auch für immer bleiben.

Daran war nicht einmal mein Kopftuch „schuld". Viele erzählten, dass es reiche, etwas dunklere Haare und Augen oder einen leichten Akzent zu haben.

Anders allein wäre ja nicht schlimm, aber dieses Anderssein war automatisch schlechter.

In England beispielsweise sprach man von „Diversity". Das war etwas Positives. Man betrachtete Vielfalt als Bereicherung, so dachte ich. Und ist es denn nicht eine Bereicherung, dass wir uns voneinander unterscheiden?

Wie wäre ein Leben mit uniformen Menschen, die alle blond sind, Idealmaße haben, den gleichen Beruf ausüben und Hemd und Hose tragen?

Oft stellte ich mir vor, wie manche Deutsche als Vogel übers Land flogen. Sie genossen es, über allem zu sein, und betrachteten die Landschaft argwöhnisch von oben herab: „Die

Baumgruppe da unten passt ja gar nicht in die Gegend. Und wer bitte hat den Kühen erlaubt, hier zu grasen? Der Boden ist doch eh schon so trocken, dass sich Staubwolken bilden und überhaupt ... Früher war die Landschaft viel schöner."

Ich kam mir vor wie einer der kleinen Bäume, die aus Sicht des Vogels nicht ins Bild passten. Konnte er von so weit oben überhaupt meine Schönheit erkennen? Und sah er nicht, dass ich wichtigen Schatten spendete? Doch wie konnte ich mich ins rechte Bild setzen oder mich gar erklären, wenn er da oben war und ich hier unten?

Ich dachte noch einmal an meine eigene Geschichte als „deutsche Ausländerin": Als ich mit 14 Jahren in die Bundesrepublik kam, ohne Deutsch zu sprechen, war das eine ganz schreckliche Erfahrung für mich. Plötzlich war ich mundtot. Analphabetin. Machtlos.

Das wollte ich nicht sein! Also habe ich die Sprache gelernt, einen Deutschen geheiratet, mein Abitur gemacht und auf Lehramt studiert.

Und jetzt, nachdem ich fast mein halbes Leben hier lebte, konnte ich es mir gar nicht mehr woanders vorstellen.

Ich fühlte mich als Deutsche.

Ja, ich bin Deutsche, aber auch andere Sprachen und Kulturen sind ein Teil von mir:

Ich stehe auf und verrichte das Morgengebet auf Arabisch, dann frühstücke ich mit meinem Mann und wir unterhalten uns auf Deutsch. Ich sehe meine Mutter und schalte augenblicklich auf Persisch um. Das Leben draußen spielt sich auf Schwäbisch ab, in den Geschäften, beim Arzt und natürlich bei der Arbeit. Und dann telefoniere ich regelmäßig mit langjährigen Freundinnen auf Arabisch oder Englisch.

Und damit nicht genug. Es reicht mir nicht, meinen Alltag zu bestreiten und in den Tag hineinzuleben.

Ich möchte meine Umwelt mitgestalten, ein aktives Mitglied der Gesellschaft sein. Ich möchte die Welt ein kleines Stück weit besser hinterlassen, als ich sie vorgefunden habe. Und ich möchte zum Nachdenken anregen.

Ich war noch nie bloß Zuschauerin – und ich hoffe, auch nie zu einer zu werden.

Hello and Goodbye

Wir nannten sie Laila, und sie war genauso, wie ich mir mein Baby immer vorgestellt hatte: süß, zart, einfach wundervoll.

Wir waren stolze Eltern und für eine Weile rückte alles andere in den Hintergrund.

Und trotzdem erledigten sich die Dinge nicht von allein und wir standen immer noch vor den gleichen Herausforderungen.

Als Laila einige Monate alt war, erhielt ich einen Anruf aus Berlin. Am anderen Ende grüßte mich eine nette, herzliche Stimme. Es war die Leiterin einer privaten Grundschule in Berlin. Die Schule bot zusätzlich zum regulären Stundenplan noch Fächer wie islamischen Religionsunterricht, Türkisch, Arabisch und Persisch an. Das Kollegium war bunt, aber mehrheitlich deutschstämmig, und die Atmosphäre sehr familiär.

Die Schule könne unter Berücksichtigung unserer Fächer ab dem kommenden Schuljahr Khaled eine volle und mir eine Teilzeitstelle anbieten. Ich würde Englisch, Sachkunde und Deutsch unterrichten. Das Kopftuch sei kein Problem, da es sich ja um eine private Einrichtung handle.

„Wir hoffen, dass Sie unser Angebot trotz der großen räumlichen Entfernung ernsthaft in Erwägung ziehen, und würden uns freuen, Sie persönlich kennenzulernen!"

Nach dem Telefonat schwebte ich für eine Weile. Dieser Anruf war so überraschend gekommen.

Ich warf mich aufs Sofa und genoss den Moment.

Es war so ein ungewohntes Gefühl, ein Angebot statt einer Absage zu erhalten. Und dabei hatten wir uns noch nicht einmal dort beworben.

Wie schön! Wie unglaublich! Jetzt hatten wir ganz neue Möglichkeiten!

Nach der ersten Euphorie stiegen aber auch unzählige Fragen und Bedenken in mir auf.

Ich kannte die Schule schließlich gar nicht. Nur weil es sich um eine Privatschule handelte, hieß das noch lange nicht, dass dort qualitativ gute Arbeit gemacht wurde oder dass wir uns dort wohlfühlen würden.

Und dann der Umzug nach Berlin. Eine Großstadt mit ihrem Lärm und Stress. Ich wollte mein schönes Schwabenland nicht verlassen. Das war meine Heimat. Dazu kam noch, dass ich meine Kinder nie in einer Großstadt aufwachsen lassen wollte. Und jetzt hatte ich gerade ein Kind bekommen und sollte dorthin ziehen?

Und was war mit meiner Familie? Meine Geschwister waren nur zweieinhalb Stunden entfernt und meine Mutter wohnte im gleichen Haus. Ich brauchte meine und Khaleds Familie, sie gaben mir Kraft und waren immer für mich da. Sollte ich wirklich so weit wegziehen?

Als Khaled am Abend nach Hause kam, erzählte ich ihm immer noch überschwänglich von dem Anruf, aber auch von meiner Skepsis.

Das war keine Entscheidung, die wir mal eben so fällen konnten. Wir diskutierten bis tief in die Nacht und vereinbarten, erst einmal für ein paar Tage nach Berlin zu fahren und uns die Schule anzuschauen.

Einige Wochen später standen wir dann vor der staatlich anerkannten Grundschule.

Die Sekretärin und die Schulleiterin hießen uns herzlich willkommen und führten uns durch die Klassen. Wir konnten alle Fragen stellen, die wir auf dem Herzen hatten.

Die Schule schien gut organisiert und auch ein vorzeigbares Lernniveau zu haben.

Das Kollegium erlebten wir als engagiert und freundlich.

Die Schule pflegte Kontakte zu anderen Schulen und engagierte sich in verschiedenen Projekten und Fortbildungsgruppen. Mir war wichtig zu erfahren, ob die Schule politisch unabhängig arbeitete, da ich mit der Organisationsstruktur noch nicht vertraut war. Und ich wollte meinen Unterricht auf jeden Fall frei gestalten können. Auch erhoffte ich mir, mich an einer Privatschule pädagogisch stärker einbringen zu können, als dies an einer öffentlichen Schule möglich wäre.

Der Träger der Schule, der zugleich ihr Vorstand war und sich um die Finanzen und die Verwaltung der Schule kümmerte, versicherte uns, dass die Schule politisch und ideologisch unabhängig sei. Das beruhigte mich. Mir gefiel sehr, dass hier Muslime und Nichtmuslime zusammenarbeiteten, dass man sich austauschte und gegenseitig unterstützte. Und es gefiel mir auch, dass die Schule ihre Lehrer nicht danach auswählte, wie sie aussahen oder was sie glaubten, sondern danach, welche Qualifikation sie mitbrachten.

Khaled und ich wogen noch einmal alle Vor- und Nachteile ab.

Der Umzug würde anstrengend werden – und das nicht nur in finanzieller Hinsicht.

Auch bedeutete er eine erneute Entwurzelung.

Wir würden alles ohne die Unterstützung unserer Familien durchstehen müssen. Mit einem kleinen Kind war das besonders schwierig.

Und dann war da auch noch meine Mutter. Mit über sechzig Jahren war jede Veränderung mit Angst und Ungewissheit verbunden. Sie musste all die liebgewonnenen Freunde und ihren Alltag zurücklassen.

Als wir sie fragten, ob sie mit uns nach Berlin ziehen würde, rief sie aus: „Berlin? Was soll ich in Berlin? Nein, mein Kind! Dann ziehe ich lieber zu deinen Geschwistern."

Wir entschieden uns schließlich doch für den Umzug.

Es war schon fast ein Jahr seit Annette Schavans Entscheidung vergangen, und wir brauchten eine Lösung.

Auch wenn ich der Überzeugung war, dass wir uns an der Schule wohlfühlen würden, blieb ein bitteres Gefühl. Ich hatte nicht die Möglichkeit, diese Entscheidung eigenständig und aus freien Stücken zu fällen.

Die staatliche Verordnung, dass eine Frau nicht mit Kopftuch unterrichten dürfe, hat sich in hohem Maße auf mein Leben, das meines Mannes und unserer beiden Familien ausgewirkt.

Als ich nach meinem ersten Schultag in Berlin nach Hause kam, hatte ich das Gefühl, ich würde schweben.

Auch konnte ich seit langer Zeit wieder richtig durchatmen.

Ich durfte unterrichten!

Und das, ohne dass mich jemand skeptisch beäugte oder mir misstraute.

Es hatte etwas so Befreiendes. Als wäre ein Bann von mir genommen.

Unsere Anfangszeit in Berlin war anstrengend. Wir hatten so viele Dinge zu erledigen. Khaled und ich arbeiteten Hand in Hand und doch schien kein Ende in Sicht. In Schwaben sozialisiert, stieß ich mich immer wieder an kleinen Dingen: an dem unübersichtlichen Verkehr, der berühmten Berliner Schnodderart und den vielen Hundehaufen. Mir fiel erst jetzt auf, dass ich das kleinbürgerliche Leben mit eigenem Häuschen mit Vorgarten, pünktlichen Mahlzeiten und Kaffeekränzchen sehr mochte.

Das Großstadtleben war nicht wirklich meins, und täglich erinnerte ich mich selbst daran, dass ich hier nicht freiwillig war.

Ich war mir sicher, zwischen diesen Abgasen würde ich nie meinen inneren Frieden finden.

Gleichzeitig beobachtete ich fasziniert das Treiben auf den Straßen, die vielen Gesichter, die Sprachen, die Farben. Es schien kaum etwas zu geben, was Berlin noch nicht gesehen hatte. Hier war ich plötzlich keine Exotin mehr, musste mich weder erklären noch rechtfertigen und fiel mit meinem Kopftuch nicht weiter auf.

Genau diese Vielfalt hat mir in meinem schwäbischen Dorf gefehlt. So sehr ich die hübschen Gärten, die saubere Landluft und die Schwäbische Alb auch vermisste, konnte ich mir trotzdem von Tag zu Tag weniger vorstellen, dorthin zurückzukehren.

Die Schule war uns beim Stundenplan sehr entgegengekommen. Wir hatten immer versetzt Unterricht, sodass einer von uns bei Laila bleiben konnte.

Für Konferenzen oder andere Termine brauchten wir von Zeit zu Zeit einen Babysitter. Es fiel mir sehr schwer, mein Kind in fremde Hände zu geben, und wieder war ich traurig, meine Familie nicht mehr in der Nähe zu haben.

Das Kollegium war tatsächlich sehr freundlich und offen und wir fühlten uns dort schnell zu Hause.

Trotz meiner noch geringen Stundenanzahl konnte ich mich von Anfang an einbringen. In Besprechungen stellte ich meine Verbesserungsvorschläge zu pädagogischen Fragen vor. Ich sprudelte nur so vor Ideen, musste aber lernen, dass nicht alles sofort umgesetzt werden konnte und dass nicht alle Mitarbeiter begeistert auf Neues reagierten.

Auch versuchte ich, mich in den Bereich der interkulturellen und interreligiösen Bildung einzubringen und die Schule bei Treffen oder Kooperationsprojekten mit anderen Schulen zu vertreten.

Doch auch hier holte mich meine Vergangenheit wieder ein.

Bei einer Fortbildung zum Thema „Demokratie an unserer Schule" sprach mich in der Pause die Leiterin der Fortbildung an: „Sie sind also die Frau Ludin?!"

Sie musterte mich, wohlwollend und kritisch zugleich: „Ich habe Sie mir viel größer vorgestellt."

Ich war schon etwas baff, dass sie mich auf diese Weise ansprach. Und obwohl sie mir nicht böse gesonnen schien, schwirrten tausend Gedanken durch meinen Kopf: „Wie haben Sie sich Frau Ludin denn vorgestellt? Als überdimensioniertes Monster von kräftiger Statur, das auch mal zuhauen kann, wenn es die Situation erfordert?"

Gleichzeitig lächelte ich in mich hinein, wenn ich an ihren Kommentar dachte.

Und freute mich, dass ich Situationen dieser Art immer öfter etwas Heiteres abgewinnen konnte.

So gut unsere Anfangszeit in Berlin auch verlief, es lag ein Schatten darauf. Ich tat erst so, als würde ich ihn nicht sehen, tat meine Arbeit oder beschäftigte mich mit Laila.

Doch irgendwann konnte ich ihn nicht mehr ignorieren und merkte im gleichen Moment, wie entsetzlich kalt mir bereits war.

Wie lange hatte ich keine Sonne mehr gesehen und wie sehr vermisste ich die wärmende, liebevolle Beziehung zu Khaled?
Wir waren beide überarbeitet und müde, sahen uns so selten. Und wenn, dann blieb trotzdem alles kühl.
Wenn Khaled nach Hause kam, grüßte er kurz und setzte sich gleich an seinen Schreibtisch.
Wir müssen einfach mal wieder etwas Schönes gemeinsam unternehmen, ins Kino oder zusammen essen gehen, so wie früher, beruhigte ich mich selbst. Doch wenn ich Khaled diese Vorschläge machte, zuckte er mit den Schultern und ging weiter seiner Tätigkeit nach.

Einmal saßen wir endlich wieder gemeinsam auf der Couch. Laila schlief schon, und wir hatten Zeit, uns zu unterhalten. Der Moment war so schön, dass ich überschwänglich meine Arme um ihn schlang. Er aber machte sich unter einem Vorwand frei und verließ das Zimmer.
Liebevolle Gesten, Zärtlichkeiten im Alltag und körperliche Nähe war ich besonders als jüngstes Kind gewohnt. Das machte für mich Familienleben aus, das brauchte ich.
Ich blieb noch lange sitzen, wartete wie erstarrt darauf, dass Khaled wiederkommen würde. Mir war so kalt.

Mittlerweile hatte ich den Termin für die mündliche Gerichtsverhandlung im Stuttgarter Verwaltungsgericht erhalten. Sie war für den 24. März 2000 angesetzt.
Ich spürte Druck und ein heftiges Ziehen in meinem gesamten Körper, wenn ich nur an den Tag dachte.
Leider würde die Verhandlung öffentlich sein. Das hieß Presse, Journalisten und Kameras ...

Wie gern hätte ich den Termin in Ruhe erledigt. Besonders, da ich kein gutes Gefühl hatte, was den Ausgang betraf. Alle schienen gegen mich zu sein – so empfand ich es jetzt – allen voran die Medien und die Politik.. Hatte ich dann bei den Richtern eine echte Chance?

Diese Einschätzung verstärkte sich während der Verhandlung.

Ich wurde angehört und konnte kurz meine Beweggründe darlegen. Hätte ich einfach nur stumm auf meinem Platz gesessen, wäre das Urteil mit Sicherheit nicht anders ausgefallen:

Das Verwaltungsgericht Stuttgart lehnte die Klage auf Einstellung in den staatlichen Schuldienst ab. Nach Ansicht der Richter verstieß das Tragen eines Kopftuchs im Unterricht gegen die staatliche Neutralitätspflicht.

Die Richter meinten, die Schüler wären „gezwungen", die Lehrerin mit ihrer Kopfbedeckung „ständig im Blick zu behalten".

Die alte Wut stieg wieder in mir auf.

„Neutralität" hieß ja nicht, dass man gegen jegliche Religiosität war. Der Staat ermöglichte doch selbst Religionsunterricht in den Schulen und er zog auch die Kirchensteuer ein.

Neutralität sollte vielmehr heißen, dass es keine Staatsreligion gibt und dass keine Religion einer anderen vorgezogen wird.

Und traute man den Schülern nicht zu, sich mit einem Stück Stoff sachlich auseinandersetzen zu können?!

Selbst mit viel Fantasie hätte ich mir nie vorstellen können, dass einmal etwas von mir in einem Museum zu finden sein würde.

Doch jetzt bekam ich eine Anfrage vom Landesmuseum Stuttgart.

Sie wollten tatsächlich ein Kopftuch von mir!

Ich konnte es kaum glauben. Als handle es sich dabei um einen sakralen Gegenstand.

Für mich war es einfach zu einem Kleidungsstück geworden.

Ich überlegte, welches ich ihnen zuschicken sollte.

Ein buntes oder einfarbiges Tuch? Ein quadratisches oder doch einen Schal? Ein praktisches oder eines, das schnell herunterrutschte?

Rutschige trug ich sowieso nicht gern, da machte es auch nichts, wenn ich sie ans Museum abgab, dachte ich mit einem Schmunzeln auf den Lippen.

Schließlich entschied ich mich für eines, das ich bereits in der Talkshow *Nachtcafé* getragen hatte. Vielleicht hatte das ja in der Öffentlichkeit einen Wiedererkennungswert oder die Leute dachten sich: „Die Arme! Bestimmt besitzt sie nur drei Kopftücher und muss jetzt auch noch eines davon ans Museum abdrücken!"

Ich muss gestehen, ich fand den Gedanken, dass ein Kopftuch von mir in einem Museum liegen sollte, doch sehr amüsant. Eine Freundin von mir meinte, spätestens jetzt hätte ich „Kultstatus".

Aber dann gab es auch noch die ernste Seite in mir. Dieses Ausstellungsstück sollte Menschen zum Nachdenken bringen.

An sich ging es ja vor allem um die Trägerin und was es ihr bedeutete, sich so zu kleiden.

Also legte ich noch einen kurzen Text über Toleranz und gegenseitige Anerkennung zum Tuch, damit er mitausgestellt wird.

In den nächsten Jahren folgten weitere Anfragen unter anderem aus dem Deutschen Historischen Museum in Berlin und dem Deutschen Hygiene-Museum in Dresden.

Ich suchte andere Tücher aus und legte den gleichen Text bei.

Anders als geplant

Ich hoffe, ich bin kein Mensch, der seinen Weg stur weiterverfolgt, wenn er merkt, dass es der falsche ist oder er in eine Sackgasse mündet.

Ich war von Anfang an von meiner Forderung überzeugt. Ich hielt sie für ein Menschenrecht – auch heute noch.

Und doch kamen mir regelmäßig Zweifel. War das der richtige Weg? War die Zeit dafür reif?

Vielleicht war man im Jahre 2000 einfach noch nicht bereit für eine Lehrerin mit Kopftuch?

Aber würde es in ein paar Jahren anders aussehen?

Und wo passte ich in dieses ganze System hinein?

Wie sollte ich mich verhalten?

Konnte etwas, was richtig war, trotzdem nicht klug sein?

Ich wälzte mich in meinem Bett oft hin und her. Versuchte zum x-ten Mal die Vor- und Nachteile abzuwiegen. Ich wünschte mir sogar, in die Zukunft schauen zu können.

Natürlich gaben mir auch in meinem Umfeld viele Menschen Tipps oder sagten einfach ihre Meinung zu mir und zum Verfahren.

Meine Familie, langjährige und neue Freunde, Kollegen, Muslime und Nichtmuslime – ich versuchte mir ein Bild zu machen, wie andere die Situation einschätzten.

Erst einmal gab es eine hitzige Diskussion, ob denn das Kopftuch überhaupt eine Pflicht für Muslima sei.

Zur Kopftuchfrage gibt es eine Reihe theologisch-juristischer Guchtachten in der islamischen Welt.[12]

Trotzdem kann jede Frau für sich entscheiden, welcher Meinung sie folgt oder ob sie sich überhaupt nach den Empfehlungen richten möchte.

Ich selbst habe in meiner eigenen Familie unterschiedliche Ansichten erlebt. Mein Bruder Muhammad etwa hat, seit ich denken kann, die Meinung vertreten, dass das Kopftuch kein islamisches Gebot für Frauen sei.

Mir wurde beigebracht, dass der Islam keine dogmatische Religion sei, sondern dass er eine Vielfalt an Meinungen erlaube, ja wünsche.

Der Prophet selbst soll sogar Meinungsverschiedenheiten unter seinen Gefährten als Barmherzigkeit bezeichnet haben.

Es gibt viele Gründe, warum Frauen sich für das Kopftuch entscheiden. Die Argumente lauten in etwa so:

„Ich fühle mich wohl damit."
„Es sieht schön aus."
„So kann ich meinen Glauben besser praktizieren."
„So hört man besser zu, was ich sage."
„Es beruhigt mich."
„Ich bin damit groß geworden."
„Ich bin gegen Körperkult."
„Meine Mutter trägt das auch."
„Ich möchte mich nicht für fremde Augen schön machen."
„Meine Haare sind meine Privatangelegenheit."
„Es befreit mich von Modezwängen."
„So fühle ich mich Gott näher."
„Meine Eltern bestehen darauf, dass ich es trage."
„Alle meine Freundinnen tragen es auch."
„Es macht mich frommer in meinem Verhalten."
„Weil meine Eltern dagegen sind."
„Es hat Stil."

Für mich bedeutet es Freiheit, wenn jede Frau für sich selbst entscheiden kann.

Und wie oft schon haben Menschen mir dazu geraten, doch einfach das Kopftuch abzulegen.

Und natürlich wäre mein Leben dann nach außen einfacher verlaufen. Ich hätte mir so manche Diskriminierung erspart und hätte einen Job im öffentlichen Dienst.

Noch gut ist mir in Erinnerung, wie ich zum Oberschulamt in Stuttgart fuhr, um nachträglich mein Zeugnis abzuholen, da ich nicht zur Verleihung gegangen war.

Der zuständige Beamte übergab mir das Zeugnis und fragte mich: „Haben Sie das Gutachten von Ihrem Schulleiter schon gelesen?"

Ich verneinte.

Er schaute mir eindringlich in die Augen und sagte: „Es ist ‚sehr gut'. Sie brauchen nur Ihr Kopftuch abzulegen und dann haben Sie die Stelle!"

Vielleicht hätte ich noch ergänzen sollen: Es ist ein Teil meiner Identität. Wenn ich es ablege, dann fühle ich mich nicht wohl. Ich möchte ich sein und mich nicht verstellen!

Zu allen Zeiten haben Menschen Dinge getan, weil sie davon überzeugt waren – auch wenn sie dafür Drangsal in Kauf nehmen mussten.

Gandhi, Rosa Parks und Martin Luther King. Nicht, dass ich mich mit diesen Menschen vergleichen möchte. Aber ich bewundere sie, zumal sie von Beginn an vor allem für andere gekämpft haben. Sie haben langjähriges Unrecht gemindert und sogar beseitigen können.

Ich liebe ihre innere Stärke und bewundere sie dafür, dass sie maßgeblich dazu beigetragen haben, langjähriges Unrecht zu mindern oder gar zu beseitigen.

Zeitgenossen hielten diese Menschen wahrscheinlich für stur oder dickköpfig. Vielleicht dachte man auch, dass sie weltfremde Träumer wären, die jeglichen Realitätssinn verloren hätten.

Es ist im Nachhinein leichter zu erkennen, dass sie mutig und standhaft ihre Überzeugungen vertreten und damit unsere Welt ein Stück weit besser gemacht haben.

Auch ich hatte beschlossen, gegen Diskriminierung und Unrecht vorzugehen; und ich wollte nicht, dass man mir mein Rückgrat bricht.

Wie auch immer ich mich in Interviews äußerte – meist gab es vonseiten der Medien einen „kritischen" Unterton.

Man diskutierte immer wieder, wer oder was wohl „dahinterstecken" würde. Einfach so, würde ja niemand und erst recht keine muslimische Frau „so weit" gehen.

Die Frauenzeitschrift *Emma* fragte: „Ist ihr Kopftuch keine persönliche Sache, sondern eine politische Provokation und Teil einer Strategie, die Menschenrechte von Frauen – auch und gerade die von Musliminnen in Deutschland – zu unterwandern?"[13]

Und in einem anderen Artikel verglich man mein Kopftuch sogar mit dem Hakenkreuz.[14]

Ich spürte die giftige Wirkung des Misstrauens an mir selbst und in meiner direkten Umgebung. Ich hörte auf, an Veranstaltungen teilzunehmen. Zu stark war das Gefühl, dass man mich beobachtete und mein Verhalten in jedem Fall negativ beurteilte, was ich auch sagte oder tat.

Nur noch selten betete ich in Moscheen. Auch war ich auf einmal vorsichtiger, mit wem ich sprach und mit wem man mich dann vielleicht in Verbindung bringen könnte.

Wie oft hatte man mir in Artikeln vorgeworfen, an einer Schule zu arbeiten, der eine Nähe zu Millî Görüş unterstellt wurde, einer länderübergreifend aktiven islamischen Bewegung aus der Türkei. Dann wieder hieß es, ich würde vom

Zentralrat der Muslime, dem Islamrat oder den Muslimbrüdern vorgeschoben.

Ich verstand erst im Nachhinein, dass man mich beliebig mit Organisationen in Verbindung brachte, bei denen ich nicht einmal Mitglied war, nur um mich bequem in eine Schublade stecken zu können und medienwirksame Angstszenarien von dem „bösen Riesen im Hintergrund" zu kreieren.

Auch die Kritik an der Schule ebbte nicht ab, dabei war sie staatlich anerkannt und unterrichtete nach dem Berliner Lehrplan. Regelmäßig gab es sogar unangekündigte Kontrollen und Unterrichtsbesuche vom Schulamt. Alles musste nachweisbar seine Richtigkeit haben.

Ich traute mich in Interviews kaum noch zu sagen, wo ich arbeitete, da dann sofort ein Schwall an kritischen Fragen, Verdächtigungen und Unterstellungen folgte.

Und auch die Muslime begegneten mir immer vorsichtiger. Viele schienen sich zu fragen, ob nicht etwas an den Vorwürfen dran wäre. Und die Gemeinden hatten Angst um ihre Außenwirkung, wenn ich dort auftauchte. Schließlich brachte ich Unruhe und eine unerwünschte Presse mit mir.

Ich diskutierte mit meiner Familie, vor allem mit meinem Anwalt, und malte mir verschiedene Szenarien aus.

Bisher war die Presse mir gegenüber mehrheitlich nicht wohlwollend gewesen – um es vorsichtig zu formulieren.

Immerhin hatte ich es geschafft, einige Interviews autorisieren zu lassen. Die gaben authentisch wieder, wie ich wirklich dachte. „Das ist ein Anfang!", machte ich mir selbst immer wieder Mut. Vielleicht würden andere Journalisten diese Interviews zitieren oder sich darauf beziehen, so hoffte ich.

Möglicherweise brauchte es diese intensive gesellschaftliche Diskussion, um Vorurteile langfristig abzubauen.

Über ein Jahr später, im Juni 2001, verlor ich auch in zweiter Instanz.

Der Verwaltungsgerichtshof in Mannheim bestätigte das Stuttgarter Urteil und damit die Rechtsauffassung des Landes Baden-Württemberg.

Das bedeutete, ich würde auch weiterhin nicht in den öffentlichen Schuldienst übernommen werden.

Wieder hieß es, das Kopftuch stelle eine „Verletzung der Neutralitätspflicht des Staates" dar.

Ich fragte mich, ob den Richtern wirklich bewusst war, was sie beschlossen hatten. Wenn sie Neutralität so verstanden, dass der öffentliche Raum vollkommen frei von Religiösem sein sollte, dann hätten wir im Grunde einen streng laizistischen Staat – einen nahezu religionsfreien Raum.

Doch Deutschland ist ein säkularer Staat – er soll von den Religionsgemeinschaften unabhängig agieren und hat zugleich die Aufgabe, die religiöse Lebensrealität zu schützen. Und das muss dann auch ohne Unterschied für alle Religionen gelten.

Wollen wir wirklich eine streng laizistische Gesellschaft, die über kurz oder lang keinerlei religiöse oder spirituelle Elemente in der Öffentlichkeit duldet?

Möchten wir Werte wie Mitgefühl, Selbstlosigkeit und Wahrheitsliebe, die sich noch immer mehrheitlich aus einem religiösen Verständnis heraus nähren, damit indirekt entwerten?

Dann sagten die Richter auch noch, es sei zu befürchten, dass die friedliche Koexistenz verschiedener Religionen durch mein Kopftuch beeinträchtigt werde.

Aber wo ist die friedliche Koexistenz, wenn Menschen wie ich nicht friedlich und frei leben dürfen? Wenn ich mich rechtfertigen muss und ausgegrenzt werde?

Ist irgendein Lehrer absolut neutral? Ist man neutraler, wenn man lila Latzhosen, ein Hawaiihemd oder ein Nasenpiercing trägt, als wenn man ein Kopftuch aufhat?

Und welche Aussage trifft man eigentlich, wenn man seine Haare zeigt?

Dieses Urteil brachte weitere Probleme mit sich: Der VBE, der mir als Mitglied bis zu diesem Zeitpunkt Rechtsschutz gewährt hatte, entschied, mich nicht weiter zu unterstützen. Man sagte mir kurz angebunden am Telefon, der Fall läge nicht in ihrem Interessenbereich. Somit wäre der Rechtsschutz nun beendet.

Wie sollte ich nun meinen Anwalt bezahlen?

Ich bat um ein Beratungsgespräch bei der GEW. Bei ihr als der größten Lehrergewerkschaft in Deutschland hoffte ich auf Unterstützung. In dem Gespräch teilte man mir mit, dass die Gewerkschaft die Rechtskosten nicht übernehmen könne, da es sich um ein laufendes Verfahren handle.

Nun wandte ich mich an den Zentralrat der Muslime in Deutschland (ZMD). Er war die einzige Anlaufstelle, die ich noch hatte. Würde der ZMD die Anwaltskosten übernehmen? Schließlich ging es in meinem Fall um ein Thema, das viele Muslimas betraf und sie von der gesellschaftlichen Teilhabe ausschloss. Außerdem ging es darum, die Frage zu klären, welche Rechte man Muslimen in Deutschland zugestehen will und inwiefern Diskriminierung zugelassen wird.

Es gab auch noch einen anderen Aspekt zu bedenken: Wenn ich nicht klagte, musste eine andere Muslima den Rechtsweg noch einmal ganz von Anfang an gehen.

Der Zentralrat prüfte den Fall mit seinen Juristen und sagte mir schließlich zu, die Anwaltskosten zu übernehmen.

Die Artikelflut ebbte nicht ab.
Es fühlte sich immer noch seltsam an, an einem Kiosk vorbeizulaufen und sein eigenes Gesicht auf einem Magazin-Cover zu sehen. Instinktiv hielt ich inne, blieb stehen und betrachtete die Titelseite. Wie wirkte das Bild? Welche Überschrift begleitete es?
Ich zwang mich weiterzulaufen. Mit rotem Kopf und gesenktem Blick schaute ich mich vorsichtig um. Auf keinen Fall wollte ich, dass mich jetzt jemand erkannte. Nur schnell nach Hause.

Ich wurde zu Talkshows, Tagungen und Podiumsdiskussionen eingeladen. Studenten schickten mir lange Briefe, in denen sie mir ausführlich darlegten, dass ich das Thema ihrer Diplomarbeit oder Dissertation sei.
Die Artikel häuften sich auf meinem Schreibtisch und zogen mich immer wieder an. Doch gleichzeitig hasste ich es, sie zu lesen, schließlich ärgerte ich mich fast jedes Mal. Und doch konnte ich sie nicht einfach in eine der unteren Schubladen verbannen – der Sog war einfach zu stark.
Direkt oder indirekt, freundlich verpackt oder offen feindselig habe ich in all den Jahren – und ich kann sogar sagen, bis zum heutigen Tage – in den meisten Artikeln, Fernsehbeiträgen und Leserkommentaren immer die gleichen Vorwürfe gehört: Das Kopftuch sei ein Symbol der Unterdrückung der Frau, und ich würde diese befördern, wenn ich es trüge.

Ich habe den Journalisten immer wieder deutlich gesagt: Stünde das Kopftuch für Unterdrückung, dann wäre ich die Erste, die es ablegt.

Aber das Kopftuch ist für mich kein Symbol, sondern ein Kleidungsstück.

Und kann man überhaupt Frauenrechte an Kleidungsstücken festmachen, wenn diese freiwillig getragen werden?

Jede Form von Zwang ist mir zutiefst zuwider. In Saudi-Arabien und im Iran werden Frauen gezwungen, sich zu bedecken. Und soll man in Europa nun gezwungen werden, sich zu entkleiden?

Und wieso geht es immer um Äußerlichkeiten? Ist nicht der Kern der Dinge das wirklich Wichtige? Ist es nicht unser inneres Wesen, unsere Seele, die uns tatsächlich ausmacht?

Man konnte dem die Frage entgegen halten, warum ich selbst dann so sehr daran festgehalten habe. Aber das war nun einmal meine persönliche Entscheidung.

Und urteilen nicht gerade die Menschen, die behaupten, das Kopftuch wäre ein Symbol oder Mittel der Unterdrückung, aufgrund ihres eigenen, ebenfalls religiös und kulturell geprägten Backgrounds? Wird hier nicht geurteilt, ohne dass man den anderen wirklich versteht?

Wenn Feministinnen oder Politikerinnen wie Annette Schavan behaupten, das Kopftuch würde „in Deutschland wie auch international" als „Zeichen für eine kulturelle Abgrenzung und politischen Islamismus gesehen"[15]; wenn Menschen außerdem behaupten, Muslimas besäßen keine Rechte, keine Identität und freie Persönlichkeit, dann belehren sie gleich darauf diese Frauen und erklären ihnen, was für sie richtig und was für sie falsch wäre.

Sie sehen nicht, dass auch sie selbst es sind, die einen Kampf führen und den Muslimas das Leben ebenso schwer machen.

Da ich aus Afghanistan stammte, wäre ich automatisch eine verkappte Islamistin, so zumindest kam es mir vor.

Welchen Einfluss behält ein Land, das man mit viereinhalb Jahren verlassen hat? Und wurde ich nicht von so vielen Kulturen geprägt, vor allem von der deutschen und amerikanischen?

Was ist genau fundamentalistisch oder radikal? Und selbst wenn es eine Definition gäbe, könnte man diese auf alle Afghanen anwenden?

Manchmal hörte ich, es gehe mir nicht um meine persönlichen Rechte, sondern ich wäre von islamischen Organisationen fremdgesteuert und wollte in ihrem Interesse agieren.

Warum traut keiner einer muslimischen Frau zu, dass sie selbst den Mut dazu hat, für ihre Rechte einzustehen? Wäre das dann der Beweis, dass doch nicht alle unterdrückt und unmündig sind? Würde die Allgemeinheit das nicht verkraften?

Ich bat den Zentralrat der Muslime um finanzielle Unterstützung bei den Anwaltshonoraren, da ich sie mir allein nicht leisten konnte – schließlich hatte ich wegen der Urteile über einen längeren Zeitraum keine Arbeitsstelle. Und trotzdem habe ich mir die Entscheidung nicht leicht gemacht, denn selbst für meine finanziellen Verpflichtungen aufzukommen ist für mich selbstverständlich.

Um aber unabhängig zu bleiben, habe ich mich keiner Organisation angeschlossen, auch im Fall des Zentralrats blieb es bei dieser einmaligen Kooperation.

Mir war es sehr wichtig, nie das Ruder aus der Hand zu geben. Auch wenn das bedeutete, dass ich viele Situationen allein durchstehen musste.

Später sah ich mich mit dem Vorwurf konfrontiert, ich sei zu redegewandt und wolle also manipulieren. Sicherlich wäre ich von irgendwelchen Organisationen trainiert worden.

Ich habe mir vor jedem Interview und jeder Fernsehsendung immer wieder selbst gesagt, dass ich zwar kein Profi sei, aber einfach mein Bestes geben wolle.

Niemals habe ich irgendeine Form von Coaching erhalten. Dabei hätte ich mir gerade in dieser Hinsicht Beratung und Unterstützung vom Zentralrat gewünscht. Das ist mir aber erst rückblickend bewusst geworden.

Da ich aber kein Training und keine Beratung hatte, versuchte ich, einfach meine Situation und damit auch ein Stück weit mich selbst zu erklären. Und es war mir wichtig, authentisch zu sein.

Und was ist so falsch daran, dass ich mich artikulieren kann? Ich hatte gelernt, mich zu artikulieren.

Was hätte man gesagt, wenn ich nur gebrochen Deutsch gesprochen hätte?

„So eine will Lehrerin werden? Die spricht ja nicht mal richtig Deutsch! Das tun wir unseren Kindern nicht an. Die soll mal lieber zu Hause bleiben!"

Das Medieninteresse wuchs von Prozess zu Prozess und ich konnte im Laufe der Zeit souveräner damit umgehen. Ohne größere Gewissensbisse sagte ich Termine ab. Manchmal fragten mich Bekannte, warum ich mir überhaupt den Stress machte, Interviews zu geben. Ich ging dann in mich und hörte immer wieder diese zuversichtliche Stimme: Vielleicht würde ich mich doch noch erklären können. Vielleicht blitzten hier und da persönliche Seiten von mir durch, die die Leser nachvollziehen ließen, worum es mir ging.

Also versuchte ich, die Presseanfragen nach ihrer Qualität auszusuchen. Und trotzdem verliefen die meisten Treffen mit Journalisten enttäuschend:

Zu Beginn unserer Gespräche schienen sie immer sehr nett und engagiert. Doch sobald sie merkten, dass es keine Sensation zu entdecken gab, keinen Skandal, den sie verkaufen konnten, ließ das Interesse bei vielen manchmal innerhalb weniger Sekunden nach.

Sie merkten, dass ich im Grunde genauso dachte wie viele andere Frauen in meinem Alter – nur dass ich eine andere Herkunft und Religion hatte.

Also begannen einige, Suggestivfragen zu stellen:

„Finden Sie nicht auch, dass sich Frau XY wie eine Schlampe kleidet?"

„Wie möchten Sie die Scharia in Deutschland einführen?"

„Sind Sie stur?"

„Wenn Sie eine Tochter hätten, würde sie ein Kopftuch tragen müssen?"

„Wie gefällt es Ihnen, wie die Taliban mit Frauen umgehen?"

Vor meinem geistigen Auge sah ich schon die Schlagzeilen und beantwortete vorsichtig, aber bestimmt die Fragen, um meine Position deutlich zu machen.

Immer wieder bohrten und stocherten sie, um die Radikalen im Hintergrund, die Scharia-Schleuser und Demokratie-Unterwanderer zu finden. Irgendeine Sensation musste es doch zu entdecken geben!

Manche Journalisten hielten es nicht einmal für nötig, sich nach einem „unsensationellen" Vorgespräch noch einmal zurückzumelden.

Viele, unter ihnen auch seriöse Dokumentarfilmer oder Journalisten, die mit öffentlich-rechtlichen Sendern zusammenarbeiteten, wichen mir nicht mehr von der Seite, drückten mir immer wieder ihr Mitgefühl aus und waren auf eine anbiedernde Art verständnisvoll. Dabei ging es ihnen nur darum, ihre eigene Wahrheit über mich zu drehen. Das fand ich

leider meist erst viel später heraus, wenn ich die fertigen Porträts und Berichte sah.
Andere erdichteten gleich Dinge hinzu, um die Story etwas aufzupeppen.
Immer wieder schluckte ich meinen Ärger hinunter und dachte daran, dass viele Journalisten auch nur Opfer ökonomischer Sachzwänge sind. Sicherlich hätten sie auch gern andere Arbeitsmethoden an den Tag gelegt. Aber im Hintergrund steht die Redaktion und mit ihr Konkurrenzdruck, sinkende Auflagen und eine immer schneller werdende Nachrichtenflut.
Das Thema Islam war schon länger, auch schon vor dem 11. September 2001, ein Dauerbrenner. Man musste Menschen bei den Emotionen packen – das ging am besten mit Angst. Und dann wollten sich manche Leser auch in ihrer Meinung bestätigt finden.
„Ja, so sind sie halt, die Muslime! Hab ich ja schon immer gewusst."
„Ist halt doch was Fremdes!"
„Ist eben eine menschenverachtende und frauenfeindliche Religion!"
Noch mehr hasste ich die Bilder, die man für Cover oder Titelgeschichten von Zeitungen und Magazinen verwendete. Meist sah man nur eine Muslima von hinten – einen Rücken und ein Kopftuch: anonym, gesichtslos, ohne Persönlichkeit.
Wurden doch einmal Gesichter gezeigt, dann entstanden diese meist im Fotostudio. Man zeigte eine verschleierte Frau, von der nur die stark geschminkten Augen zu sehen waren.
Zwischen den Polen Exotik und Romantik auf der einen Seite und dunkler Gefahr auf der anderen Seite bewegte sich auch die Bildsprache der seriösen Presse.

Dann kam der 11. September 2001.

Ich hatte an diesem Tag schulfrei und spielte mit Laila im Wohnzimmer. Als ich den Fernseher anmachte, um die Nachrichten anzuschauen, sah ich die Bilder zum ersten Mal: Ein Flugzeug schlug in einen Turm des World Trade Centers ein. Dann noch eines.

Ich war fassungslos, konnte nicht glauben, dass das wirklich passierte.

New York – ich selbst war oft über die Stadt geflogen, hatte sie besucht. Was mochte jetzt dort vor sich gehen? Wie viele Menschen waren verletzt oder tot? Welche Tragödien mochten sich in den Stunden danach dort abspielen?

Kurze Zeit später hörte ich in den Kommentaren der Nachrichtensprecher: „Muslimische Terroristen werden verdächtigt."

Laila zog mich am Ärmel. Ich starrte sie unvermittelt an. Ihre Augen drückten Ungeduld aus, anscheinend hatte sie mich schon mehrmals gerufen.

Aber der Bildschirm zog mich gleich wieder in seinen Bann. Ich konnte den Blick nicht abwenden.

Sobald ich mich ein wenig gefasst hatte, schaltete ich wie in Trance den Fernseher aus.

Laila zog mich ins Kinderzimmer, sie wollte mit mir spielen. Mechanisch folgte ich ihr und versuchte, ihren Wünschen nachzukommen, doch in Gedanken war ich immer noch bei den unbeschreiblichen Bildern.

Als Khaled abends nach Hause kam, war seine erste Frage: „Hast du die Bilder gesehen?"

„Ja, unfassbar!"

„Meinst du wirklich, dass das Muslime gewesen sind?"

„Ich hoffe nicht!", stieß ich tonlos aus. Wir wollten es nicht wahrhaben.

In den nächsten Tagen und Wochen wurde die Berichterstattung immer deutlicher. Begriffe wie „islamischer Terror", „Achse des Bösen" und „Terrorismusbekämpfung" kamen auf und blieben. „Rasterfahndung", „Profiling" und „Sicherheitsmaßnahmen" hatten erst begonnen.

Der 11. September 2001 hat das Leben jedes Muslims, zumindest derer, die in westlichen Ländern leben, völlig verändert.

Danach war nichts mehr wie vorher.

Viele Muslime blieben tagelang zu Hause. Vor allem Frauen hatten Angst vor Übergriffen.

Von einem Tag auf den anderen waren über eine Milliarde Menschen stigmatisiert.

War der Islam vorher „mittelalterlich" und „frauenfeindlich" gewesen, so kamen jetzt Attribute wie „barbarisch" und „menschenverachtend" hinzu.

Die Vereinigten Staaten machten die islamistische Terrororganisation al-Qaida für die Anschläge in New York verantwortlich, die sich auch bald dazu bekannte. Washington forderte die in Afghanistan herrschenden Taliban auf, die Ausbildungslager von al-Qaida zu schließen und ihre Anführer, allen voran Osama bin Ladin, auszuliefern. Als die – taktisch versierten – Taliban dafür Gegenforderungen stellten, eröffneten die USA den „Kampf gegen den Terror" und griffen im Oktober 2001 gemeinsam mit den Briten Afghanistan an. Anderthalb Jahre später besetzten beide Nato-Mitglieder – dieses Mal ohne UN-Mandat – auch den Irak, um einem angeblichen Angriff des Diktators Saddam Hussein auf die USA mit Massenvernichtungswaffen zuvorzukommen. Nach der Eroberung Iraks wurden diese allerdings nicht gefunden.

Ich fragte mich, ob es unter diesen Umständen, der von mir als sehr negativ empfundenen Stimmung gegenüber dem Islam, noch Sinn machte, mein Verfahren weiterzuverfolgen.

Der mediale Einfluss war übermächtig. Sollten Richter sich diesem entziehen können? Waren sie gegen die kollektive Meinungsbildung immun?

Ich war skeptisch.

Jetzt überraschte mich mein Anwalt: Er meinte, gerade jetzt müssten wir weitermachen. Richter hätten die Pflicht, neutral zu urteilen – und vielleicht würden sie dies gerade jetzt, unter besonders schwierigen Umständen, unter Beweis stellen.

Gern hätte ich noch länger über das weitere Vorgehen nachgedacht, doch die Fristen mussten eingehalten werden. Eine Entscheidung musste her!

Und so beschloss ich, den Weg weiterzugehen.

In dieser Zeit zerbrach meine Ehe.

Ich bemerkte nur, dass Khaled keine Geduld mehr hatte, auf mich und die Belastungen einzugehen.

Und ich hatte keine Kraft, mich mit seinen Themen und Problemen auseinanderzusetzen.

Er ging. Und ich ließ ihn gehen.

Nun war ich alleinerziehende Mutter und musste mich allein durchboxen.

Glücklicherweise hatte ich den Job an der Schule und konnte mich so über Wasser halten.

In dieser Zeit fiel es mir schwer, Gott aufrichtig meinen Dank auszusprechen.

Ständig musste ich um etwas kämpfen, um es dann doch wieder zu verlieren.

Das Leben lastete schwer auf meinen Schultern. Alles erschien mir wie eine einzige Herausforderung.

Ich wollte mich zum Gebet zwingen. Ich brauchte Trost.
Aber ich fand keine Worte.
Das erste Mal in meinem Leben saß ich sprachlos vor Gott.

Recht bekommen

Im Juni 2003 war es so weit. Ich stand vor den Richtern des Bundesverfassungsgerichts.

Es war nicht mein Wunsch gewesen. Nein, ich empfand es als überschwere Bürde. Und doch wollte ich meinen Weg zu Ende gehen und die letzten Urteile keinesfalls so stehen lassen. Wenn ich nicht weitermachte, würden sie künftig immer wieder als Orientierung für juristische Entscheidungen zu diesem Thema herangezogen werden.

Bisher hatte ich die Richter des Bundesverfassungsgerichts in ihren roten Roben nur in Nachrichtensendungen gesehen.

Jetzt fragte ich mich, was die Menschen wohl über *mich* dachten, wenn sie die Bilder von mir im Fernsehen sahen? Warum ich diesen langen, steinigen Weg beschritt?

Ich stellte mir Aussagen wie diese vor:

„Ja, diese Ausländer machen nichts als Ärger! Jetzt bemühen sie auch noch die Richter vom Bundesverfassungsgericht!"

„Kopftücher gehören einfach nicht in unsere Kultur!"

„Bestimmt steckt die mit Islamisten unter einer Decke. Die wollen ja noch die Scharia hier einführen."

„Ich will nicht, dass eine Kopftuchlehrerin mein Kind unterrichtet!"

„Heute fordert die Lehrerin ihr Kopftuch ein, morgen trägt die ganze Klasse eins!"

Ich habe nicht gedacht: Wer A sagt, muss auch B sagen!

Und doch erschien mir der Gang vor das Bundesverfassungsgericht als die logische Folge meiner vorherigen Entscheidungen.

Dieses Gericht war die höchste Instanz in Deutschland bei verfassungsrechtlichen Fragen. Es sollte die Grundrechte der Bürger verteidigen und schützen.

War das nicht genau der richtige Ort für mich?

Vielleicht hielten mich manche Menschen für naiv oder pathetisch, aber ich wollte die Hoffnung nicht aufgeben, dass die Gerechtigkeit doch noch siegen würde!

Schon Monate vorher war ich angespannt.

Ich spürte den Druck wie eine gigantische Welle auf mich zukommen.

Bei der Arbeit und im Bekanntenkreis stellte man mir unentwegt Fragen:

„Was denkst du, wie es ausgehen wird?"

„Ist dir eigentlich bewusst, wie wichtig dieses Urteil für uns alle ist?"

„Bist du gut vorbereitet?"

„Hast du auch einen guten Anwalt?"

Ich hatte das Gefühl, auf einer riesigen Klippe zu stehen und bald in die Tiefe springen zu müssen. Ich wusste nicht, ob ich diesen Sprung überstehen würde. Ich wusste nur, ich musste springen.

Auch die Berichterstattung über mich nahm wieder zu. Noch einmal wurde ich porträtiert, damit die Öffentlichkeit wusste, mit wem man es hier zu tun hat.

Die Ergebnisse der vorangegangenen Verhandlungen in Stuttgart, Mannheim und Berlin wurden in Dutzenden von

Artikeln erneut zusammengefasst. Schließlich sollten die Menschen auf dem neuesten Stand sein, wenn jetzt die Entscheidung in Karlsruhe anstand.

In den Artikeln diskutierte man auch die politischen Auswirkungen des Verfahrens und welche abstrakten Gefahren wohl von einer Lehrerin mit Kopftuch und von Kopftüchern im Allgemeinen ausgehen könnten.

Wenig oder gar nicht sprach man über die Betroffenen selbst, geschweige denn mit ihnen. Wie würde es Frauen wie mir in Zukunft ergehen? Welche Folgen hätte das Urteil für ihr Privatleben, für ihre berufliche Laufbahn, für ihr Empfinden, in Deutschland angekommen zu sein? Und welche Konsequenzen würde eine Entscheidung in die eine oder andere Richtung für unser gesellschaftliches Miteinander haben?

Meine Schüler erzählten mir aufgeregt, dass sie mich auf den Bildschirmen in den U-Bahnen gesehen hätten.

Ihren strahlenden Gesichtern entnahm ich, dass sie mich dafür bewunderten, aber bei mir stellte sich keine Freude ein. Dies entging ihnen nicht. „Frau Ludin, warum lachen Sie so wenig?" Immer öfter hörte ich solche Fragen von ihnen.

Meine Familie und einige enge Freundinnen hielten zu mir. Regelmäßig riefen sie an oder wir unternahmen etwas zusammen. Manchmal verbrachten sie fast die ganze Nacht bei mir, um mir die Aufregung zu nehmen. Die Gespräche mit ihnen erschienen mir lebensrettend. Ohne diese Hilfe hätte ich dem Druck von allen Seiten nicht standhalten können.

Ansonsten verhielt sich mein Umfeld sehr zurückhaltend. Ich weiß nicht, ob man Angst hatte, nicht die richtigen Worte zu finden oder einen Finger unbedacht in die offene Wunde zu legen. Man wünschte mir vielleicht noch Glück für die Verhandlung, aber nur wenige fragten, wie es mir persönlich mit der Sache ging.

Ich war eine alleinerziehende Mutter mit einem kleinen Kind. Ich musste eine Klasse leiten, an Lehrer- und Fachkonferenzen teilnehmen, Elterngespräche führen, mich um den Haushalt kümmern, Unterlagen für meinen Rechtsanwalt vorbereiten und hin und wieder Interviewanfragen beantworten.

Oft blieb mir die Luft weg und ich spürte einen gewaltigen Druck auf Magen und Lunge.

Viele Bekannte sprachen mich auf die Berichterstattung in den Medien an:

„Du bist ja mittlerweile total berühmt!"

„Wir werden auch ständig auf deinen Fall angesprochen."

Solche Sätze halfen mir nicht weiter: Ich wollte nicht das Gefühl haben, dass sie sich *meinetwegen* rechtfertigen müssen.

Dass sich der einzelne Muslim immer und immer wieder erklären musste. Rechtfertigen musste, was in Land XY gerade passierte und warum Glaubensgenosse Z dies und jenes getan hatte.

Ich merkte, dass Menschen, die mich persönlich und über einen längeren Zeitraum kannten, am besten wussten, wie ich dachte und welche Haltung ich zum Leben hatte. Solche Menschen konnten mit der Berichterstattung viel sachlicher umgehen und diese besser einordnen.

Anderen Menschen schien ich allerdings allein dadurch, dass ich mein Recht auf Arbeit einklagte, Angst zu machen, oder sie fühlten sich provoziert.

Ein weiterer Hassbrief hatte mich erreicht: Man drohte, mich zu vergewaltigen, wenn ich vor einer „deutschen Schule" auftauchen würde.

Ich kämpfte, diese Dinge nicht zu sehr an mich heranzulassen. Ich wollte nicht in Angst leben!

Eine Freundin sagte damals, ich sei so selten unbeschwert, meist ernst und sehr bedacht.

Ja, ich hatte meine Leichtigkeit verloren – schon vor Jahren.

Auch die Polizei konnte mir mein Sicherheitsgefühl nicht zurückgeben. Die Beamten nahmen meine Anzeige gegen Unbekannt und den Brief als Beweismaterial zwar auf, doch solange kein dringender Tatverdacht gegen eine konkrete Person vorlag, wurden sie nicht aktiv.

Da ich allerdings in der Öffentlichkeit stand, versprach man mir, zwei Beamte in Zivil mehrmals täglich vorbeizuschicken, die danach schauen sollten, ob vor meinem Haus alles seine Ordnung hätte.

Es war ein warmer Sommertag, als ich am 3. Juni 2003 zur Verhandlung vor dem Bundesverfassungsgericht fuhr.

Ich hatte eine weiße Bluse mit einer blau-weißen Hose an. Dies schien mir passend für einen solch offiziellen Anlass.

Dazu trug ich ein blaues, leichtes Kopftuch.

Blau – die Farbe der Ruhe und Gelassenheit.

Beides konnte ich für den Verhandlungstag gebrauchen.

Ich war sehr aufgeregt, die Nacht über hatte ich kaum geschlafen und auch im Zug konnte ich mich nicht entspannen. Mein Magen schien sich zu drehen.

Ich setzte große Hoffnungen in diesen Tag. Ich wollte meinen Standpunkt erläutern und hatte die Hoffnung, danach endlich verstanden zu werden. Nämlich, dass ich mich für das Kopftuch aus freiem Willen und aus tiefer, innerer Überzeugung entschieden hatte. Es war und ist für mich eine Herzensangelegenheit. Ein Stück Ich.

Ich hoffte, dass die Richter den Mut hätten, unserem Land eine klare Botschaft zu senden.

Dann war es so weit. Gemeinsam mit meinem Anwalt Dr. Hansjörg Melchinger betrat ich das Gerichtsgebäude in Karlsruhe. Auf den langen Gängen standen Menschen in Trauben zusammen und unterhielten sich. Sobald wir uns näherten, verstummten sie. Manche Augenpaare musterten mich von oben bis unten, manche Münder lächelten.

Im Sitzungssaal waren die meisten Stühle schon besetzt. Nachdem wir vorne Platz genommen hatten, drehte ich mich vorsichtig um, um noch einmal zu schauen, wer alles im Saal saß. Die meisten kannte ich nicht persönlich, doch ich wusste, dass einige Bundespolitiker, Vertreter der Kultusministerien mehrerer Bundesländer, Frauenbeauftragte aus diversen Einrichtungen und Vertreter der muslimischen Gemeinden und der Dachverbände anwesend waren.

Außerdem saßen zwei Frauen in überdimensionalen, pinken Burkas auf der Empore. Das waren bestimmt die aus dem „Feministinnenlager", dachte ich mit einem Seufzer.

Sie wollten wohl wieder provozieren und Angst schüren. Nach dem Motto „Wehret den Anfängen!" war es ihre Absicht, ein deutliches Signal an die Richter und alle Anwesenden zu senden und vor einer vermeintlichen Islamisierung zu warnen.

Ich wunderte mich allerdings, warum die Saalordner nicht einschritten, und fand es seltsam, dass man in dieser Form in einem Gerichtssaal demonstrieren durfte.

Vielleicht fanden die Ordner diese Aktion auch lächerlich.

Und doch: Angstmacherei schien immer gut anzukommen. Andererseits dachte ich mir beim Anblick der pinken Burkas: Soll doch jeder anziehen, was er will!

Nun traten die Richter ein. Es waren insgesamt acht – sechs Männer und zwei Frauen. In ihren leuchtenden, roten Roben strahlten sie Macht, Ruhe und Beständigkeit aus.

Prof. Winfried Hassemer, der Vorsitzende des Zweiten Senats und Vizepräsident des Bundesverfassungsgerichts, ergriff als Erster das Wort: „Viele Menschen sind mit einem Urteil schnell zur Hand. Doch die Sache ist nicht nur juristisch viel komplizierter. Es geht darum, das Grundgesetz in die Zeit zu stellen." Denn die Verfassungsväter hätten die Themen, die Migration mit sich bringt, noch nicht gekannt. Und so gehe es auch um die Frage: „Wie viel fremde Religiosität verträgt unsere Gesellschaft?"

Mein Anwalt Dr. Melchinger stellte mich vor. Er unterstrich, dass ich eine engagierte Lehrerin sei, die sich für ihre Schüler einsetzt. Es gebe keinerlei Anhaltspunkte, dass ich missionieren wolle. Generell sei ich ein offener Mensch und auch an meiner „modischen Kleidung" könne man sehen, dass ich auf keinen Fall fundamentalistisch eingestellt sei. Dr. Melchinger sprach sehr ruhig und bedacht. Ich hörte ihm gern zu.

Er erwähnte ebenfalls, dass es sowohl muslimische Lehrerinnen mit Kopftuch als auch katholische Ordensschwestern im Habit gebe, die bereits seit Jahren unterrichteten, ohne dass es zu Konflikten gekommen sei.

Im Saal blieb es ruhig. Auch nachdem Dr. Melchinger sich bereits wieder gesetzt hatte, blieb die Stille bestehen. Es war eine fast feierliche Atmosphäre – und dann wieder sehr ernst.

Mein Herz klopfte, als ich aufgerufen wurde. Es schlug nicht sehr schnell, aber deutlich hörbar, zumindest für mich. Meine Beine zitterten, als ich zum Rednerpult ging.

Ich stand vor den höchsten Richtern Deutschlands und sollte meine Position darlegen. Ich atmete tief ein und versuchte mich zu beruhigen, indem ich mir immer wieder selbst sagte: Jetzt gibt es kein Zurück mehr! Es geht nur nach vorne! Konzentrier dich! Konzentrier dich auf deine Sache! Ich holte tief Luft und seufzte. „Bitte Gott, hilf mir!"

Mit beiden Händen umklammerte ich meine Karteikarten, die ich sorgfältig vorbereitet hatte.

Dann sprach ich aber doch nahezu frei. Es ging mir nicht so sehr um juristische Finessen als um meine Geschichte: „Meine Religion, die für mich auch das Kopftuch beinhaltet, ist ein wichtiger Bestandteil meiner Person, meiner Identität. Und genauso sind die freiheitlich-demokratischen Werte der Bundesrepublik ein Teil von mir."

Dass das Kopftuch von manchen Menschen als Symbol der Unterdrückung von Frauen angesehen werde, „belastet mich sehr, sehr stark. Von dieser Bedeutung habe ich mich schon zu Schulzeiten distanziert." Ich hoffte, dass meine Stimme nicht zu aufgeregt klang.

„Und mir ist es wichtig zu unterstreichen, dass ich als Person wirke und nicht nur als Kopftuch."

Trotz der Aufregung schaffte ich es einigermaßen, mit ruhiger Stimme weiter zu sprechen.

„Es ist nie mein Wunsch gewesen, andere zu missionieren oder von meiner Position oder Lebensweise zu überzeugen, aber ich möchte authentisch nach den Prinzipien leben können, von denen ich überzeugt bin."

Ich hatte den Eindruck, man hörte mir tatsächlich aufmerksam zu.

Bei allen vorherigen Verhandlungen schien meine Anhörung nur eine Formsache zu sein. Kaum hatte ich den Saal verlassen, wurde auch schon die vorbereitete Pressemitteilung verlesen. Aber diesmal schien man meine Position wirklich verstehen zu wollen. Mein Blick traf sich mit dem einer der Richterinnen. Sie schaute mich interessiert und offen an. Konnte sie mich als Frau vielleicht noch besser verstehen?

Dann war die Gegenseite an der Reihe: Prof. Ferdinand Kirchhof, der einige Jahre später selbst Verfassungsrichter werden sollte, verteidigte die Position von Kultusministerin Annette Schavan und der Schulbehörden von Baden-Württemberg. Er betonte noch einmal, wie hoch die Neutralität des Staates einzuschätzen sei. Je pluraler eine Gesellschaft werde, je mehr Vielfalt es gebe, desto strikter müsse hier der Staat auftreten, erklärte Kirchhof. Er unterstrich seine Aussage mit einem Ton, der Eindruck machte.

Diesen Anspruch teilte ich gar nicht und empfand ihn als bevormundend. Außerdem schien er den Lebensalltag vieler Menschen in unserem Land zu übersehen, denn der war geprägt von Vielfalt und flexiblem Miteinander.

Ich aber sei nicht neutral, so fuhr er fort, sondern würde meine Religion nach außen tragen. Und dabei unterstelle er mir keinesfalls, missionieren zu wollen, denn das Kopftuch allein habe bereits eine werbende Wirkung und sei „ein Symbol, das sich von der Person löst".

Und so müssten wir uns fragen: „Trägt in diesem Fall der Staat das Kopftuch?" Prof. Kirchhof machte eine lange Pause. Ließ die Frage bewusst noch eine Weile nachhallen.

Die Richter des Bundesverfassungsgerichts sollten zwischen meinem Grundrecht auf freie Religionsausübung, dem freien Zugang zu öffentlichen Ämtern, der Verpflichtung auf staatliche Neutralität und den Grundrechten der Eltern und Kinder abwägen.

Hierzu, so hatte der Vorsitzende Prof. Hassemer zu Beginn der Verhandlung betont, wolle man „nicht vom grünen Tisch entscheiden, sondern eine empirische Basis haben". Die Richter wollten im Laufe der Verhandlung versuchen, noch weitere Fragen zu beantworten: Ist ein Kopftuch ein Zeichen religiöser Haltung oder ein Symbol für verweigerte Integration? Warum trägt eine junge Muslima diese Kopfbedeckung? Und wie wirkt ein Kopftuch auf Kinder?

Bei der Beantwortung dieser Fragen sollten die eingeladenen Sachverständigen helfen.

Dr. Yasemin Karakaşoğlu, Turkologin und Erziehungswissenschaftlerin an der Universität in Bremen, äußerte sich zu der Vielzahl von Gründen junger Muslimas in Deutschland, ein Kopftuch zu tragen. Manche trügen es, um die Familientradition fortzuführen oder Erwartungen ihrer Umgebung zu erfüllen. Viele Frauen hätten sich aber auch intensiv mit dem Thema auseinandergesetzt und sähen das Kopftuch nicht als Gegensatz zu ihrer Integration in die deutsche Gesellschaft, sondern als Ausdruck ihrer persönlichen religiösen Einstellung.[16]

Drei Psychologen äußerten sich zu einer möglichen Beeinflussung von Kindern im Grund- und Hauptschulalter durch religiöse Symbole. Die Antworten waren allerdings nicht eindeutig, da es, so räumte der Sachverständige Prof. Thomas Bliesener ein, hierzu bisher „keine gesicherten Erkenntnisse" gebe, da eine breite Forschungsgrundlage fehle.

Im Folgenden äußerten die Psychologen eher Einschätzungen: Lehrer seien zwar wichtige Bezugspersonen mit hoher Autorität, doch mit zunehmenden Alter seien Kinder durchaus in der Lage, das Nebeneinander verschiedener Religionen zu begreifen.

Ein Gutachter sagte sogar, er sehe einer Lehrerin mit Kopftuch mit „relativer Gelassenheit entgegen" und hielt sogar fruchtbare Fragen von Kindern zu dem Thema für möglich.

Es gab vonseiten der Richter noch Rückfragen an die Gutachter, aber auch an Prof. Kirchhof, an mich und meinen Anwalt. Ich versuchte, meine Antworten sachlich zu halten, aber darüber hinaus auch meine Erfahrungen mit einfließen zu lassen.

Gegen Ende der Verhandlung ging ich noch auf meine Rolle als Pädagogin ein. „Ich habe zu den Kindern stets eine gute Beziehung aufgebaut. Dabei war es mir wichtig, authentisch und ehrlich auf sie zuzugehen. Doch wie soll ich das tun und dabei Toleranz fördern und vermitteln, wenn ich mich selbst verleugnen muss?"

Nach der Anhörung war mein Anwalt guter Dinge und sagte mir, dass es wohl gar nicht so schlecht aussehe. Dass so viele Gutachter gehört wurden, weise darauf hin, dass das Gericht ein echtes Interesse daran habe, die Streitpunkte zu verstehen und sachlich anzugehen.

Seine Worte taten mir gut. Und gleichzeitig hatte mich die Argumentation der Gegenseite sehr traurig gemacht: Wieder wurde ich als die dargestellt, die den Schulfrieden störte und eine Zumutung für die Kinder darstellte.

Aber jetzt hieß es für mich und sicherlich auch für viele andere Muslime erst einmal geduldig zu warten: Das Urteil wollten die Richter erst drei Monate nach Ende der Verhandlung verkünden.

Schließlich ging es um eine grundsätzliche Frage: Wird der Islam in Deutschland respektiert und angenommen oder wird er eine „fremde Religion" bleiben?

Ich starrte wie gebannt auf den Bildschirm.

Es war Mitte September 2003, nur noch ein paar Tage bis zur Urteilsverkündung in Karlsruhe. Die Berichterstattung lief auf vollen Touren.

Ganz Deutschland spekulierte, wie die Entscheidung der Verfassungsrichter wohl ausfallen würde.

Im Fernsehen lief gerade ein Beitrag über mich in einem Nachrichtenmagazin. Es schien mir, als würden sie über eine andere Person berichten – die Betroffene, das war nicht ich. Als ginge es um eine andere.

Gleichzeitig fühlte ich einen Stich in meinem Inneren. Es tat weh, die Bilder von mir im Fernsehen zu sehen. Warum hatte sich alles so hochgeschaukelt? Warum musste ich durch alle Instanzen gehen?

Oft wollte ich nicht die sein, die ich war.

Meine Tochter Laila war noch im Kindergartenalter. Ich hatte nicht bemerkt, dass sie ins Wohnzimmer gekommen war und – überrascht mich im Fernsehen zu sehen – nun ebenfalls konzentriert zuschaute.

Es wurden kurze Interviewausschnitte mit Passanten eingeblendet.

Eine Frau keifte mit verkniffenem Gesicht: „Die sollen mal alle wieder abhauen. Die bringen uns nur Probleme!"

Darauf kam Laila auf mich zugelaufen. Sie schaute mich ängstlich an: „Mami, wollen die dir wehtun?"

Ich zog sie mit der einen Hand zu mir, mit der anderen griff ich nach der Fernbedienung, um das Gerät abzuschalten.

„Nein, nein ... natürlich nicht, meine Süße." Ich hielt sie fest im Arm, suchte nach Worten, um sie zu beruhigen.

Doch wie sollte ich, wenn mein eigenes Herz raste?

Etwa zehn Tage vor der Urteilsverkündung begann ich intensiv darüber nachzudenken, was ich zu diesem Termin anziehen sollte.

In einigen Artikeln über die vorausgegangenen Gerichtstermine waren meine Kleidung und mein Äußeres bis ins Detail beschrieben und analysiert worden. Sogenannte Islamexperten interpretierten, was die Farbwahl meines Kopftuches wohl bedeutete und welche tiefere Symbolik darin verborgen lag.

Dabei suchte ich meine Kleidung und damit auch meine Tücher nach modischen Aspekten aus oder entschied spontan morgens je nach Wetter und Gefühl.

Aber bei solch einem wichtigen Termin und angesichts der vielen Fotografen und Journalisten sollten meine Kleider gut gewählt sein.

Welche Farben passten zu mir? Schließlich wollte ich auf den Fotos freundlich, dynamisch und elegant aussehen.

Sollte ich einen Rock oder eine Hose anziehen? Was konnte man wie auslegen und interpretieren?

Und am wichtigsten: Was für ein Kopftuch sollte ich aufsetzen? Auf den meisten Fotos war das sowieso das einzige Kleidungsstück, das man sehen würde.

Sollte es bunt oder einfarbig sein? Mit gedeckten oder frischen Tönen? Auf jeden Fall sollte es nicht dunkel sein.

Ich entschied mich schließlich für warme, satte, herbstliche Farben. Ich liebte diese Jahreszeit mit ihrer üppigen, fast verschwenderischen Vielfalt an Blättern und Farben. Und ich liebte die Herbstwinde, wenn sie kräftig alles aufwirbelten.

Schließlich war schon September. Also wählte ich eine ockerfarbene Leinenbluse und ein gelbes Tuch. Ich war zuversichtlich.

Als ich die Sachen zur Probe ein paar Tage vorher anzog, stellte sich mir die nächste Frage: Wie sollte ich mein Kopftuch binden?

Eher enganliegend oder lieber locker? Nach hinten gebunden oder nach vorne?

Ich versuchte, den goldenen Mittelweg zu finden. Das passte. Das war ich.

Nach dem Abendgebet blieb ich noch lange auf dem Boden sitzen.

Immer wieder wurde mir bewusst, welch anfälliges und schwaches Geschöpf ich als Mensch doch war.

Ich bat Gott um Beistand – besonders für die kommenden Tage.

Ich wusste, es gab viele Menschen, die meine Schritte und meine Entscheidungen nicht nachvollziehen konnten.

Manchmal hatte ich das Gefühl, dass es in erster Linie gar nicht um „den Islam" ging.

Wahrscheinlich verstand mich eine praktizierende Christin oder Jüdin sehr gut.

Aber bedauerlicherweise verbanden viele Menschen mit dem Islam Härte, Indoktrination und Unterdrückung. Und für dieses Bild waren auch Muslime mitverantwortlich.

Für mich bedeutete Glaube stets Kraft, Ruhe und innerer Frieden. Eine gute Beziehung zu Gott zu haben war mir ein natürliches Bedürfnis. Und wenn ich Barmherzigkeit und Liebe erfuhr, konnte ich auch anderen wieder ausgeglichen und freundlich begegnen.

Ja, mein Glaube unterstützte mich darin, ein Menschenfreund zu sein, mit Toleranz und Hilfsbereitschaft auf andere zuzugehen.

Ich habe immer selbst bestimmt, wie ich meinen Glauben leben möchte; ob und wie viel ich bete, faste, spende oder eben wie ich mich kleide. Ich wollte und musste mich nie von meiner Religion befreien, weil sie mir nicht aufgedrängt worden war.

Ich möchte nicht, wie es in der Debatte üblich geworden ist, mit einzelnen Suren argumentieren. Aber im Koran steht: „Es gibt keinen Zwang im Glauben!"[17]

Und häufig wird mir bewusst, wie zentral diese Aussage ist.

Was wäre aus mir geworden, wenn man mich unterdrückt oder mir die Religion mit Zwang auferlegt hätte?

Ich hätte das Kopftuch wohl hinter der nächsten Straßenecke abgenommen und heimlich einen Freund gehabt. Einfach nur, um mir das nicht länger gefallen zu lassen.

Ich hätte vielleicht auch jedem erzählt, wie schlimm „der Islam" wäre, nur weil ich zufällig autoritäre oder ungebildete Eltern hatte.

Glücklicherweise hat mir aber niemand meine Religion mit dem erhobenen Zeigefinger oder sogar mit der erhobenen Hand gelehrt.

Einen Tag vor meiner Abreise nach Karlsruhe hatte ich entsetzliche Kopfschmerzen. Trotz starker Tabletten schien mein Kopf zu platzen.

Ich hatte Laila vom Kindergarten abgeholt, aber sah mich nicht in der Lage, auf sie aufzupassen.

Wie in Trance rief ich eine Freundin an und bat sie vorbeizukommen.

Sie war eine halbe Stunde später bei mir und schickte mich ins Bett.

Ich betete, dass die Schmerzen schnell vorübergehen würden.

Tatsächlich waren sie über Nacht verschwunden. Erleichtert atmete ich am Morgen auf, packte schnell die letzten Dinge in den Koffer und fuhr zum Bahnhof.

Es ging zwar in Richtung Heimat, dennoch stellten sich keine wohligen Gefühle ein.

Als ich mich auf meinen Platz im Großraumwagon des ICE setzte, wurde mir augenblicklich klar, dass die Bahn eine schlechte Wahl gewesen war.

Wie naiv ich doch immer noch war! Ich staunte über mich selbst. Hatte ich immer noch nicht gelernt, die Gefahr in solchen Situationen richtig einzuschätzen? Hatte ich immer noch nicht gelernt, auf mich zu achten?

Diese Mentalität des „Alles halb so schlimm" brachte mich nicht weiter.

Es wäre besser gewesen, im Auto zu reisen – und auch nicht allein. Aber ich hatte natürlich gedacht: Das schaff ich schon! Ich brauche keine Hilfe.

Jetzt saß ich da, mit mehreren Dutzend Menschen zusammengedrängt in einem Großraumabteil. Sogar im Gang standen Reisende. Mir fiel es schwer zu atmen.

Eine ältere Dame gegenüber hatte mich schon ins Visier genommen. Immer wieder fuhr sie sich durch ihre blonden Haare, musterte mich und verdrehte leicht die Augen.

Ich schaute demonstrativ aus dem Fenster und versuchte durch meine Körperhaltung zu signalisieren, dass ich meine Ruhe haben wollte.

Als sich dann nach etwa fünfzehn Minuten doch unsere Blicke einmal trafen, konnte sie nicht mehr an sich halten: „Sagen Sie, sind Sie nicht die junge Frau, die vor Gericht geht, um mit Kopftuch zu unterrichten?"

„Kann gut sein!", murmelte ich und schob dann noch ein höflicheres „Stimmt" hinterher.

Dann schaute ich wieder aus dem Fenster.

Sie ließ sich aber nicht beirren: „Was meinen Sie denn, wenn fremde Frauen in Ihrem Land ohne Kopftuch rumlaufen würden?"

Ich hätte mich auf keine Diskussion einlassen sollen. Schließlich brauchte ich meine Kraft und vor allem einen freien Kopf für die nächsten Tage.

Doch fast schon reflexartig begann ich mich zu verteidigen: „Deutschland ist auch mein Land. Und hier laufen ja jede Menge Menschen ohne Kopftuch herum."

Sie war ganz aufgebracht: „Nein, ich meine das Land, aus dem Sie URSPRÜNGLICH herkommen!"

„Da würde ich mich dafür einsetzen, dass jede Frau selbst entscheiden kann, wie sie sich kleidet. Und hier tue ich genau das Gleiche!"

Sie schüttelte den Kopf: „Ja, ja, das sagen Sie jetzt so. Aber Sie müssen auch die Menschen hier verstehen. Sie haben einfach Angst. Wir wollen, dass hier keine Gesetze der Scharia oder Zustände wie unter den Taliban herrschen. Wir leben im christlichen Abendland und hier herrschen andere Regeln! Und außerdem: Religionen haben an Schulen nichts zu suchen!"

Ich seufzte und sah endgültig keine Chance auf eine konstruktive Diskussion.

Aber das war nicht weiter schlimm, denn sie war sowieso zum Monolog übergegangen: „Sie können solche Regeln in Ihrem Land einführen. Dort passen sie hin!"

„Deutschland ... Deutschland ist auch mein Land", warf ich kurz ein.

Da sie sich aber gar nicht bändigen ließ und ich Gefahr lief, mich die nächsten sechs Stunden weiter verteidigen zu müssen, stand ich demonstrativ auf.

In dem recht vollen Abteil schaute ich mich um. Falls vorher noch nicht alle Mitreisenden wussten, wer ich war, dann wussten sie es jetzt.

Alle starrten und schauten, doch keiner kam mir zu Hilfe, fand ein tröstendes Wort oder auch nur einen aufmunternden Blick.

Schließlich bat ich einen jungen Mann im dunkelblauen Anzug, der in seine Zeitung vertieft war, mich zu dem leeren Fensterplatz neben sich durchzulassen. Er sah mir nicht sehr gesprächig aus und somit konnte ich die nächsten Stunden damit verbringen, aus dem Fenster zu schauen und meinen mittlerweile düsteren Gedanken nachzuhängen.

Ich war erleichtert, am frühen Abend in meinem kleinen Hotel anzukommen. Dort erwartete mich schon Amina B. Sie war eine gebürtige Deutsche und arbeitete bereits seit einigen Jahren als Lehrerin – und zwar mit Kopftuch.

So wie sie gab es im gesamten Bundesgebiet mehrere Lehrerinnen. Ich kannte vier, und alle berichteten, dass es keinerlei Probleme gebe – weder mit den Kollegen noch den Eltern und erst recht nicht mit den Schülern.

Im Unterschied zu mir hatten sie aber erst während ihrer Berufstätigkeit begonnen, das Kopftuch zu tragen.

Da man sie bereits als kompetente und engagierte Lehrerinnen kannte, stellte niemand ernsthaft infrage, dass sie jetzt bloß wegen eines Tuchs auf dem Kopf plötzlich nicht mehr für den Lehrberuf geeignet wären – so wie man das bei mir tat.

Mein Fall war ein Präzedenzfall. Und richtungsweisend für viele Frauen. Diese Verantwortung lastete schwer auf mir, denn zu Beginn hatte ich ja nur für mich selbst gekämpft.

Amina und ich unterhielten uns den ganzen Abend. Es tröstete mich, jetzt nicht allein zu sein. Und Amina schaffte es mit Leichtigkeit, mich aufzumuntern.

Bevor wir ins Bett gingen, überreichte sie mir noch ein kleines Päckchen. Neugierig zog ich an den Schleifenenden und wickelte das Geschenke aus.

Es war ein wunderschönes Kopftuch. Zarter Satin. Pudriges Altrosa, Beige und ein warmes Braun.

Meine Farben. Ich lächelte.

Sobald ich am nächsten Tag den Gerichtssaal betrat, begann das Blitzlichtgewitter. Etwa zwei Dutzend Fotografen liefen auf mich zu, augenblicklich war ich umringt. Von allen Seiten riefen sie: „Frau Ludin! Hierher bitte! Einmal schauen! Bitte lächeln! Nochmal von der Seite! Danke!"

Es blitzte und klickte. Die Fotografen versuchten so viele Fotos wie möglich zu machen und nahmen die unterschiedlichsten Positionen ein.

Ich war froh, meinen Anwalt, Dr. Melchinger, neben mir zu haben. Wir bahnten uns langsam den Weg zu unseren Plätzen.

Mein Herz pochte und ich hatte das Gefühl, dass die Journalisten um mich herum, die mir ein Dutzend Mikros unter die Nase hielten, das ebenfalls hören müssten.

„Frau Ludin, wie geht es Ihnen?"

„Frau Ludin, was erwarten Sie von dem heutigen Tag?"

„Wie wird die Urteilsverkündung Ihrer Meinung nach ausgehen?"

Wir hatten ja gewusst, dass viele Journalisten hier sein würden, und trotzdem war ich von dem riesigen Auflauf überwältigt.

Jetzt entfernte sich mein Anwalt auch noch von seinem Platz, um Prof. Kirchhof, den Vertreter der Gegenseite, zu begrüßen.

Nun stand ich ganz allein da. Tapfer schaute ich in die Kameras. Ich wollte und konnte nicht posieren. Ich hoffte, dass die Bilder mich einfach zeigten, wie ich wirklich war.

Am liebsten hätte ich keine Bilder und keine Journalisten zugelassen. Wie sehr wünschte ich mir in diesem Augenblick, dass die Verhandlung fernab der Öffentlichkeit geführt würde.

Die Fotografen machten Bilder, und ich hatte keinen Einfluss darauf, auf welchen Covern oder unter welchen Schlagzeilen diese veröffentlicht wurden.

Monate später habe ich auf dem Kurfürstendamm in Berlin sogar eine Werbung für einen Radiosender mit meinem Bild entdeckt.

Mein Gesicht musste für vieles herhalten, schließlich gab es wenig Porträtaufnahmen von Muslimas. Ohne Einverständnis der Frau selbst durften die Fotografen im Normalfall keine Bilder schießen.

Ich setzte mich hin und sammelte mich noch einmal, so gut es ging.

Ja, ich hatte noch immer Hoffnung.

Ich erwartete eine gerechte und mutige Entscheidung. Eine, die richtungsweisend für unsere Gesellschaft sein und Diskriminierung unterbinden würde.

Da traten die Richter ein. Die Fotografen und Kameraleute verließen den Saal und das Publikum stellte seine Gespräche ein. Dann herrschten völlige Ruhe und ein gespanntes Warten. Prof. Hassemer verlas das Urteil: „Ein Verbot für Lehrkräfte, in Schule und Unterricht ein Kopftuch zu tragen, findet im geltenden Recht des Landes Baden-Württemberg keine hinreichend bestimmte gesetzliche Grundlage."[18]

Ich schaute meinen Anwalt an. Hatte ich das richtig verstanden? Er nickte kaum merklich, dann schrieb er weiter fleißig mit.

Als der Richter ausführte, dass die bisherigen Entscheidungen gegen mich nicht rechtens waren, stiegen mir augenblicklich Tränen hoch.

Plötzlich sah ich die Hand meines Anwalts mit einem Taschentuch vor mir. Ich nahm es dankend an.

„Warum weinen Sie jetzt, Frau Ludin?"

Ich atmete ein.

„Wollen Sie es mir sagen?"

„Ich kann jetzt nicht", brachte ich nur hervor.

Einige Sekunden später flüsterte ich: „Es kommt alles in mir hoch."

Die Tränen flossen weiter, ich konnte sie nicht bremsen.

Mein Anwalt konzentrierte sich wieder auf den Richter, doch ich konnte dessen Worten nicht mehr folgen.

Meine Gefühle schwappten geradezu über: Es war das allererste Urteil, das zu meinen Gunsten ausfiel! Darauf hatte ich lange gewartet. Ich spürte, wie mich eine Kraft nach oben zog. Ich konnte auf meinem Stuhl wieder gerade sitzen.

Ich war an meinem Ziel angekommen!

Jetzt begannen die Tränen richtig zu fließen. Sie kamen urplötzlich und schienen seit vielen Jahren auf diesen Moment gewartet zu haben.

Es waren keine Tränen der Freude und keine der Trauer.

ف

Nach der Verhandlung fuhr ich mit meinem Anwalt in sein Büro.

Dort erläuterte mir Dr. Melchinger das umfangreiche Urteil im Detail.

Er erklärte, dass das Bundesverfassungsgericht gesagt habe, dass es nach den aktuellen Gesetzen in Baden-Württemberg unzulässig sei, mir die Einstellung zu verweigern, aber gleichzeitig die Länder die Möglichkeit hätten, eine entsprechende Gesetzgebung zu erlassen.

Hier kam der zweite Kernsatz des Urteils zum Tragen: „Der mit zunehmender religiöser Pluralität verbundene gesellschaftliche Wandel kann für den Gesetzgeber Anlass zu einer Neubestimmung des zulässigen Ausmaßes religiöser Bezüge in der Schule sein."[19]

Sollten sich aber einzelne Bundesländer für ein Verbot von religiösen Symbolen entscheiden, könne dies nicht allein für Muslime gelten, sondern es seien alle Religionsgemeinschaften gleich zu behandeln.

Mein Anwalt sprach sehr langsam und wählte seine Worte mit Bedacht. Sie stimmten mich skeptisch. Auch hallte der Satz von Prof. Hassemer noch immer in meinem Kopf: „Diese Entscheidung mag den Anschein erwecken, dass Frau Ludin gesiegt hat, aber dem ist nicht so."

Doch ich hatte nicht die Kraft, mir über die Konsequenzen des Urteils Gedanken zu machen. Ich war müde und erschöpft und wusste in diesem Moment nur eines: Ich möchte in meinem gesamten Leben nie wieder eine Niederlage hinnehmen müssen.

Fallstricke

Man hatte mir mein Recht gegeben – und gleich dafür gesorgt, dass man es mir wieder nehmen konnte. Das Bundesverfassungsgericht, so fand ich, hatte sich zu keiner mutigen und richtungsweisenden Entscheidung durchringen können, sondern die Verantwortung einfach zurück an die Länderparlamente geschoben.

Nichts war mit dem lang ersehnten Urteil wirklich entschieden.

Nicht nur ich hätte mir vom Bundesverfassungsgericht wegweisende, mutige Vorgaben gewünscht. Auch andere empfanden das Urteil als „ängstlich, kleinmütig […] und unzeitmäßig"[20].

Bundesweit begann jetzt geradezu ein Meinungs- und Artikelbombardement.

Politiker aller Parteien fanden es wichtig, dass ihre ganz persönliche „Kopftuchposition" gehört wurde. Diskussionen, Schachereien um Argumente und Hetze fanden kein Ende und die Meinungs- und Leserseiten quollen über. Zum Teil war ich über die wohlwollenden Einschätzungen richtig überrascht, die ich zum Beispiel in der Schwäbischen Zeitung las:

„Bisher hat mir noch niemand erklären können, worin denn die Gefahr liegt, wenn in Deutschland eine Handvoll

Lehrerinnen mit Kopftuch unterrichten will. Bei ca. 700.000 Lehrerinnen und Lehrern und bei einer ansehnlichen Übermacht von 32 Millionen Christen? Haben unsere Politiker Angst, es könnten ganze Klassen zum Islam überlaufen?"

„Ich würde sagen, es ist ein Kreuz mit den Politikern, die angesichts der derzeitigen Probleme so ein unwichtiges Nebenthema hochkochen [...] Wann fängt Deutschland an, sich um die wahren Probleme in diesem Land zu kümmern?"

„Auch eine europäische Frau ist nicht wirklich frei. So darf sie im Gegensatz zu manch anderen Kulturen ihren Oberkörper in der Öffentlichkeit nicht entblößen, ein Mann sehr wohl.

Die Muslima trägt ihr Kopftuch nicht nur aus Tradition; es ist ein religiöses Symbol. Wir Deutschen pochen auf eine strikte Trennung von Kirche und Staat und wollen das Kopftuch aus der öffentlichen Schule verbannen. Aber sind bei uns Kirche und Staat wirklich sauber getrennt? Religionslehrer werden vom Staat, nicht von der Kirche bezahlt, die Kirchensteuer vom staatlichen Finanzamt eingezogen."

„Warum wird dieses Thema so hochstilisiert? Ich glaube nicht, dass sich ein Kind an einer kopftuchtragenden Lehrerin in seinem religiösen Empfinden gestört gefühlt hätte."

„Warum wird eigentlich Maria, die Mutter Gottes, immer mit Kopftuch abgebildet? Ist sie ein Symbol für die unterdrückte Frau oder für eine fundamentalistische Religion?"

„Ich bin für ein Kopftuchverbot in der Schule. [...] Religiöse Symbole, die in unserem Land traditionell vorhanden sind, wie zum Beispiel das Kreuz in der Schule, gehören ganz einfach zu unserer christlichen Kultur und haben noch nie bedeutet, dass andere Religionen oder Kulturen ausgegrenzt werden."

„Das christliche Erbe [wird] an den Schulen nicht offensiv genug weitergegeben, um ein selbstbewusstes Christsein zu fördern, das sich nüchtern und gelassener mit anderen Religionen (z.B. dem Islam) auseinandersetzen kann ..."[21]

۶

Im Dezember 2003 startete Marieluise Beck, die damalige Integrationsbeauftragte der Bundesregierung, den Aufruf „Gegen eine Lex Kopftuch".

72 prominente Frauen aus Politik und Gesellschaft sprachen sich gegen ein Kopftuchverbot an Schulen aus.

Dies würde, so die Botschaft des Aufrufs, ja gerade die Muslimas, die arbeiten wollten, benachteiligen. Ein Verbot würde eine falsche Botschaft senden – gegenüber den Muslimen und gegenüber der Mehrheitsgesellschaft.

Sollte wirklich einmal der Islam im schulischen Kontext politisiert werden, reichten die regulären disziplinarischen Maßnahmen vollkommen aus.

Unterzeichnerinnen des Aufrufs waren unter anderem die ehemalige Berliner Ausländerbeauftragte Barbara John, die Politikerinnen Sabine Leutheusser-Schnarrenberger und Renate Künast und die Schauspielerin Katja Riemann.

In mehreren deutschen Großstädten wurden Demonstrationen gegen ein Kopftuchverbot organisiert und auch Bündnisse gegen ein Verbot gegründet. Es gab verschiedene Unterschriftenaktionen und eine Initiative „Pro Kopftuch". Einzelne Muslimas, Moscheen und muslimische Verbände organisierten Informationsveranstaltungen, veröffentlichten Pressemitteilungen und schrieben Briefe an die zuständigen Politiker in den jeweiligen Bundesländern.

An Bundespräsident Johannes Rau schrieb auch ich einen persönlichen Brief. Ich bedankte mich bei ihm für seine offene Haltung gegenüber den Muslimen.

Er sprach dann tatsächlich im Januar 2004 in seiner Rede zum 275. Geburtstag des Dichters Gotthold Ephraim Lessing nachdenkliche Worte: „Ich fürchte nämlich, dass ein Kopftuchverbot der erste Schritt auf dem Weg in einen laizistischen Staat ist, der religiöse Zeichen und Symbole aus dem öffentlichen Leben verbannt. Ich will das nicht. Das ist nicht meine Vorstellung von unserem seit vielen Jahrhunderten christlich geprägten Land. Dabei ist uns allen doch klar, dass die Frage, ob wir dieses Erbe fortführen, nicht von Bekleidungsvorschriften abhängt. Ob wir weiterhin ein christlich geprägtes Land sind, das hängt allein und zuerst davon ab, wie viele überzeugte und glaubwürdige Christen es bei uns gibt."[22]

Paul Spiegel, der damalige Präsident des Zentralrats der Juden, sah es ähnlich wie der Bundespräsident und übte seinerseits Kritik: „Allzu schnell wird massiv in die verfassungsmäßigen Grundrechte eingegriffen, ohne dass dies nötig wäre."[23]

Die *Süddeutsche Zeitung* kommentierte die damalige Entwicklung noch schärfer: „Das Kopftuchverbot ist der erste Schritt in den radikal laizistischen Staat. Es ist merkwürdig, dass ausgerechnet die christlichen Parteien, welche die christliche Prägung des Landes beschwören, diese Prägung mit gesetzlichen Verboten aufs Spiel setzen. Sie wissen nicht, was sie tun."[24]

In dieser Zeit bekam ich wieder viele Medienanfragen. So beispielsweise von Talkshows wie *Maybrit Illner* vom ZDF oder von ausländischen Sendern wie CNN und BBC. Man wunderte sich im Ausland häufig über die Engstirnigkeit der Deutschen. Auch meine amerikanische Familie war schockiert. Mit ihrem Verständnis von Freiheit waren die Urteile der deutschen Gerichte nicht in Einklang zu bringen, denn in den USA gehörten Lehrerinnen, Polizistinnen oder Rechtsanwältinnen mit Kopftuch zum Alltag.

Die Stimmung war gedrückt. Die Entscheidung des Bundesverfassungsgerichts ließ zwar alles offen, aber viele Muslime erwarteten keinen guten Ausgang.

Nach und nach traten die neuen, überarbeiteten Schulgesetze der einzelnen Bundesländer in Kraft.

Baden-Württemberg war im April 2004 das erste. Ferdinand Kirchhof, der Anwalt des Kultusministeriums des Landes, hatte den Gesetzesentwurf wahrscheinlich schon in Karlsruhe in der Tasche gehabt, und Kultusministerin Annette Schavan konnte es wohl kaum erwarten, das Gesetz, das sich nicht nur auf Lehrerinnen, sondern auch auf Erzieherinnen bezog, auf den Weg zu bringen.

Ebenfalls im April 2004 erließ Niedersachsen ein entsprechendes Gesetz. Dann folgten das Saarland, Hessen und Bayern.

2005 zogen noch Berlin und Bremen nach. In Berlin waren auch Beamtinnen wie Richterinnen, Juristinnen und Polizistinnen betroffen.

Im Sommer 2006 erließ Nordrhein-Westfalen ebenfalls ein Gesetz.

Die meisten Bundesländer machten allerdings Ausnahmen für Referendarinnen, da der Staat bei der Lehrerausbildung über ein Monopol verfügt und sonst die Berufsfreiheit verletzen würde.

Alle acht Bundesländer verpflichteten Lehrkräfte, sich religiös, politisch und ideologisch neutral zu verhalten. Das hörte sich zwar sehr neutral an, war aber faktisch eine Diskriminierung muslimischer Frauen, die sich für das Kopftuch entschieden hatten. Und das, obwohl das Bundesverfassungsgericht explizit auf eine Gleichbehandlung aller Religionen bestanden hatte.

Direkt wurde „das Tuch" zwar nicht erwähnt, tauchte jedoch bei den Begründungen der Gesetzentwürfe und in den Landtagsdebatten immer wieder auf.

Ich war sehr verwundert, dass eine echte Diskussion, wie man sich neutral gegenüber dem Kopftuch verhalten könnte, kaum stattfand.

In der Berliner GEW-Zeitschrift wurde ich mit Osama bin Ladin verglichen, offenbar, weil sich unsere Nachnamen nur in einem Buchstaben unterschieden.[25]

In Talkshows lud man nicht etwa Betroffene ein, um über ihre Sicht der Dinge berichten zu können, sondern stets „Kopftuchgegnerinnen" wie Seyran Ateş, Lale Akgün und Alice Schwarzer. In hitzigen Diskussionen fand dann ein Schlagabtausch über die Talibanherrschaft, die Unterdrückung der Frauen und die bösen Absichten hinter dem Tuch statt. Oft blendeten aber auch die Moderatoren aus, dass viele Kopftuchträgerinnen sich aus einer religiösen Motivation dafür entschieden hatten und dies für sie eine spirituelle Dimension besaß.

Die Ländergesetze sollten noch eine weitere verheerende Folge haben: Muslimische Frauen, die ein Kopftuch trugen, wurden in der Folge deutlich stärker diskriminiert.

Die Härte, mit der man diskutierte, zeigte sich auch im Alltag. Ich bekam es in meinem Bekanntenkreis mit: Für muslimische Kindergärtnerinnen, Verkäuferinnen und weibliche Verwaltungsangestellte wurde es noch schwieriger, eine Anstellung zu finden, Zeitverträge wurden nicht verlängert. Einige erhielten Abmahnungen oder kündigten von sich aus. Und sogar Lehrerinnen, die zum Teil seit vielen Jahren ohne Probleme unterrichtet hatten, bekamen nun die Anweisung, ihr Kopftuch abzunehmen, ansonsten müsse man sich von ihnen trennen.

Einige Lehramtskandidatinnen erhielten plötzlich schlechte Noten oder bestanden die Prüfung nicht – ohne dass das fachlich nachzuvollziehen war. Einer Muslima, die ein exzellentes Biologiestudium abgelegt hatte und in die Forschung gehen wollte, sagte ihre Professorin direkt ins Gesicht: „Mit dem Kopftuch können Sie sich die Karriere gleich abschminken!"

Manche klagten. Einige beschweren sich bei den Integrationsbeauftragten ihrer Städte oder bei Antidiskriminierungsstellen. Unzählige Geschichten über ungerechte Behandlung und Diskriminierungen kursierten in den Gemeinden.

Für jede einzelne Frau war es ein Schicksalsschlag!

Der *Freitag* schrieb über diese Entwicklung: „Wer Hunderte von Millionen muslimischer Frauen weltweit und Hunderttausende von Mosleminnen in Deutschland im Handumdrehen als Fundamentalistinnen stigmatisiert, strotzt nicht nur vor Ahnungslosigkeit, der handelt auch fahrlässig. [...] Denn nun [...] werden sie es mit Kopftuch fortan erheblich schwerer haben, sich in die Arbeitswelt hinauszuwagen. Sie müssen damit rechnen, als Fundamentalistinnen gebrandmarkt und diskriminiert zu werden. Welcher Behördenchef, welcher Filialleiter einer Bank, welcher Personalchef eines Industrieunternehmens wäre auch darauf erpicht, sich durch die Beschäftigung von ‚Fundamentalistinnen' Ärger einzuhandeln? Die Tragweite des Streits geht weit über die Frage der staatlichen Neutralität gegenüber Religion in der Schule hinaus. [...] Seine Botschaft ist im Klartext: Entweder ihr assimiliert euch oder ihr haut ab."[26]

Das Vorgehen der Politiker, die die neuen Schulgesetze durchgeboxt hatten, wirkte auf mich verantwortungslos.

Verantwortungslos gegenüber den Muslimen, weil man sie ausgrenzte und stigmatisierte. Und verantwortungslos gegenüber unserer Gesellschaft als Ganzes, weil viele junge, gebildete und hoch qualifizierte Frauen ihre Potenziale nicht einbringen konnten, nach Hause verbannt wurden und häufig von Sozialleistungen abhängig sein mussten.

Es entstand ein chaotischer Flickenteppich unterschiedlicher Landesgesetze und deren Interpretationen. Teilweise wollte man sogar eine Ausnahme für „christlich-abendländische" Symbole machen, obwohl das Bundesverfassungsgericht ausdrücklich eine Gleichbehandlung der Religionen vorgeschrieben hatte.

Seit den Anschlägen vom 11. September 2001 in New York fühlten sich in Deutschland auch muslimische Männer vermehrt stigmatisiert und hatten Probleme, adäquate Arbeitsstellen zu finden. In den folgenden Jahren verließen viele muslimische, in Deutschland ausgebildete Akademiker ihre Heimat, um in der Türkei, den Golfstaaten, Großbritannien oder den Vereinigten Staaten endlich auf ihrem Gebiet arbeiten zu können.

Hoffnungslosigkeit und Resignation machten sich vielerorts unter den Muslimen in Deutschland breit.

Ich hangelte mich von Tag zu Tag, versuchte meiner Tochter einen geregelten Alltag zu ermöglichen.

Auf dem Spielplatz kam ich einmal mit einer anderen Mutter ins Gespräch. Sie schaute mich nach einigen Minuten überrascht an und fragte ungläubig, ob ich denn auch alleinerziehend sei. Ich bejahte und sie fragte noch einmal nach.

„Ja, warum denn nicht?!", fragte ich zurück.

„Gibt es das wirklich auch in eurer Mentalität?"

Ich entgegnete, dass die Scheidung manchmal die einzige Möglichkeit sei, wenn zwei Menschen ihre Ehe nicht fortführen können.

„Ich dachte, das geht gar nicht, weil bei euch ja alle so ... so ... familienfanatisch sind", entgegnete sie darauf.

Na ja, Hauptsache irgendwie fanatisch, dachte ich.

Obwohl ich mich mittlerweile gut in Berlin eingelebt hatte, bekam ich häufig Heimweh nach meinem Schwabenland. Mir fehlten die Wälder, die Waldwege und der freie Blick. Ohne Khaled schien mein Heimweh noch stärker zu werden, mit ihm hatte ich immerhin ein wenig schwäbische Kultur im Haus gehabt.

Wo ich wohnte, gab es zwar an jeder Ecke Döner, Sushi, McDonald's und die vielen Berliner Kneipen, doch kaum ein Restaurant mit „deutscher Küche".

Mir lief das Wasser im Mund zusammen, wenn ich an Linsenspätzle dachte.

Manchmal träumte ich sogar vom Rhabarber- oder Johannisbeerkuchen meiner Schwiegermutter.

Beim Sonntagsfrühstück vermisste ich unsere Wecken und das gute Walnussbrot vom Markt. Auch die Brezeln schmeckten in Berlin nicht wirklich.

Die Bäckereien in Schwäbisch Gmünd sahen anders aus, rochen anders und ein Einkauf dort fühlte sich anders an. Irgendwie echt „deutsch".

Einige Wochen nach dem Erlebnis auf dem Spielplatz saß ich mit Laila im Flugzeug. Muhammad hatte uns nach Los Angeles eingeladen. Er und Farid würden mit ihren Familien dort sein und auch meine Mutter lebte momentan bei ihnen. Sie hatte sich entschieden, dort bei ihrer Schwester und weiteren Verwandten aus Afghanistan zu bleiben.

Ich freute mich so sehr, für ein paar Tage wieder meine Familie um mich zu haben, denn ich war müde und erschöpft.

Im Flieger hatten die Passagiere schon Platz genommen und sich angeschnallt. Es war Ruhe eingekehrt und wir erwarteten den Start der Maschine.

Aus dem Nichts fragte Laila laut: „Mama? Was ist Alice Schwarzer?"

Die Passagiere, die um uns herum saßen, schauten mich fragend an, manche mit einem Lächeln auf den Lippen.

Ich senkte den Kopf und dachte nach. Ich hatte keine Ahnung gehabt, dass sie diesen Namen kannte, geschweige denn wusste ich, wo sie ihn aufgeschnappt hatte.

Auch wusste ich nicht, ob ich laut loslachen oder mich lieber unter dem Sitz verstecken sollte.

„Das erkläre ich dir später, meine Süße!", antwortete ich schließlich mit einem breiten Lächeln auf den Lippen.

Letzte Runde

Ich stellte die erste Klage gegen das neu erlassene Schulgesetz von Baden-Württemberg.
Parallel dazu lief Amina B.s Klage gegen das von Niedersachsen.
Beide Verhandlungen wurden für denselben Tag angesetzt und gemeinsam verhandelt.
Am 24. Juni 2004, also neun Monate nach dem Urteil des Bundesverfassungsgerichts, hatte jetzt das Bundesverwaltungsgericht in Leipzig über unsere Fälle zu entscheiden.
Amina hatte mich schon in Karlsruhe begleitet und die Entwicklung mitverfolgt.
Ihre Geschichte war so anders als meine – und doch ähnlich.
Amina hatte als protestantische Christin ihr Referendariat gemacht und auch schon unterrichtet. Im Alter von etwa dreißig Jahren fing sie an, sich mit dem Islam auseinanderzusetzen. Noch als Christin begann sie, zu beten, zu fasten und auch ein Kopftuch zu tragen. Später entschied sie sich für den muslimischen Glauben. Doch selbst viele ihrer Schüler wussten nicht, dass ihre Deutsch- und Kunstlehrerin eine Muslima geworden war.[27]
Amina wurde von ihren Vorgesetzten sehr geschätzt. So beschrieb sie der Personalrat als „kompetente, offene und sehr aufgeschlossene Pädagogin, die rasch unsere Herzen ge-

wann". Und auch der Schulleiter sagte, Frau B. sei „hervorragend für die Arbeit an unserer Schule qualifiziert"[28].

Es wurde mit viel Engagement gegen den Beschluss, Amina dürfe nicht mehr unterrichten, protestiert.

Zweimal zogen Eltern und Kinder – mit umgebundenen Kopftüchern – vor das Kultusministerium und forderten ihre Lehrerin zurück.[29]

Würde bei einer „Deutschen" das Gericht anders entscheiden? Machte die große Akzeptanz, die Amina genoss, einen Unterschied?

Bald stand fest: Meine Klage wurde abgewiesen. Das neue Schulgesetz von Baden-Württemberg wurde für rechtmäßig und verfassungskonform erklärt.

Es schien mir unglaublich. Hatte nicht das Bundesverfassungsgericht angemahnt, dass alle Religionen gleich behandelt werden müssen?

Und jetzt werteten die Richter in ihrer Urteilsverkündung das Gesetz als ein „allgemeines ausnahmsloses Verbot, durch religiöse Bekleidung Bekundungen abzugeben, die den Schulfrieden gefährden oder stören könnten"[30].

Flapsig könnte man das Urteil auch so formulieren: „Die Muslima stört unseren Schulfrieden, weil wir ihre religiösen Sitten und Gebräuche seltsam finden, und muss deshalb ihre morgenländische Tracht abnehmen."

Vielleicht hatte ich nach diesem Urteil endgültig verstanden, dass Rechtsprechung nichts Absolutes und auch nichts Objektives ist und eben auch nicht immer gerecht.

Ebenso wie um Recht ging es hier um Abwägungen, Traditionen, Emotionen und Politik. Ja, man hatte Angst – Angst vor Überfremdung und Angst, dass die Dinge nicht mehr so sein würden, wie sie waren. Die Kirche sollte im Dorf bleiben und die Moschee bitte in Kairo oder Kabul.

Vielleicht war ich im Laufe der Zeit einfach zu abgeklärt geworden – oder prozessmüde.

Ohne äußere Gefühlsregungen nahm ich das Urteil entgegen.

Mein Körper schien erstarrt und ich hörte die Hintergrundgeräusche kaum noch. Ich konnte nicht klar denken und auch nicht wirklich verstehen, was die Konsequenzen dieses Rechtsspruchs waren.

Während Aminas Verhandlung kam es zu einer großen Überraschung: Auf einen Vergleich angesprochen, erklärte sie, dass sie auch ohne Kopftuch unterrichten würde.

Damit war ihr Fall erledigt und das Land Niedersachsen verkündete, dass sie umgehend eingestellt werden würde. Noch im Gerichtssaal erhielt Amina eine feste Zusage.

Ich wusste, dass sie nach ihrer Scheidung um das finanzielle Überleben kämpfte.

Fünf Jahre war auch sie in Prozesse verwickelt, kämpfte und musste Niederlagen hinnehmen. Fünf Jahre – ich wusste wie keine andere, wie lange das sein konnte.

Sie wollte wahrscheinlich einfach Ruhe haben, damit der Schmerz aufhörte und sie ein friedliches Leben, ein solides Auskommen und einen geregelten Alltag haben konnte.

Auch ich hatte mir ja immer nur ein „normales" Leben gewünscht.

Doch jetzt galt sie in der Öffentlichkeit als die Gute und ich als die Böse.

Ihr wurden ab dem Moment ihrer Entscheidung, das Kopftuch abzunehmen, alle Türen vonseiten der Schulbehörde geöffnet. Man kam ihr bei Terminen und Absprachen entgegen.

Die Presse porträtierte sie als die Sensible, die endlich Einsicht zeigte, und mich als die Sture, die Fundamentalistische, die bis zum bittern Ende kämpfen wollte.

Ich fragte mich, ob Amina und ich uns – wenn wir das Kopftuch absetzten – als Menschen und als Lehrerinnen in irgendeiner Weise veränderten.

Erst viel später erfuhr ich, dass Amina die angebotene Stelle in Niedersachsen nie angetreten hat. Sie wollte sich die Demütigung ersparen, sie wollte ihren inneren Prinzipien treu bleiben. So interpretierte ich ihre Entscheidung.

Sie gab in ihrer Heimat alles auf – ihre Familie, ihre Freunde, ihre Wohnung – und verließ Deutschland.

Dass es mitten in Kreuzberg so idyllisch sein konnte! Ich saß auf meinem Balkon und schaute auf den Kanal. Der Anblick des Wassers beruhigte mich. Ich atmete tief durch.

Nach einer Weile spürte ich auch wieder meinen Körper: Mein Rücken schmerzte und meine Glieder wurden nach unten gezogen, als hingen Gewichte daran.

Für einen Moment dachte ich daran, dass ich noch Papiere für den Anwalt fertigzumachen hätte. Sofort zog sich mein Magen zusammen, mein Atem ging wieder schneller.

Ich wollte keine Termine mehr, keine Telefonate über Begründungen und Formulierungen, ich wollte nie wieder einen Gerichtssaal von innen sehen, ich wollte einfach mein Leben zurück!

Ich wollte nicht mehr klagen. Diese Geschichte war für mich beendet. Es machte keinen Sinn mehr, noch weiterzugehen. Eine neuerliche Niederlage war zu wahrscheinlich.

Das bedeutete, dass jemand anderer gegen die Ländergesetze klagen konnte. Eine andere Muslima, wenn sie es denn wollte, wenn sie sich das zutraute, wenn die rechte Zeit gekommen war.

Ich hatte meinen Teil getan.

Mit festen Schritten ging ich ins Wohnzimmer und setzte mich auf mein dunkelrotes Sofa. Aus einem Regal neben mir nahm ich mir Stift und Papier und begann, zwei kurze Briefe zu schreiben, in denen ich meinem Rechtsanwalt und dem Zentralrat der Muslime meine Entscheidung mitteilte:

„Ich wende mich mit diesem Schreiben an Sie, um Ihnen eine meiner schwersten Lebensentscheidungen mitzuteilen. Nach langer Überlegung habe ich beschlossen, nicht mehr um meine Einstellung in den staatlichen Schuldienst in Baden-Württemberg mit Kopftuch zu klagen.

Seit mehreren Jahren stehe ich wegen der Klagen unter enormer psychischer Belastung, jetzt bin ich an dem Punkt angelangt, dass ich die Verfahren um meine Einstellung nicht mehr weiterführen kann. Die Belastung und andere persönliche Umstände sind für mich so unerträglich geworden, dass ich inzwischen meinen alltäglichen Aufgaben und Verpflichtungen nicht mehr nachkommen kann. Ganz besonders belastet es mich, dass ich mich wegen meiner Erschöpfung vielleicht bald nicht mehr im erforderlichen Mindestmaß um die Erziehung meiner Tochter kümmern kann."

Anschließend verließ ich die Wohnung und warf beide Schreiben in einen Briefkasten. Jetzt war es getan.

Auf dem Weg nach Hause ging für mich die Sonne auf. Ich spürte wieder ein entspanntes Lächeln auf meinen Lippen und machte schon Pläne für meine Zukunft.

Ich würde mehr Zeit mit meiner Tochter verbringen und endlich etwas für mich tun. Ich könnte öfter meine Familie sehen – und wieder ein ganz normales Leben führen.

Ich war endlich frei.

Selbstgespräche

Ich habe mich unzählige Male gefragt, ob ich das Richtige getan habe.

Oder sollte ich lieber sagen, ob ich das Beste getan habe?

Ich weiß auf jeden Fall, dass ich mein Bestes gegeben habe.

War es der richtige Zeitpunkt? Und wenn nicht, wann würde er kommen?

Bevor ich mich entschied, gegen meine Nichteinstellung zu klagen, hatte ich mich mit vielen Menschen beraten. Fast alle hatten mir Mut gemacht und mir dazu geraten, diesen Weg zu gehen.

Doch es hatte auch andere Stimmen gegeben. Ein oder zwei mahnten, dass der Rechtsweg nicht der richtige sei. Vielmehr müsse man den Weg über die Herzen gehen.

Hatte ich diesem, in meinen Augen vielleicht richtigen, aber eben auch sehr vagen Ratschlag nicht wirklich eine Chance gegeben? Hatte ich ihn nicht hören wollen? Oder nicht einsehen wollen, dass man manchmal eben besser auf sein Recht verzichtet?

In Gesprächen mit meiner Schwester Bahar hatte sie mich des Öfteren gewarnt: „Die Gesellschaft ist noch nicht reif dafür. Eben noch putzten die Gastarbeiterinnen die Büros und Toiletten der Deutschen und jetzt wollen sie ihre Kinder unterrichten. Das geht den Menschen zu schnell, da kommen sie nicht mit."

Auch bei muslimischen Frauen hatte die Diskussion zu einer Polarisierung geführt.

Manche legten das Tuch ab, da sie sich nicht länger der Diskriminierung aussetzen wollten oder auf eine Arbeitsstelle angewiesen waren.

Einzelne sprachen sich explizit gegen das Kopftuch aus und ordneten es als „überholte Tradition" ein, die nur den Integrationsprozess der Muslime bremsen würde.

Dann wiederum gab es viele junge Frauen, die mit der Haltung „Jetzt erst recht!" an ihrem Kopftuch festhielten und diese Meinung vermehrt in der Öffentlichkeit vertraten oder jetzt überhaupt erst anfingen, ein Kopftuch zu tragen.

Hin und wieder wurde ich darauf angesprochen, dass die Debatte für viele unerträglich sei. Andere meinten, dass sie notwendig sei, aber es vielen Frauen schwierig mache, ihr Leben als Muslima zu leben. Sie seien Demütigungen und Ausgrenzungen in vielen alltäglichen Situationen ausgesetzt. Ich teilte den Eindruck und erfuhr dies auch am eigenen Leib. Einer Muslima konnte man Zweifelhaftes leicht anlasten. Nicht weil man über ihr Leben und ihre Haltung Bescheid wusste, sondern vielmehr weil die von den Medien transportierten und auch neu geschaffenen Bilder es einem leicht machten, solches zu vermuten. Etwa Bilder von unterdrückten und ungebildeten Frauen, die ihr Leben lang unter dem Diktat ihres Vaters, Bruders oder Mannes litten.

Die zunehmende Polarisierung spürte ich besonders daran, dass man mich gern zu Talkshows und Diskussionsrunden mit anderen „Kulturmuslimas" einlud, die sich vehement gegen das Kopftuch aussprachen. Am Ende solcher Veranstaltungen hatte ich immer das Gefühl, dass nicht meine Position und Haltung eine Rolle spielten, sondern dass es um eine Einteilung in „gute, moderne kopftuchlose" und „schlechte, konservative kopftuchtragende" Muslimas ging. Es interessierte die Journalisten und Moderatoren herzlich wenig, wie ich über Frauenfragen dachte und ob ich liberal sein konnte – „trotz" Kopftuch. Beides konnte man nicht zusammenbringen. Ich sollte also scheinbar nur meinen Schleier lüften und schon galt ich als gut, modern, demokratisch – und neutral. Weil ich mich selbst besser kannte als andere und unzählige weitere moderne muslimische Frauen mit einem Kopftuch in meinem Leben kennengelernt hatte, konnte ich diesen herablassenden Blick auf diese Frauen nie gutheißen. Diese Zeit der medialen Polarisierung und der einseitigen Darstellung von muslimischen Frauen fiel mir schwer. Sie gehörte aber zum Prozess und der Debattenkultur in Deutschland.

Die Prognosen der warnenden Stimmen hatten sich bewahrheitet. Die Konsequenzen der neuen Ländergesetze zeigten ihre Wirkung. Und ich bekam sie zu spüren.

War ich vorher für viele Muslime ein Vorbild gewesen, jemand, der für Gerechtigkeit einstand, so wurde ich jetzt für manche von ihnen „die Schuldige".

Wut, Sorgen und Existenzängste machten sich in der muslimischen Community breit. Immer wieder hörte man Stimmen wie diese:

„Nur ihretwegen!"

„Das war doch abzusehen!"

„Vorher war ja noch alles okay, aber jetzt haben wir richtige Probleme!"

„Hätte sie nicht einfach in ein anderes Bundesland ziehen können, und fertig?!"

„Diese Afghanin, was will sie hier erreichen? Wir sind doch eh nur Gäste!"

„Allah wertet das Kopftuch nicht so hoch. Was soll die ganze Sturheit?!"

„Wir leben doch in Deutschland, da muss sie sich anpassen!"

Bei einer beruflichen Fortbildung griff mich ein muslimischer Teilnehmer vor allen anderen an: „Deinetwegen bekommen alle Frauen mit Kopftuch jetzt keine Jobs mehr! Du hast allen Frauen damit geschadet!"

So aggressiv und direkt hatte mich noch nie jemand angegriffen.

Wie schlecht anscheinend Menschen von mir dachten.

Vielleicht hatte ich Fehler gemacht, aber ich hatte nie eine böse Absicht gehabt.

Nach der Sitzung lief ich raus.

Da es anfing zu regnen, suchte ich Schutz in einem Kaufhaus. Während ich kopflos durch die Gänge eilte, traf ich einen Bekannten, der mich besorgt ansah: „Was ist los, Fereshta? So kenne ich dich ja gar nicht. Sonst bist du immer so fröhlich!"

Er tröstete mich und ebenso halfen mir meine Freundinnen und meine Familie immer wieder über Tiefschläge hinweg.

Sie standen mir bei, wo sie nur konnten. Meine Mutter besuchte mich für mehrere Wochen. Ich war nicht allein.

Obwohl es mich sehr getroffen hat, auch noch von muslimischer Seite kritisiert zu werden, machte ich mir klar, dass es wichtig war, die gesellschaftliche Diskussion um eine entscheidende Frage anzustoßen: Wie soll unser gemeinsames Zusammenleben in einem zukunftsorientierten Deutschland aussehen?

Und es ergaben sich noch weitere Fragen:

Welchen Stellenwert genießt Religion in unser Gesellschaft?

Wie viel Pluralität wünschen wir uns?

Wie können alle ein menschenwürdiges Leben führen, ohne ausgegrenzt zu werden?

Die *taz* hatte mich in einer Ausgabe per Photoshop-Montage mit einer blonden Tina-Turner-Frisur dargestellt und provokant untertitelt: „So sieht eine vorbildliche baden-württembergische Lehrerin aus."[31]
In der Vergangenheit bestimmt – aber würde es in der Zukunft nicht mehrere Modelle für Lehrerinnen geben?
Ist ein Lehrer oder eine Lehrerin in allem, was er oder sie tut und persönlich darstellt, immer als Vorbild und Repräsentant des Staates zu sehen? Sind Lehrer nicht Individuen, die unterschiedlich sein können und dürfen, aber gegenüber dem Staat oder in staatlichen Institutionen eine klare demokratische Haltung zeigen sollten?
Wenn wir bei Lehrern Haltungen an Kleidungstücken festmachen wollen, dann ist es so, als müssten sie ihre Authentizität aufgeben, um nur den Staat auf eine „homogene" Weise darzustellen. Ist dieser Staat aber tatsächlich so homogen? Oder definiert er damit nicht, wie jeder Lehrer und jede Lehrerin im Schuldienst auszusehen hat? Verkennen wir nicht die Realität und Pluralität unserer Gesellschaft? Handeln wir damit nicht gegen unsere demokratischen Grundsätze und Prinzipien? Oder sind es Ängste, die wir haben, die uns die eigene Identität infrage stellen lässt? Woher kommen diese Ängste? Kommen sie von den Erfahrungen, die wir tatsächlich machen oder sind es Angstfantasien? Sind wir uns darüber im Klaren, was wir den Menschen antun, vor denen wir Angst haben, die aber keine Gefahr darstellen?
Als Mutter wäre ich stolz darauf, mein Kind in eine Schule zu schicken, an dem nicht nur an Schülern, sondern auch an Lehrern die kulturelle und religiöse Vielfalt, die unsere Gesellschaft heute ausmacht, sichtbar wird. In dem Moment, in

dem die Vielfalt im gegenseitigen Respekt und im friedvollen Miteinander lebbar wird, ist dies der Beleg für eine moderne und weltoffene Gesellschaft. Das ist eine Herausforderung, aber zugleich auch eine Chance für eine friedliche Koexistenz der Kulturen, Religionen und Weltanschauungen.

Crash

Es ging nichts mehr.
Und das von einem Tag auf den anderen.
Vorher hatte ich dagestanden wie eine Mauer und öffentliche Schmach und Einsamkeit ertragen.
Und jetzt brach ich zusammen.
Alles sah so hoffnungslos aus.
Ich war mit Laila gerade von einer Mutter-Kind-Kur zurückgekommen. Wir hatten schöne Tage an der Nordsee verbracht. Ich hatte den freien Blick und die Weite des Meeres genossen.
Jetzt wollte ich frisch und erholt ins neue Schuljahr starten.
Laila sah fern und ich saß neben ihr auf einem Sessel und las. Ich hielt kurz inne und ließ das Buch sinken. Mein gesamter Körper fühlte sich schwer und erschöpft an. Ich schloss beide Augen. Und wie mit einer übermächtigen Hand packten mich Gefühle von Trauer, Einsamkeit und Enttäuschung.
Ich konnte nur noch liegen und weinen. Die Tränen flossen ohne Unterlass, dabei gab es keinen konkreten Anlass.
Laila setzte sich zu mir und streichelte mein Gesicht. „Was hast du, Mama?", fragte sie immer wieder.
Ich wollte die Tränen stoppen, ihr zuliebe, doch ich vermochte es nicht.
Später am Tag lag ich auf dem Bett und konnte mir nicht vorstellen, jemals wieder vor einer Klasse zu stehen. Auch

fragte ich mich, ob ich dies wirklich jemals zuvor getan hatte. Und wie?

Mittlerweile waren es nur noch drei Tage bis zum Schulanfang.

Doch alles, was ich spürte, war Schwäche. Da gab es keine Stimme mehr in mir, die sagte: Ach komm, das schaffst du! Reiß dich zusammen! Du kannst doch die Schüler nicht enttäuschen! Und die Eltern! Und die Schulleitung! Da musst du jetzt durch!

Zwei Tage vor Schulbeginn nahm ich den Telefonhörer in die Hand. Er schien mir aus Eisen zu sein. Ich konnte ihn kaum halten.

„Ich bin sehr geschwächt und werde am Montag nicht kommen können. Es kann sein, dass ich längere Zeit nicht arbeiten kann. Ich bitte um Ihr Verständnis." Diese Worte hatte ich mir für das Gespräch zurückgelegt.

Ich sammelte meine Kräfte. Dann wählte ich. Am anderen Ende nahm Herr Sina, mein Vorgesetzter und der Vorsitzende des Trägervereins meiner Schule, ab.

Sofort brach ich in Tränen aus, weinte in den Hörer.

Ich versuchte zu sprechen. Immer wieder von Schluchzen unterbrochen, sagte ich, dass ich nicht kommen könne.

„Frau Ludin, beruhigen Sie sich!", unterbrach er mich. „Alles wird gut. Wir werden eine Lösung finden. Machen Sie sich keine Gedanken. Werden Sie nur wieder gesund!"

Ich dankte ihm, wieder vom Schluchzen unterbrochen, verabschiedete mich und legte auf.

Danach konnte ich mich nicht mehr halten. Fast eine Stunde weinte und schluchzte ich – wegen meiner Schwäche, wegen der Demütigungen und weil einfach alles schrecklich war.

„Sie müssen betreut werden! Sie können in Ihrem Zustand nicht allein bleiben!" Meine Ärztin überwies mich sofort ins Krankenhaus. Ich solle damit rechnen, mindestens ein halbes Jahr nicht arbeiten zu können.

Das Schlimmste für mich war, dass ich mich nicht mehr in der Lage sah, mich um Laila zu kümmern. Khaled holte sie ab und sollte sie auf unbestimmte Zeit bei sich behalten.

Ich wollte mir ein paar Wochen Ruhe gönnen, dann würde es schon wieder gehen. Ich wollte wieder funktionieren, auf keinen Fall schwach sein.

Auch wollte ich Laila wieder zu mir nehmen. Doch kaum hatte ich den Entschluss gefasst, fiel ich wieder in ein Loch voll von Selbstzweifeln und Antriebslosigkeit.

Es dauerte ein halbes Jahr, bis ich in der Lage war, einen Schritt zurückzutreten, um mein Leben zu betrachten: das Studium mit seinen fachlichen und für mich als Migrantin auch immer wieder sprachlichen Herausforderungen; der Kampf ums Referendariat; die täglichen Bewährungsproben, sich in der Schule immer korrekt einzubringen; die Notwendigkeit, immer besser sein zu müssen und keine Angriffsfläche zu bieten; die ständige Angst und berufliche Ungewissheit; das Problem, immer als jemand anderes dargestellt zu werden; nie entspannt zu sein; keine Anstellung als Lehrerin zu finden; das Gefühl, nicht gewollt zu werden.

Außerdem: unser Umzug nach Berlin, unser Kind, die Familie, später die Tatsache, keinen Partner mehr zu haben, allein zu sein und allein zu kämpfen; ein Präzedenzfall zu sein und als Sprecherin aller Muslime angesehen zu werden – aber auch immer der Wille, durchzuhalten und nicht aufzugeben.

Das Karussell hatte sich gedreht – schneller und schneller –, aber ich hatte nicht gemerkt, wie schwindlig mir wurde.

Wie sollte ich es anhalten?

Und wenn das nicht ging, wie lange noch mitfahren?

Es dauerte sehr lange, bis mir bewusst geworden war, wie sehr ich mich selbst überfordert hatte.

Ich erinnerte mich, dass mein Anwalt mir erzählt hatte, dass Ferdinand Kirchhof, der Anwalt der Gegenseite vor dem Bundesverfassungsgericht, ihn gefragt habe, wie ich diesen Druck denn überhaupt aushalten könne. Wie ich es schaffen könne, so stark zu sein.

Jetzt war ich nicht mehr „die Starke".

Auch spürte ich, wie sehr mein Glaube schwächelte. Ich konnte nicht mehr beten und fasten.

Warum prüfte mich Gott so hart, wenn ich derart schwach war?

Ich konnte den Gedanken nicht akzeptieren, dass Gott manchmal aus Liebe Menschen besonders hart prüfte. Ich war verbittert und enttäuscht.

Freunde fragten besorgt nach. Sie besuchten mich im Krankenhaus und fanden tröstende Worte. Und gleichzeitig schaute ich in fragende Augen.

Ich konnte meine Lage nicht erklären, erzählte etwas von „erschöpft" und von „zu viel".

Das wird schon nicht so schlimm sein, ist in ein paar Tagen vorüber, dachten sich wahrscheinlich die meisten.

Heutzutage kann man Burnout sagen, und jeder versteht, was gemeint ist.

Aber damals war das den meisten noch kein Begriff und so blieben viele Fragen im Raum.

Während meiner Auszeit bemerkte ich, an wie vielen Enttäuschungen ich immer noch zu knabbern hatte.

Da war beispielsweise meine Kommilitonin Annika aus der Zeit des Referendariats. Wir fuhren regelmäßig zusammen zum Seminar und es entwickelte sich eine Freundschaft. Ich erzählte ihr ganz offen, wie schwer es oft für mich sei und wie mächtig der Druck auf mir laste, alles perfekt zu machen, wenn ich es denn schon „wagte", ein Kopftuch zu tragen.

Ich vertraute Annika.

Später dann bekam sie eine Anstellung in einer Schule in Stuttgart. Dort arbeitete zufällig auch eine weitere Bekannte von mir. Diese Bekannte erzählte mir, dass Annika ihr gegenüber geäußert habe, dass doch jemand dahinterstecken müsse, ohne Hilfe könne ich das doch gar nicht alles durchstehen.

Nach meinem Zusammenbruch wurde mir auch bewusst, dass ich das Scheitern meiner Ehe noch gar nicht verarbeitet hatte. Einen Tag vor der Verhandlung beim Bundesgerichtshof in Leipzig wurden Khaled und ich geschieden.

Ich hatte den Termin schnell abgehakt und war mit dem Kopf schon beim Gericht gewesen.

Meine Ehe war gescheitert.

Vielleicht war das das Lehrgeld für meinen jugendlichen Leichtsinn gewesen.

Im Nachhinein musste ich zugeben, dass meine Mutter und Farid mit vielen ihrer Bedenken recht gehabt hatten.

Doch ich war blind für ihre Einwände gewesen. Wie hätte ich diese auch mit meinen 17 Jahren verstehen können?

Niemand aus meiner Familie machte mir Vorwürfe. „Hab ich dir's nicht gesagt ...", dieser berühmte Satz fiel nicht.

Aber in mir hörte ich diese Stimmen. In mir schwebten tausend Gedanken und Selbstvorwürfe.

Erst jetzt, nach meinem Zusammenbruch, konnte ich sie wirklich wahrnehmen und mich mit ihnen auseinandersetzen. Sie lösen, so gut es ging.

Ich lernte, manchmal einfach loszulassen, locker zu bleiben.

Und ich wollte neue Prioritäten in meinem Leben setzen.

Ich wünschte mir mehr Kunst, Tanz und Musik und begann, Klavier spielen zu lernen.

Ich beschloss, mir so wenig Pflichten wie nötig aufzubürden. Ich wollte endlich frei leben und den Moment genießen.

Ein halbes Jahr lang musste ich keine Verantwortung tragen und mich um fast nichts kümmern. So konnte ich endlich von allen Dingen Abstand gewinnen, die mich belasteten. Ich bekam wieder ein Gespür dafür, was meiner Seele gut tat, und machte jetzt eher kleine Schritte.

Langsam bekam ich dann wieder Lust, andere Menschen zu sehen. Doch ich wählte die Kontakte gezielt aus. Ich wollte nur Menschen um mich haben, die mir ein gutes Gefühl gaben und mich durch ihre Anwesenheit stärkten.

Auf keinen Fall wollte ich große Menschenmengen sehen – die waren mir nicht geheuer. Aber ein inniges Gespräch mit einer geliebten Freundin genoss ich wieder. Wenn auch für kurz.

Nicht zuletzt gab Laila mir Kraft. Manchmal beteten wir zusammen, bevor wir schlafen gingen. Auch dankten wir Gott, bevor wir aßen oder wenn etwas besonders Schönes in Lailas Leben passiert war.

Ich spürte, wie uns die Gebete Harmonie und Frieden und auch eine tiefe Verbundenheit miteinander schenkten.

Dabei wurde mir wieder bewusst, dass Gott mich nicht fallengelassen hatte. Wahrscheinlich hatte ich ihn nur für eine Zeit vergessen.

Spontan rief ich meinen Arbeitgeber, Herrn Sina, an. Diesmal konnte ich mit fester Stimme sprechen und schlug vor, langsam wieder einzusteigen. Er freute sich über meinen Anruf und begrüßte meine Entscheidung.

Nach dem Telefonat strahlte ich. Ich spürte, dass Hoffnung und Stärke wieder zu mir zurückfanden.

Ich wusste, ab jetzt würde es wieder bergauf gehen.

Glück

Das Thema Männer war für mich lange Zeit erledigt. Ich wollte keine zweite Ehe.

Meine Entscheidung, Khaled zu heiraten, war nicht wohldurchdacht gewesen.

Doch jetzt war ich keine siebzehn mehr. Mittlerweile hatte ich klarere Vorstellungen, was ich von einem Ehemann erwartete. Ich wollte einen starken, souveränen Partner an meiner Seite. Ich wollte wieder Liebe, Geborgenheit und Nähe spüren. Ich sehnte mich nach Ruhe und Wärme.

Mein Ehemann sollte auch ein Stück weit meine Last mittragen und meine Vergangenheit verstehen.

Ich wollte jemanden, für den mein Glaube ebenfalls eine stützende Säule war.

Ich wollte geliebt und geachtet werden – mit allen Stärken und Schwächen. Ich wünschte mir jemanden, der stolz auf mich war, weil ich mit beiden Beinen im Leben stand.

Und ich wünschte mir noch ein Kind. Einen Sohn. Ich hatte das Gefühl, es würde mir gut tun, so einen „kleinen Mann" von Anfang an aufwachsen zu sehen.

Das wäre eine einmalige Chance, das andere Geschlecht noch besser zu verstehen.

Außerdem spürte ich, dass ein weiteres Kind ein strahlendes Licht und einen besonderen Segen in mein Leben bringen würde – so wie es meine Tochter Laila zuvor getan hatte.

Ohne das zu erwarten, erhielt ich einen Brief von einem Mann, den ich nur flüchtig kannte.

Er schrieb sehr vorsichtige, bedachte Zeilen. Und doch entnahm ich seinen Worten, dass er mich fragte, ob ich mir eine Ehe mit ihm vorstellen könne.

Ich fand seinen Brief aufrichtig und mutig – schließlich konnte er nicht wissen, wie ich darauf reagieren würde.

Nach und nach fuhren Wellen des Glücks durch meinen Körper: Ich hatte einen Antrag bekommen. Nach so langer Zeit und nachdem ich eigentlich schon den Glauben an die Liebe aufgegeben hatte.

Ich war über mich selbst verblüfft. Ich tänzelte durch die Wohnung und hatte das Gefühl, Berge versetzen zu können.

Ich denke, dass ich schon vergessen hatte, wie sich Glück anfühlt.

Ich wählte meine Worte gut, als ich ihm zurückschrieb.

Diesmal wollte ich vernünftig sein. Jeden Schritt mit Bedacht wählen und nichts übereilen.

Ich wollte mir Zeit lassen, ihn näher kennenzulernen, mich mit ihm zu treffen und gemeinsam Zeit zu verbringen. Ich wollte eine Beziehung aufbauen, ohne jeglichen Druck von außen, seien es Gerichtsprozesse oder die Familie.

Damals und heute

Als ich mein Abitur machte, war es mein größter Traum, Lehrerin zu werden. Die Arbeit mit Kindern und Jugendlichen machte Spaß und war erfrischend. Ich wollte ihnen nicht nur Fachwissen beibringen, sondern auch Werte vermitteln: dass sie freundlich und offen auf Menschen zugehen, authentisch sind und zu sich selbst stehen und lernen, ihre Wünsche mit Geduld und Standhaftigkeit zu verfolgen.

Kurz: Ich wollte meinen Beitrag dazu leisten, junge Menschen aufs Leben vorzubereiten. Ich wollte, dass sie unsere Gesellschaft voranbringen und die Zukunft mitgestalten.

Ich musste viele Hürden nehmen, um dieses Ziel zu erreichen.

Die pädagogische Arbeit war so vielfältig und praxisnah. Jedes Kind als Individuum zu sehen schien mir die größte Herausforderung. Seine persönlichen Eigenschaften, seine Stärken und Schwächen, vor allem aber seine Potenziale zu entdecken, diese Aspekte interessierten mich besonders.

Nachdem ich Lehrerin geworden war, blickte ich auf mein bisheriges Leben zurück und fasste die Tätigkeiten zusammen, die mir besonders viel Freude bereitet hatten: die Arbeitsgemeinschaft Arabischlernen in der Schule, bei der man eine andere Welt mit Musik und Spiel kennenlernen konnte; die lebendigen Diskussionen mit meinen Kommilitonen und Dozenten in der Uni; die Dialogveranstaltungen in Kirchen,

Moscheen und Gemeindezentren, in denen Menschen unterschiedlicher Weltanschauungen sich kennenlernten und neue Sichtweisen entdeckten ...

Ja, es waren die Erfahrungen mit Menschen, die mir immer wieder zeigten, dass sich fast alle Vorbehalte, Ängste und Vorurteile durch persönliche Begegnungen reduzieren, wenn nicht gar auflösen ließen.

Heute setze ich meine pädagogische Arbeit fort, möchte aber auch die muslimische Community wachrütteln. Wir brauchen einen offenen und ehrlichen Umgang miteinander und müssen die Probleme beim Namen nennen, um Lösungen zu erarbeiten.

Besonders liegen mir Frauenfragen am Herzen. Viele Länder, aus denen Muslime nach Deutschland gezogen sind, sind patriarchalisch geprägt. Männer gleich welcher Religion genießen automatisch mehr Rechte und Bewegungsfreiheit.

Auch theologisch sind die Diskussionen oft festgefahren und männlich dominiert.

Bei Gott haben Männer und Frauen den gleichen Wert. Kein Geschlecht ist besser.

Ich möchte Frauen zu mehr Eigenständigkeit ermuntern. Bildung ist der Schlüssel zu Selbstbestimmung und Emanzipation.

Viele Gemeinden unterstützen dies und machen Schritte in die richtige Richtung. Hier haben wir als Religionsgemeinschaft trotzdem noch viel Nachholbedarf.

Die Frauen sollten sich in den Gemeinden nicht nur sozial, sondern auch intellektuell mehr einbringen. Ihre Wahrnehmung und Sicht der Dinge sollte stärker berücksichtigt werden. Frauen leisten häufig mehrheitlich die Arbeit, wenn es um Feste, Aktionen und Veranstaltungen geht. Bei repräsentativen Aufgaben ziehen sie sich eher zurück und überlassen den Männern das Wort. Selbst wenn es um frauenspezifische

Themen wie das Kopftuch geht. Daher ist es wichtig, dass sie sichtbarer werden. Dafür wäre es auch notwendig, die parallelen Strukturen, also die nach Geschlechtern getrennte Arbeit, in den Gemeinden zu hinterfragen.

Und ich möchte die Ghettoisierung aus den Köpfen bekommen: Wir sind nicht nur Opfer. Wir haben unser Schicksal und unser Leben in der Hand.

In den Gesichtern vieler Muslime sehe ich Hoffnungslosigkeit und Trauer, ich höre sarkastische Bemerkungen. Die Mentalität des „geduckten Gastarbeiters" muss überwunden werden. Viele sind hier nicht mehr Gäste, sondern aktive Mitbürger und Mitgestalter dieser Gesellschaft. Auch hier gilt es, die „Gasthaltung" abzulegen und Verantwortung für alle Entwicklungen mitzutragen und sich nicht nur bei Themen, die die Gemeinden betreffen, zu Wort zu melden. Wir können uns nur dann über Fremdheitserfahrungen beklagen, wenn wir uns selbst als Fremde empfinden und als solche handeln.

Angesichts der alltäglichen Diskriminierung und der schlechten Zukunftsaussichten, die viele verspüren, liegt es nahe, zu resignieren.

Unser gemeinsames Ziel sollte es sein, die Hoffnungslosigkeit zu überwinden.

Aber nicht, indem die Muslime von irgendjemandem „befreit" werden.

Wenn heutzutage über andere Fälle wie den meinen berichtet wird, fühle ich mich den Betroffenen sehr nah. Sie haben Ähnliches durchgemacht wie ich. Die Diskriminierung hat nicht zufällig sie oder mich getroffen und wir tragen keine

Schuld daran. Selbst wenn Gegner mir vorwerfen, ich solle doch mein Kopftuch abnehmen, was tun dann Menschen mit einem Akzent, dunklen Haaren oder gar einer dunklen Hautfarbe?

In Amerika entschied ein Gericht, dass der Telefonkonzern AT&T einer leitenden Mitarbeiterin fünf Millionen US-Dollar Entschädigung zahlen muss.

Die Muslima wurde über Jahre gemobbt und diskriminiert. Bei einem Meeting hatte ihr Chef ihr sogar das Kopftuch heruntergerissen.

Wenn ich dann erfahre, dass ihre Ehe durch den Druck in der Arbeit zerbrach, sie keinen gleichwertigen anderen Job fand und schließlich nach Alaska zog, kommt in mir alles wieder hoch.

Auch der Fall eines 25-jährigen Architekturstudenten hat mich sehr berührt.

Er ist in Hessen aufgewachsen, spricht akzentfrei Deutsch und hat eine dunkle Hautfarbe.

Als er sich in einem Regionalexpress zwischen Kassel und Frankfurt ohne Angabe von Gründen und zum wiederholten Male ausweisen sollte, weigerte er sich und geriet darüber mit der Bundespolizei in Streit. Die Polizisten wurden grob, er wurde aus dem Zug gedrängt, Beschimpfungen folgten und schließlich ging sein Handy zu Bruch.

Später gab das Verwaltungsgericht in Koblenz den Beamten grundsätzlich recht. Sie dürften „eine Auswahl der Personen auch nach dem äußeren Erscheinungsbild vornehmen". Gegner des Urteils sprachen von legitimierter rassistischer Diskriminierung.

„Notfalls gehen wir bis zum Europäischen Gerichtshof für Menschenrechte, um dieses Urteil aufheben zu lassen."[32] Ich verstehe den Studenten sehr gut, wenn er dieses Statement durch seinen Anwalt mitteilen ließ.

Mittlerweile wurde glücklicherweise auch gerichtlich klargestellt, dass es unzulässig ist, Menschen aufgrund ihrer Hautfarbe zu kontrollieren.[33]

Von all diesen Schicksalen hat mich eines aber mit besonders kalter Hand ergriffen und bis heute nicht mehr losgelassen.

Es ist das von Marwa El-Sherbini.

Die junge Frau aus Alexandria war Pharmazeutin und ehemaliges Mitglied der ägyptischen Handballnationalmannschaft. Im Jahr 2008 begleitete sie ihren Ehemann nach Dresden, da er Doktorand am dortigen Max-Planck-Institut für molekulare Zellbiologie und Genetik geworden war.

Sie hatten einen kleinen Sohn. Die Familie sprach fließend Arabisch und Englisch und – für die kurze Zeit in der Bundesrepublik – auch schon recht gut Deutsch.

Dann geriet Marwa El-Sherbini auf einem Spielplatz mit einem Mann namens Alex Wiens aneinander. Er wollte die Schaukel für ihren Sohn nicht freigeben und beschimpfte sie als „Islamistin" und „Terroristin".

Marwa El-Sherbini zeigte den Mann an. Bei einer der Verhandlungen stürmte er auf Marwa zu und tötete sie mit 18 Messerstichen. Ihr Ehemann, der ihr zu Hilfe eilte, wurde ebenfalls lebensbedrohlich verletzt und von einem hinzugerufenen Polizisten ins Bein geschossen, da dieser ihn für den Täter hielt. Der dreijährige Sohn wurde Zeuge, wie seine Mutter vor seinen Augen verblutete. Das ungeborene Kind in ihrem Bauch starb mit ihr.

Marwas Geschichte ließ mich nicht wieder los: Auch ich hatte mehrfach schutzlos in einem Gerichtssaal gesessen. Hier soll symbolisch und praktisch Recht gesprochen werden. Und dann passiert das größte Unrecht, das man einem Menschen antun kann: ihm sein Leben zu nehmen. Und das vor den Augen seines Kindes.

Marwa selbst war nicht das einzige Opfer: Ihr Sohn war stark traumatisiert, ihr Mann gebrochen.

Aber ich vermisste das Mitgefühl der Öffentlichkeit und den Aufschrei bei Politikern und Medien.

Man schien den Fall als „Ausraster" eines Russlanddeutschen zu betrachten, doch kaum einer schien die politische Dimension dieses Vorfalls zu begreifen:

Marwa El-Sherbini war gebildet, beherrschte die deutsche Sprache und hat den Rechtsweg gewählt.

Man konnte ihr nichts vorwerfen.

Und trotzdem wurde sie schutzlos in einem deutschen Gerichtsgebäude hingerichtet.

Obwohl sie alles richtig gemacht hatte oder gerade deswegen?

Jemand sagte damals provokant: „Wenn sie als Putzfrau brav die Ecken gefegt hätte, wäre ihr das nicht passiert!"

Und warum gingen die Kondolenzschreiben so zögerlich ein? Warum ließ Dresdens Oberbürgermeisterin Helma Orosz so lange auf sich warten? Warum vermissen wir bis heute eine Ansprache von Angela Merkel?

Sie entschuldigte sich zwar später beim ägyptischen Volk, das war richtig und gut – aber es war nicht genug. Es hätte auch eine Entschuldigung an die Muslime in Deutschland geben müssen, denn Marwa starb nicht, weil sie Ägypterin, sondern weil sie praktizierende Muslima war und man ihr das auch ansehen konnte.

Hätten Angela Merkel und viele andere das erkannt, wäre ihnen vielleicht auch bewusst geworden, dass die Politik einen nicht geringen Anteil daran hat, dass es in Deutschland so viele gesellschaftsfähige Vorurteile gegenüber Muslimen gibt.

Unverantwortlich fand ich auch den Umgang mit dem ehemaligen Berliner Finanzsenator und Bundesbanker Thilo

Sarrazin und den umstrittenen Thesen seines Buchs *Deutschland schafft sich ab*, das 2010 erschien.

Die Europäische Kommission gegen Rassismus und Intoleranz zeigte sich „sehr besorgt darüber, dass mehrere Publikationen, darunter die *Bild*-Zeitung und *Der Spiegel*, Auszüge aus dem Buch druckten. Darüber hinaus erfuhren die rassistischen Bemerkungen in der folgenden Debatte große Unterstützung (…), obwohl die vorgebrachten Argumente den eugenischen Theorien der Nationalsozialisten sehr nahe kamen"[34].

Thilo Sarrazin äußerte sich gegenüber Migranten und Muslimen abwertend und ich spürte es sofort in meinem Alltag: Passanten zischten mir „Hau ab hier!" zu oder riefen „Scheiß Kopftücher!", wenn sie mich sahen.

Noch schlimmer aber fand ich, dass jetzt rassistisches Denken wieder salonfähig geworden war. Stammtischparolen hörte man nicht mehr hinter vorgehaltener Hand, sondern selbstbewusst vorgetragen auch bei Empfängen, in Fernsehinterviews oder Amtsstuben:

„Man wird ja wohl noch sagen dürfen, dass …"

Studien belegen, dass die Vorurteile gegenüber Muslimen – speziell im gebildeten Bürgertum – zugenommen haben.[35]

So ergab eine Studie der Bertelsmann-Stiftung, die die Einstellung der Deutschen zu Muslimen untersucht, dass die Mehrheit der deutschen Bevölkerung dem Islam ablehnend gegenüber steht – und diese Ablehnung ist allein zwischen 2012 und 2014 deutlich gestiegen.[36]

Muslime erfahren diese Haltung in vielen kleinen Alltagssituationen: Die Verkäuferin antwortet nicht auf Nachfrage, die Lehrerin in der Schule benotet das muslimische Kind schlechter, der Grenzbeamte grüßt nicht oder das Finanzamt verlangt mehr Unterlagen als von anderen Bürgern.

Hier wird deutlich, dass wir als Gesellschaft ein Problem mit alltäglichem und strukturellem Rassismus und mit Islamophobie haben, dass Vorurteile uns und unsere Gesellschaft viel stärker beherrschen, als wir bisher angenommen haben.

Nun könnte man dies als Problem der Minderheiten selbst abtun. Doch mittlerweile hat in Großstädten jedes vierte Kind einen Migrationshintergrund.

Wollen wir einen so großen Teil unserer Gemeinschaft ausbremsen? Können wir uns das leisten?

Der Tod der Ägypterin Marwa El-Sherbini oder die mangelnde Aufklärung der NSU-Morde sind eine mittelbare Folge, wenn gesellschaftliche Verantwortung und die Vorbildfunktion von Politikern, Intellektuellen und Medien versagen.

Nach Marwas Tod dachte ich oft an die Ratschläge und die Vorsichtsmaßnahmen der Polizei in meinem Fall. Fast lächerlich erschienen sie mir jetzt.

In vollem Bewusstsein verschlug es mir den Atem: Auch ich hätte Marwa sein können!

Deutschland verändert sich. In welche Richtung wissen wir noch nicht, aber die Angst vor der „Islamisierung des Abendlandes" ist für Bewegungen wie „Pegida" der Nährboden, um weitere Menschen auf ihre Seite zu ziehen. Die Muslime in ihrer Gesamtheit werden dadurch zur Zielscheibe. Ihnen wird vorgeworfen, dass dauerhaft eine Gefahr von ihnen ausgehe. Kritik wird auch am Erscheinungsbild eines Teils der Muslime geübt. In Kopftüchern, Bärten, aber auch im Gebet und weiteren religiösen Praktiken wähnen viele eine mögliche Bedrohung, die es zu beseitigen gelte.

Durch meine alltäglichen Erfahrungen habe ich die Gewissheit erlangt, dass Menschen oft verunsichert sind, wenn sie mit einer ihnen fremden Kultur oder Erscheinung zu tun haben, sich dem anderen durch mehr Begegnungen und Kontakte aber öffnen.

Dies und die Wachsamkeit gegenüber Menschenfeindlichkeit und Rassismus sind die Grundlage, um Frieden zu schaffen. Begegnungen mit anderen Kulturen und Lebensarten sollten dabei nicht erst im hohen Alter, sondern bereits in der Kindheit stattfinden, damit die Vielfalt der Welt fassbar und begreifbar wird. Eltern, Lehrer und Erzieher könnten das den Kindern am ehesten bieten und ermöglichen.

Ich trage viele verschiedene Elemente in mir: afghanische, arabische, deutsche und viele andere.

Ich muss mich nicht festlegen, ob ich mehr Deutsche oder mehr Afghanin bin. Ich möchte auch nicht „Deutsche mit Migrationshintergrund" sein. Nein, ich betrachte mich als Europäerin und auch als Weltbürgerin. Nur so fühle ich mich wohl.

Auch diskutiere ich heute nicht mehr, ob das Tragen eines Kopftuchs im Islam eine Pflicht darstellt oder warum jemand sich dafür oder dagegen entscheidet.

Ich persönlich habe aufgrund meiner religiösen Einstellung dazu gefunden. Ich fühle mich damit innerlich ruhiger, gelassener und spiritueller. Es soll keine Provokation sein, kein Akt der Sturheit oder gar eine Auflehnung gegen unsere demokratischen Werte, sondern mein Tuch kleidet mich in Frieden und Geborgenheit.

Jeder mag seine Meinung dazu haben, aber mir tut mein Kopftuch gut. Es ist ein Teil meines Selbst.

Niemand – weder Elternhaus noch der Staat – sollten einer Frau vorschreiben, wie sie sich zu kleiden hat.

Das ist für mich wahre Emanzipation, das ist für mich wahre Menschlichkeit.

Epilog

Freitag, der 13. März 2015. Das ist der glücklichste Freitag seit langer Zeit! Ich kann es nicht glauben, muss mich erst einmal sammeln. Aufgrund einer Datenpanne hatten die Zeitungen es schon vorher erfahren, nun ist es amtlich. Endlich gibt es – so zumindest entnehme ich den Nachrichten – den richtungsweisenden und mutigen Beschluss, auf den ich so lange gewartet habe. Fast zwei Jahrzehnte war ich in meiner Ausbildung und Berufstätigkeit als Lehrerin eingeschränkt – und andere meinetwegen.

Das Bundesverfassungsgericht hat das pauschale Kopftuchverbot für Lehrerinnen, das deutsche Bundesländer nach dem ersten Urteil von 2003 erlassen hatten, nun gekippt.

„Der Schutz des Grundrechts auf Glaubens- und Bekenntnisfreiheit (Art. 4 Abs. 1 und 2 GG) gewährleistet auch Lehrkräften in der öffentlichen bekenntnisoffenen Gemeinschaftsschule die Freiheit, einem aus religiösen Gründen als verpflichtend verstandenen Bedeckungsgebot zu genügen, wie dies etwa durch das Tragen eines islamischen Kopftuchs der Fall sein kann", heißt es darin.

Aber auch hier gibt es eine Einschränkung, nämlich für den Fall, dass es konkrete „Konfliktlagen" zu religiösen Fragen in den Schulen und Schulbezirken gibt. Dabei soll es aber keinen Unterschied zwischen muslimischen, christlichen oder anderen „religiösen Bekundungen durch das Erscheinungsbild" geben – für „alle Glaubens- und Weltanschauungsrichtungen grundsätzlich unterschiedslos".

Manche Politiker und Kirchenleute begrüßen das – in einigen Zeitungskommentaren ist aber auch von einer „Katastrophe" die Rede.

Freundinnen rufen mich überschwänglich an, unendlich viele Kommentare erreichen mich auf Facebook. Jubelrufe, Umarmungen und Lachen überall. Das Ausmaß der Freude zeigt aber auch, wie viel Frust und Enttäuschung sich bei den muslimischen Frauen angestaut hat.

Von mir fällt eine große Last: Über Jahre haben mir viele die Schuld, oder zumindest eine Mitschuld, an der schlechten Situation muslimischer Frauen auf dem deutschen Arbeitsmarkt gegeben. Ihre Benachteiligung und die alltäglichen Ungerechtigkeiten, die sie ertragen mussten, waren für mich oft erdrückend.

Durch das neue Urteil kann ich wieder frei durchatmen. Und ich gewinne mein Vertrauen in die deutsche Justiz zurück: Endlich ist die Gerechtigkeit hergestellt. Zumindest theoretisch. Praktisch muss das Urteil noch konkretisiert und positiv umgesetzt werden.

Hier wird sich zeigen, wie weit wir als Gesellschaft sind.

Es geht mir nicht ums Siegen oder ums Rechthaben.

Innerer Friede und friedlich miteinander leben – diese Worte wirken für einige abgedroschen, für andere utopisch. In der Realität bedeuten sie harte Arbeit: mit sich selbst zu ringen und sich den eigenen Ängsten zu stellen, offen für Neues zu sein und auf sein Gegenüber zuzugehen.

Mit dem Beschluss des Bundesverfassungsgerichts sind wir, so hoffe ich, diesem Ziel jetzt ein Stück näher gerückt. Bleiben wir auf diesem Weg!

Quellenangaben

1 Vgl. Parlamentsinfo 12/92 [Studenten-Zeitung der Pädagogischen Hochschule Schwäbisch Gmünd].
2 Guadalupe Bedregal: Liebeslied. In: Irmgard Ackermann (Hrsg.): In zwei Sprachen leben. Berichte, Erzählungen, Gedichte von Ausländern. Deutscher Taschenbuchverlag. München 1983.
3 Stuttgarter Zeitung. 17.2.1997.
4 Vgl. Stuttgarter Zeitung. 17.2.1997.
5 Diese Aussage wurde von Annette Schavan und dem Kultusministerium von Baden-Württemberg vertreten und von Journalisten aufgegriffen. Landtags-Drucksache 12/2931. 9.6.1998. Zitiert aus: http://www.politikundunterricht.de/1_99/puu991r.htm; Stand: 9.12.2014.
6 Rems-Zeitung. 18.2.1997, S. 11.
7 Helmut Sorge: „Grenzen der Toleranz. Der Streit um Schleier und Kopftuch im Unterricht". In: Spiegel Special. Rätsel Islam. ¹⁄1998. http://www.spiegel.de/spiegel/spiegelspecial/d-7810897.html; Stand: 21.4.2013.
8 Da ich keine Kopie erhielt, habe ich das Gespräch nach dem Termin als Gedächtnisprotokoll festgehalten. Die hier wiedergegebenen Fragen und Antworten sind noch einmal gekürzt und angepasst worden.
9 Zitiert aus: „Kopftuch ist ein politisches Symbol". In: Frankfurter Rundschau. 16.7.1998.
10 Vgl. Irmgard Nille: „Warum vertuschte Ministerin Schavan ein Gutachten". In: Bild-Zeitung. 1.12. 1997. Vgl. auch „Schavans Juristen für Kopftuch-Verbot". In: Rems-Zeitung. 1.12. 1997. S. 1.
11 Vgl. Landtag von Baden-Württemberg. Plenarprotokoll 12/51. 15.7.1998. Tagesordnungspunkt 1.
12 Vgl. etwa http://zentralrat.de/2652.php.
13 „Die Kopftuchlüge". In: Emma. Januar/Februar 1999. S. 62.
14 Vgl. „Kopftuch und Hakenkreuz". In: Emma. Mai/Juni 1997. S. 32.
15 Der Spiegel. Rubrik Religion. 8.7.2006.
16 Vgl. auch http://www.fb12.uni-bremen.de/fileadmin/Arbeitsgebiete/interkult/Fantini/fachspezifische_einfuehrung1_YK.pdf; Stand: 18.1.2015.

17 Vers 2:256: „In der Religion gibt es keinen Zwang (d.h. man kann niemand zum (rechten) Glauben zwingen)." In: Der Koran. Übersetzung von Rudi Paret. Kohlhammer. Stuttgart 1983 [Erstausgabe 1966].
18 Leitsätze zum Urteil des Zweiten Senats vom 24.9.2003. Bundesverfassungsgericht, 2 BvR 1436/02. http://www.bverfg.de/entscheidungen/rs20030924_2bvr143602.htm; Stand: 20.2.2015.
19 Ebd.
20 Martin Klingst: „Feige Richter". In: Die Zeit. Nr. 40. 25.9.2003. S. 7.
21 Die Lesermeinungen stammen alle aus dem Forum der Schwäbischen Zeitung. 8.1.2004/Nr. 5.
22 „Die Religionsfreiheit gilt auch für den Islam. Bundespräsident Johannes Rau warnt beim Lessing-Festakt in Wolfenbüttel vor einem Kopftuchverbot / Die Rede in Auszügen". In: Süddeutsche Zeitung. 23.1.2004.
23 Der Tagesspiegel. 8.1.2004.
24 Heribert Prantl: „Johannes der Weise. Der Bundespräsident feiert Lessing, spielt Nathan und mahnt zur Toleranz in der Kopftuchdebatte". In: Süddeutsche Zeitung. 23.1.2004.
25 Vgl. Günter Langer: „Osama ante portas? Karlsruhe und die Sünde Evas – Die Säkularität der Bildung ist herzustellen, Freiheit und Emanzipation sind zu gewährleisten". In: blz 11/2003. http://www.gew-berlin.de/2391_2579.php; Stand: 17.11.2014.
26 Mohsen Massarrat: „Ein Stück Identität. Notizen zu einem ‚Kulturkampf'". In: Der Freitag. Nr. 4. 16.1.2004.
27 Vgl. die Aufzeichnung einer Podiumsdiskussion zum Thema „Was bedeutet der Streit ums Kopftuch im Klassenzimmer?". In: Forum Bildung. http://www.eigenes-schulbuch.de/vds/pdf/forum/f_04/Podium_Schavan.pdf; Stand: 20.6.2012.
28 Jochen Leffers: „Kopftuch-Konflikt. Lehrerin Iyman Alzayed ist prozessmüde". In: Der Spiegel. 29.6.2004; http://www.spiegel.de/schulspiegel/0,1518,306225,00.html; Stand 20. Juni 2012.
29 Ebd.
30 Heide Oestreich: „Kopfzerbrechen über Kopftuchurteil". http://www.taz.de/1/archiv/?dig=2004/06/26/a0106; Stand: 16.1.2015.
31 taz. die tageszeitung. 26./27.6.2004. Ausgabe Berlin. Nr. 7393. S. 1.
32 Joachim F. Tornau: „Beamte kontrollieren Dunkelhäutigen. Student darf Polizisten SS-Methoden vorwerfen". In: Frankfurter Rundschau online. http://www.fr-online.de/rhein-main/beamte-kontrollieren-dunkelhaeutigen-student-darf-polizisten-ss-methoden-vorwerfen-,1472796,15147124.html; Stand: 14.6.2012.

33 Christian Rath: „Gericht verbietet Polizei-Rassismus". Taz Online. 30.10.2012. http://www.taz.de/Urteil-zu-Kontrollen-nach-Hautfarbe/!104549/; Stand: 20.2.2015.
34 Javier Cáceres: „Anti-Rassismus Kommission rügt Deutschland". In: Sueddeutsche.de. 25.2.2014. http://www.sueddeutsche.de/politik/fremden-und-schwulenfeindlichkeit-antirassismus-kommission-kritisiert-deutschland-scharf-1.1897652.
35 Vgl. Wilhelm Heitmeyer (Hrsg.): Deutsche Zustände 9. Berlin 2010 (= Edition Suhrkamp 2616).
36 Vgl. Freia Peters: Ablehnung des Islam in Deutschland wächst. http://www.welt.de/politik/deutschland/article136137605/Ablehnung-des-Islam-in-Deutschland-waechst.html; Stand 20.2.2015.

Widmung

Dieses Buch widme ich meiner Mutter.
Die Wärme, Geborgenheit und gute Erziehung, die
sie mir gab, lassen sich mit nichts aufwiegen.
In den schwierigsten Situationen zeigte sich
ihre wahre Stärke, ihr wahrer Mut.
Sie verlor nie die Hoffnung und stand mir immer
bei – mit liebevollen Worten, ihren Gebeten
oder indem sie einfach neben mir saß.
Möge Gott sie segnen und ihr das Beste im
Diesseits und im Jenseits schenken.

In dieses Gebet schließe ich ebenfalls meinen
Vater ein. Ich habe ihn auf meinem Weg,
erwachsen zu werden, sehr oft vermisst.

Ich bin meinen beiden Eltern sehr dankbar.
Und ich spüre, dass ihr Leben, ihr Gottvertrauen und ihre
Liebe mich auch heute noch stärken und leiten – Tag für Tag.

Biografische Zeittafel

Fereshta Ludin

1972	Geburt in der afghanischen Hauptstadt Kabul als fünftes Kind des Ingenieurs und Politikers Muhammad Bashir Ludin und seiner Ehefrau, der Lehrerin Maria Shamim
1976	Der Vater wird Botschafter Afghanistans in Bonn. Seine Familie begleitet ihn in die Bundesrepublik.
1978	Muhammad Bashir Ludin tritt nach dem Sturz und der Ermordung von Präsident Daoud Khan durch aufständische Kommunisten von seinem Amt als Botschafter zurück.
ab 1978	Pilgerfahrt und Umzug der Familie nach Saudi-Arabien. Der Vater stirbt kurze Zeit nach der Ankunft und wird in Mekka begraben. Die restliche Familie bleibt in der Hafenstadt Dschidda wohnen. Fereshta Ludin besucht dort die Schule bis zur 8. Klasse.
1986	Einreise und Asylantrag der Mutter und Fereshta Ludins in Deutschland, dem 1987 stattgegeben wird. Sie besucht die Haupt- und Realschule, bis sie ab der 11. Klasse ein Gymnasium in Darmstadt besuchen kann.
1992-1996	Nach dem Abitur Studium an der Pädagogischen Hochschule Schwäbisch Gmünd auf Lehramt für Grund- und Hauptschule. Unterrichtsfächer: Englisch, Deutsch und Gemeinschaftskunde/Politikwissenschaft Heirat und Umzug nach Schwäbisch Gmünd
1997-1998	Ablehnung, dann Zulassung zum Referendariat in Plüderhausen. Abschluss der Prüfungen zum Lehramt an Grund- und Hauptschulen
Winter 1998	Geburt der Tochter von Fereshta Ludin

BIOGRAFISCHE ZEITTAFEL

Juni 1998	Bescheid des Berufsverbots als Lehrerin an staatlichen Schulen durch das Oberschulamt Stuttgart
Seit 1999	Lehrerin an einer staatlich anerkannten Privatschule in Berlin
24. März 2000	Das Verwaltungsgericht Stuttgart weist die Klage von Fereshta Ludin auf Einstellung in den staatlichen Schuldienst ab.
26. Juni 2001	Der Verwaltungsgerichtshof des Landes Baden-Württemberg in Mannheim bestätigt das Stuttgarter Urteil. Das Neutralitätsgebot habe Vorrang vor der Religionsfreiheit der Lehrerin.
4. Juli 2002	Das Bundesverwaltungsgericht in Berlin weist die Klage ebenfalls zurück und beruft sich auch auf die Neutralitätspflicht.
3. Juni 2003	Beginn der Verhandlung vor dem Zweiten Senat des Bundesverfassungsgerichts in Karlsruhe
24. September 2003	Das Bundesverfassungsgericht gibt der Klage von Fereshta Ludin recht. Es gebe derzeit keine gesetzliche Grundlage, ihr das Unterrichten mit einem Kopftuch zu verbieten. Drei der acht Richter stimmen gegen das Urteil.
Ab April 2004	Baden-Württemberg erlässt als erstes Bundesland ein „Kopftuchgesetz". Bayern, Bremen, Niedersachsen, Nordrhein-Westfalen und das Saarland folgen. Die Länder Hessen und Berlin erlassen Gesetze für den gesamten öffentlichen Dienst.
24. Juni 2004	Das Bundesverwaltungsgericht in Leipzig weist die Klage von Fereshta Ludin gegen das neue Schulgesetz von Baden-Württemberg zurück.
Sommer 2004	Fereshta Ludin entscheidet, keine weiteren Klagen mehr einzureichen.
2012	Sie erhält mit zwei weiteren Lehrerinnen den „Drei-Königs-Preis", gestiftet vom Diözesanrat der Katholiken im Erzbistum Berlin.
fortlaufend	Fereshta Ludin engagiert sich in verschiedenen Initiativen zu den Themen Bildung, Dialog und dem Miteinander der Religionen.

Glossar

Abaya (auch Abaja)	Arabisch. Schwarzes Gewand aus Seide. Es bedeckt den gesamten Körper und kann mit oder ohne Kopf- und Gesichtsschleier getragen werden.
Burka	Arabisch. Vollverschleierung, teilweise mit Ausnahme der Augen
Compound	Geschützte Wohnanlage
Dari	Bezeichnung der persischen Sprache in Afghanistan
dschan	Persisch. Koseform: „Lieber/Liebe/Liebling"
Dschidda	Wichtigste Hafenstadt Saudi-Arabiens. Sie liegt am Roten Meer.
Gebet – Das rituelle Gebet – Das Bittgebet	Das Pflichtgebet ist ein rituelles Gebet nach der Praxis des Propheten Muhammad, das fünfmal am Tag von Muslimen verrichtet wird. Das Bittgebet ist ein freies Gebet. Es kann in jeder Sprache in freier Wortwahl zu jedem Zeitpunkt gesprochen werden.
Hadsch	Die Pilgerfahrt nach Mekka. Jeder Muslim und jede Muslima soll sie einmal im Leben unternehmen, sofern er oder sie dazu gesundheitlich und materiell in der Lage ist.
Haram	Arabisch. Heiliger Bezirk um eine Wallfahrtsstätte.
Hidschab (auch Hijab)	Arabisch. Das Bedecken der Haare und des gesamten Körpers außer der Hände und Füße
Imam, Hodscha	Vorbeter bzw. Vorsteher einer Moschee
Inschallah	Arabische Redewendung: „So Gott will."

GLOSSAR

islamophob	„Die verallgemeinernde Zuweisung stereotyper Fakten und Fiktionen auf ‚den Islam' oder ‚die Muslime' oder die, die man diesem Thema zuordnet." Definition nach Sabine Schiffer und Constantin Wagner: Antisemitismus und Islamophobie. Ein Vergleich. HWK Verlag. Wassertrüdingen 2009.
Islamrat für die Bundesrepublik Deutschland	Islamischer Dachverband mit Sitz in Köln. 1986 gegründet. Derzeit größter Mitgliedsverein ist Milli Görüş, die sowohl die Mehrheit der Mitglieder als auch den Vorsitzenden des Islamrats stellt.
Khuaro	Dari. Koseform: „Schwesterchen"
Mekka	Saudi-arabische Stadt; zentraler Wallfahrtsort der Muslime
Milli Görüş	Länderübergreifende islamische Bewegung, die auf den türkischen Politiker Necmettin Erbakan (1926–2011) zurückgeht.
Muslim (m), Muslima/-in (w)	Anhänger/-in des Islams. Wortwörtliche Übersetzung: „Der/Die sich Gott hingibt."
„Paschtunistan"	Die Forderung nach einem eigenen Staat für die Paschtunen belastete immer wieder die Beziehungen zwischen Afghanistan und Pakistan und stärkte damit die Position der Sowjetunion in der Region.
Rechtsschulen	Arabisch: „Madhhab". In der islamischen Welt gibt es mehrere Rechtsschulen, die die Scharia, das islamische Recht, unterschiedlich auslegen.
Schah	Persisch. „König" oder „Herrscher"
Tschadari	Traditionelle afghanische Vollverschleierung in verschiedenen Farben

Wahhabismus	Die Auslegung des Islams nach Muhammad Ibn-Abdel Wahhab (1702/03–1792). Der Wahhabismus bereitete sich zuerst auf der arabischen Halbinsel aus. Er beansprucht für sich, der einzig „authentische Islam" zu sein, lehnt daher unter anderem das Schiitentum und den Sufismus ab und ist strikt gegen Neuerungen in der Religion.
Zentralrat der Muslime in Deutschland	Islamischer Dachverband mit Sitz in Köln. 1994 gegründet. Im Zentralrat sind mehrheitlich nichttürkische Muslime organisiert.